Livia Gerster
Die Neuen

Livia Gerster

Die Neuen

· Eine Generation will an die Macht ·

C.H.Beck

Originalausgabe
© Verlag C.H.Beck oHG, München 2022
www.chbeck.de
Umschlaggestaltung: Rothfos & Gabler, Hamburg
Umschlagabbildung: Die Grünen-Abgeordnete Emilia Fester
bei ihrer Rede im Deutschen Bundestag am 17. März 2022.
© picture alliance/Flashpic | Jens Krick
Satz: C.H.Beck.Media.Solutions, Nördlingen
Druck und Bindung: CPI books GmbH
Gedruckt auf säurefreiem und alterungsbeständigem Papier
(hergestellt aus chlorfrei gebleichtem Zellstoff)
Printed in Germany
ISBN 978 3406 79123 9

myclimate

klimaneutral produziert
www.chbeck.de/nachhaltig

Inhaltsverzeichnis

Vorwort

Zwei Tage nach der Bundestagswahl machen die jungen SPD-Abgeordneten ein Gruppenfoto vor dem Bundestag. Sie sind so viele, dass sie sich auf zwölf Treppenstufen verteilen müssen. Ganz vorn lächelt die Juso-Vorsitzende Jessica Rosenthal triumphierend in die Kamera. «Eine Machtdemonstration», sagt ihre Büroleiterin Julie Rothe hinterher zu mir. Die 49 Jusos im Parlament wollen die Alten das Fürchten lehren. Und auch die jungen Grünen haben einiges vor.

Ein Jahr später ist viel passiert. So viel, dass sich ohne Übertreibung sagen lässt: Noch nie in der Geschichte der Bundesrepublik hat eine neue Politikergeneration vor so gewaltigen Herausforderungen gestanden wie jetzt, seit Putins Überfall auf die Ukraine. Plötzlich erfahren die Deutschen, von denen viele während der letzten Jahrzehnte im Schlafwagen durch die Weltgeschichte geglitten sind: Freiheit hat ihren Preis.

Nun rüstet Deutschland widerwillig auf und liefert widerwillig Waffen in die Ukraine. Einkaufen ist teuer geworden, tanken auch. Das Gas wird knapp. Bis weit in die Mittelschicht hinein grassiert die Angst vor Wohlstandsverlust.

Deutschland muss raus aus der Abhängigkeit vom Kriegsverbrecher Putin – und muss dafür rein in die Abhängigkeit von einem mörderischen Regime in Katar. Während Putin das Gas, das er nicht mehr loswird, einfach abfackelt, werden im Wattenmeer Flüssiggasterminals gebaut. Und in einem Jahr, in dem Rekordhitze, Rekorddürre und Rekordwaldbrände eigentlich zum schnellstmöglichen Ausstieg aus der fossilen Energie zwingen, wird der Wiedereinstieg in die Kohleverbrennung durch die Folgen von Putins Krieg alternativlos.

Von all dem ahnten die vielen jungen Abgeordneten nichts, als sie fröhlich in den Bundestag einzogen. Eigentlich wollten sie die Klimawende stemmen, die Pandemie in den Griff kriegen, ihre Politik den jungen Leuten auf Instagram und TikTok erklären. Nun geht es auf einmal um Krieg und Frieden, Leben und Tod. Es geht darum, sehr schnell, sehr pragmatisch schwerwiegende Entscheidungen zu treffen – auch solche, die all ihren bisherigen Überzeugungen zuwiderlaufen.

Wie gehen sie damit um, die Neuen im Parlament? Können sie sich und ihren Idealen treu bleiben angesichts der gewaltigen Herausforderungen unserer Zeit? Oder werden sie innerhalb kürzester Zeit selbst zu den angepassten Funktionären, die sie nie werden wollten? Was haben sie vor? Wollen sie den Aufstand proben? Karriere machen?

Das habe ich sie gefragt. 35 Abgeordnete unter 35 Jahren habe ich in den letzten Monaten kennengelernt, manche von ihnen habe ich immer wieder getroffen. Ich habe mit Weggefährtinnen und Journalisten gesprochen, Mitarbeiterinnen aus dem Bundestag und Kollegen aus den Jugendorganisationen. Und die Alten habe ich auch gefragt. Ehemalige und Aktive, Insider und Outsider. An die 70 Gespräche insgesamt. Manche blieben lieber anonym, aus Bescheidenheit oder Vorsicht. Die meisten aber erzählten mir sehr offen von ihrer Arbeit, ihren Beobachtungen, ihren Zweifeln und Erfolgserlebnissen.

So viele junge Leute wie noch nie sitzen seit der letzten Bundestagswahl im Parlament. Manche von ihnen haben mir gleich das Du aufgezwungen: «Wir sind ja ein Alter.» Andere, sechs oder sieben Jahre jünger als ich, fragten befremdet: «Sind wir überhaupt noch eine Generation?»

Gute Frage.

Siri, wer gehört zur Generation Y?

Wir sind die Generation, die Fragen lieber an Siri oder Google weitergibt, als nach der Antwort im eigenen Gehirn zu suchen. Wir sind die Generation, die Sensibilität predigt und digitale Ohrfeigen austeilt. Wir sind die letzte Generation, die den Klimawandel aufhalten kann, und die erste, für die das Aufstiegsversprechen nicht mehr gilt. Unsere Mieten werden immer teurer, und die Erde wird immer wärmer. Früher hörten wir dieses Lied: «36 Grad und es wird noch heißer, mach den Beat nie wieder leiser.» Wir wussten nicht, dass es so gemeint war.

Wikipedia nennt uns «Millennials». All jene, die zwischen den ersten Jahren der 1980er und der Jahrtausendwende geboren sind. Die Generation umfasst mich (Jahrgang 1990) genauso wie die Jüngste im Bundestag (Jahrgang 1998). Da die meisten Jugendorganisationen der Parteien ihre Altersgrenze bei 35 Jahren haben, gilt auch für dieses Buch: Jung sind einfach alle, die bei der Bundestagswahl noch keine 35 Jahre alt waren.

Nach meinen Berechnungen sind das 127 Abgeordnete, die allermeisten davon neu im Bundestag. Weil aber heutzutage vieles fluide ist, will ich lieber nicht auf dieser Zahl herumreiten. Der Neuköllner Abgeordnete Hakan Demir darf zum Beispiel auch noch mit 37 Jahren bei der Juso-Gruppe im Bundestag mitmachen. So genau nehmen die Jungen das mit dem Alter nicht. Es kommt wahrscheinlich eher darauf an, wie man sich fühlt. Was man aber mit Sicherheit sagen kann: ganz schön viele Millennials auf einem Haufen.

Unser Gegenpart sind die Boomer, die sogenannten «geburtenstarken Jahrgänge» nach dem Krieg, die Kinder der Trümmerfrauen und Wirtschaftswundermänner. Je nach Definition sind das alle, die zwischen 1950 und 1970 geboren sind, damals, als es bergauf ging mit der jungen Bundesrepublik und es noch keine Pille gab. Heute sind sie immer noch da und geben den Ton an. Und wir wollen sie loswerden – und können doch nicht ohne sie.

In der Formel «Ok Boomer» drückt sich diese Ambivalenz aus. Das ist unsere Standard-Erwiderung auf alle Einlassungen der Älteren. Meistens sagen wir das genervt, nach dem Motto: Ok Boomer, ihr habt doch eh keine Ahnung. Manchmal schleudern wir ihnen die Worte auch wütend entgegen, in ohnmächtigem Zorn angesichts ihrer Überzahl. Manchmal klingen sie aber auch liebevoll spöttisch: Ok Boomer, wenn ihr meint.

Dazwischen gibt es die Generation X, diese etwas unscheinbare, etwas zu kurz gekommene Sandwich-Generation. Florian Illies hat sie die Generation Golf genannt: unpolitische Markenfetischisten und Hedonistinnen.

Diejenigen unter ihnen, die es irgendwann aus den Technoclubs in die Politik zog, bewegen sich dort nun besonders wendig und flexibel, immer im Casual Business Look. Sie sind pragmatische Politikmanager, überzeugt davon, dass jedes politische Problem nur ein Kommunikationsproblem ist. Sie hassen Grundsatzdebatten und moderieren alles weg, und jetzt, wo die Jüngeren vor der Tür stehen, müssen sie schon wieder moderieren: zwischen den sturen Boomern und den fordernden Millennials. Als sie selbst mit der Politik angefangen haben, standen die Boomer noch in Saft und Kraft. Sie mussten deshalb immer besonders gut, besonders schnell, besonders professionell sein. Auch heute noch stehen sie immerzu unter dem Druck, sich zu beweisen.

Die Millennials sind anders als sie. Nicht durchweg, aber doch in vielerlei Hinsicht. Sie sind selbstbewusster. Sie haben Mut zur Imperfektion.

In der Welt der Influencer gehört es neben dem schönen Schein inzwischen auch dazu, seine Pickel und Cellulite herzuzeigen. «Das ist normal!», heißt es dann fröhlich. Body Positivity. Und in der Politik gehört es inzwischen dazu, über Schwächen zu reden. Über Depressionen, Burnout, Frust und Zweifel.

Die Jungen wissen, dass Politik Härten mit sich bringt. Aber sie wissen auch, dass sie gebraucht werden, wenn die Älteren sich in den Ruhestand verabschieden. Deshalb stellen sie Ansprüche. So wie die Millennials überall auf dem Arbeitsmarkt nach Teilzeit und Sabbaticals fragen, achten auch die jungen Abgeordneten auf ihre Work-Life-Balance.

«Empowerment» heißt das Stichwort, unter dem Millennials sich gegenseitig abfeiern. Shine bright! Egal wer du bist, wie du aussiehst, wen du liebst, wie du lebst! Das setzt neue Kräfte frei. Und lässt doch vieles beim Alten. Den Kapitalismus wird diese Generation wohl eher nicht abschaffen. Aber sie macht endlich ernst mit dem Versprechen von gleichen Chancen für alle.

Mein Lektor war dagegen, dass der Begriff «Millennials» irgendwo auf dem Buchdeckel auftaucht. Wisse eh keiner, was das genau ist. Noch dazu Englisch. Stimmt. Und trotzdem mag ich das Wort. Millennial, das klingt irgendwie gleichermaßen nach Magnum-Eis, Bravo Hits 2000 und Pennälern. Außerdem ist es genderneutral. Auch sehr praktisch.

Apropos: «Das hätten Sie mir vorher sagen sollen, dass Sie gendern!», sagte einer meiner Gesprächspartner nach einem langen Interview. Feixend, aber durchaus ernsthaft entrüstet. Dann hätte er sich das nämlich nochmal überlegt mit dem Gespräch. Die Rede ist von Hubert Kleinert, dem langjährigen Weggefährten von Joschka Fischer und Grünen der ersten Stunde. Früher war er mal der Schreck aller Bürgerlichen, heute jagen ihm gendernde FAZ-Redakteurinnen einen Schrecken ein. Es ist also alles ziemlich verworren. Und schon allein deshalb muss ich den Leser:innen hier ab und zu den Doppelpunkt zumuten. Denn auch die rücksichtsvolle Sprache ist ein Thema unserer Generation.

Noch wichtiger als eine gerechte Sprache ist den politischen Millennials aber eine gerechte Welt. Und im Zweifel würden sie die Genderneutralität wohl auch gegen Klimaneutralität eintauschen. Dafür kamen die Jungen ins Parlament. Sie kamen, um Windräder zu bauen, den Paragrafen 219a zu streichen und die Mieten zu senken. Sie kamen, um Cannabis zu legalisieren, das Transsexuellen-Gesetz abzuschaffen und die Bafög-Gelder zu erhöhen. Und ja, sie kamen auch, um über Quoten zu reden, über Vielfalt und Repräsentation.

Stattdessen ist Krieg.

Und plötzlich ist Krieg

Erschüttert, geschockt, bestürzt. Diese oder ähnliche Worte wählen alle der jungen Abgeordneten, die mit mir über den 24. Februar 2022 sprechen. Nur einer erzählt freimütig – und ohne dass ich danach gefragt hätte –, dass er geweint habe an jenem Kriegsmorgen.

Das ist keiner von den grünen Sensibelchen und keiner der woken Jusos. Es ist Max Mordhorst, der lauteste Krawall-Juli im Bundestag. Ein junger FDP-Mann im Anzug mit breiter Brust und großer Klappe und einem Twitter-Account, der alle Linken zur Weißglut bringt.

Da haut er gern mal was raus, zum Beispiel: «Fridays for Future ist tot.» Oder: «Ganz ehrlich, ich freue mich schon richtig auf mein neues Auto, mit dem ich mit 200 über die Autobahn kacheln werde.» Darüber entsetzen und mokieren sich dann viele, die Gewitzteren kontern: Fridays for Future soll tot sein? «Nicht so tot wie die FDP.» Dazu die Diagramme der letzten Landtagswahlen.

Mordhorst kann das ab. Er kann austeilen und einstecken. Aber er kann eben auch anders.

In jener Nacht, als Putin allen rationalen deutschen Berechnungen zum Trotz seine Truppen über die Grenze marschieren ließ, in ein souveränes, unschuldiges, sich nach Westen streckendes Land, da lag Max Mordhorst lange wach. Er starrte auf seine Handynachrichten, döste, fuhr wieder hoch, sobald die nächste Push-Mitteilung das Zimmer erleuchtete.

Am frühen Morgen sind die Spekulationen Gewissheit: Russland hat die Ukraine überfallen. Von allen Seiten. Mordhorst stürzt zu Hause in Kiel vor den Fernseher – es ist gerade Wahlkreiswoche. In diesem Moment überkommt es ihn. «Das hat mich total überwältigt.»

Krieg kennen wir nur aus Geschichtsbüchern. Krieg haben nicht mal unsere Eltern erlebt. Krieg ist etwas von vorgestern oder etwas, was in anderen Weltgegenden geschieht, solchen, die ich etwa als Arabistik-Studentin und später auch als Journalistin bereist habe. Im Irak sah ich, was ein Krieg anrichtet. In einer Krankenhaus-Ruine im zerstörten Mossul spürte ich es auch.

Ist das vielleicht weniger schlimm, ein vom Westen geführter Krieg?, fragen jene, die den Krieg in der Ukraine gern relativieren, sowohl von links als auch von rechts. Natürlich nicht. Für mich war der Irak auch noch nie «weit weg». Aber er liegt eben nicht in Europa. Dort schien Krieg einfach unvorstellbar.

«Man kommt in den Bundestag und denkt, man hätte Macht», sagt Mordhorst. «Und dann fühlt man sich erstmal völlig ohnmächtig.»

Wir sitzen vor dem Reichstagsgebäude am Wasser. Seit Februar ist es warm geworden, die Deutschen haben sich an den Krieg in den Nachrichten gewöhnt. Manchmal trägt der Wind das Gläserklirren und Lachen aus dem Garten der Parlamentarischen Gesellschaft herüber. Eines der vielen Sommerfeste im politischen Berlin. Mordhorst hat noch keinen Feierabend. Gleich muss er im Bundestag über Zinsen reden. Es gibt wieder andere Themen als den Krieg in der Ukraine. Und doch ist nichts, wie es vorher war.

«Es wäre zu früh, zu sagen, ich bin politisch erwachsen geworden», sagt Mordhorst. Er seufzt. «Aber erwachsener.»

In seinem Gefühl von Ohnmacht reagiert Max Mordhorst an jenem 24. Februar, wie man in unserer Generation eben reagiert: Man twittert seine Ohnmacht in die Welt hinaus. «Habe mich selten so machtlos gefühlt», schreibt er um 9:42 Uhr. Hashtag Ukraine.

#StandWithUkraine wird an diesem Tag zum omnipräsenten Schlachtruf. Diese Schlacht ist allerdings völlig gefahrlos, eine reine

Twitter-Schlacht, bei der alle auf der gleichen Seite kämpfen. Profilbilder werden in gelb und blau getaucht. Es wimmelt von Emoticons
der ukrainischen Fahne. Weil es im sicheren Deutschland für niemanden von uns etwas zu verlieren gibt, fechten wir auf unseren
Smartphones verzweifelte Ersatzkämpfe aus.

So wie ich und viele andere arbeitet sich Mordhorst an jenem Morgen auf Twitter an Ralf Stegner ab. Der SPD-Politiker der alten Garde
warnt nur wenige Stunden nach dem russischen Überfall vor «einem
Wettrüsten». Militärisch ließen sich Probleme nicht lösen.

Das klingt, als sollten sich die Ukrainer:innen am besten auf der
Stelle ergeben. «Sie sollten dringend Ihren Kompass überprüfen»,
schimpft Mordhorst. «Wenn man als Putinversteher widerlegt ist und
trotzdem recht haben will», schimpfe ich.

Zwei selbstgerechte Millennials. Zu jung, um selbst schon Fehler
begangen zu haben, aber alt genug, um die Fehler der Älteren anzuprangern. Diese Gelegenheit lassen wir uns nicht entgehen.

Gleichzeitig überkommt Mordhorst ein Unbehagen angesichts der
plötzlich überall bekundeten Solidarität. «Tut mir leid, aber ich finde
dieses **#StandWithUkraine** einfach zynisch», schreibt er. Er wolle sich
erst einmal öffentlich zurückhalten, solange er keine konkrete Hilfe
leisten könne.

Kurze Zeit später folgt der nächste Tweet.

Es ist die Tragik unserer Generation, dass wir aus der Social-Media-Logik einfach nicht ausbrechen können, egal ob wir uns Pausen
verordnen und sie mit großem Trara auf allen Kanälen ankündigen
oder das Konto löschen und es dann doch wieder aktivieren. Jeder
Anspannung muss mit sofortiger Online-Aktivität begegnet werden.
Und dieser 24. Februar ist für uns die Mega-Anspannung.

Auf Instagram tanzt die Influencerin Charlotte Weise (177 Tausend Follower) am Kriegstag ihre Verzweiflung mit kreisenden Hüften in die Kamera hinein. Ihre Botschaft: «Wohin mit all den Sorgen,
Ängsten und der Trauer… lass die Energie irgendwie raus!» Auf Twit-

ter empfiehlt eine Podcasterin für alle, «die gerade psychisch strugglen», Achtsamkeitsübungen.

Digitale Selbsthilfegruppen im Angesicht des Krieges. Das ist so typisch für unsere Generation. Und deshalb muss ich, genauso typisch für unsere Generation, öffentlich darüber spotten. «64 km langer russischer Militärkonvoi rollt auf Kiew zu und Influencer empfehlen Atemübungen gegen den Stress in der Timeline», ätze ich.

Ich glaube, wir sind alle überfordert.

* * *

Auch Kevin Kühnert tut sich schwer. Der junge Hoffnungsträger der SPD ist vom No-GroKo-Rebell zum Generalsekretär aufgestiegen und findet sich nun in der absurden Situation wieder, den Regierungskurs jenes Mannes verteidigen zu müssen, den er eigentlich die ganze Zeit bekämpft hat. Den von Kanzler Olaf Scholz.

Dass es keine leichte Aufgabe werden würde, war ihm vorher klar. Aber nun droht ein Krieg, und Kühnert ist kein Außenpolitiker. Mit Osteuropa hat er sich bisher wenig befasst. Er hat zwar eine Meinung zu Russland, doch die ist viel kritischer als die seiner Partei. Als Generalsekretär hat er sich entschieden, für die Partei zu sprechen und seine Privatmeinung hintanzustellen. Kann das gutgehen?

Für die SPD ist die Gasleitung Nord Stream 2 ein Herzensprojekt. Ein richtig gutes Geschäft, moralisch veredelt durch die Losung vom Wandel durch Handel. Wenn da bloß nicht seit Jahren die bohrenden Fragen nach der Krim und nach Nawalny wären. Deshalb haben die Genossen gemeinsam mit Angela Merkel die Mär vom «rein privatwirtschaftlichen Projekt» ersonnen, das nichts mit Politik zu tun haben soll.

Von diesem «rein privatwirtschaftlichen Projekt» sprachen schon Gerhard Schröder, Frank-Walter Steinmeier und Sigmar Gabriel.

Nach der Bundestagswahl 2021 spricht auch Kanzler Olaf Scholz davon.

Der ukrainische Botschafter Andrij Melnyk erzählte mir mal, dass zwei Personalien für ihn nach der Bundestagswahl einer Hiobsbotschaft gleichkamen: Jens Plötner als außenpolitischer Berater von Kanzler Scholz und Andreas Michaelis als Staatssekretär unter Außenministerin Baerbock. Von außen gesehen sind Scholz und Baerbock zwei neue Köpfe, Melnyk aber sieht in ihren Beratern die Fortführung von 20 Jahren verfehlter Russlandpolitik. Beide Diplomaten sind in der Regierungszeit von Gerhard Schröder aufgestiegen und prägen seitdem den Machtapparat. Das muss man nicht, so wie Melnyk, als Menetekel sehen, aber die Personalien zeigen, wie beständig die deutsche Außenpolitik über all die Jahre war.

Vor allem die SPD ist so festgefahren in ihrem Kurs, dass es für Kevin Kühnert kein Entrinnen gibt. Im gemeinsamen Podcast mit seinem Duzfreund und Chef Lars Klingbeil übt er Anfang des Jahres 2022 die Rhetorik ein. «Ich will das nicht bagatellisieren», sagt Kühnert und tut dann genau das. Er bagatellisiert Putins Drohungen als «Schauspiel». Man müsse auch fragen: Warum redet der so? «Muss der gerade Stärke zeigen, weil er unter Druck steht?» Dann ärgern sich Kühnert und Klingbeil gemeinsam über die lästigen Fragen nach Nord Stream 2. Wenn man alle Autokraten boykottiere, werde man schon sehen, wo man bleibt.

Nachdem Kühnert die Argumente erprobt hat, vertritt er sie auch nach außen. Das heißt: Er setzt sich den Stahlhelm auf und holzt drauf los. Die Leitung sei quasi am Netz, bellt er. Irgendwann sei es auch mal gut mit der Debatte. Es brauche endlich einen «politischen Frieden» in diesem Streit. Es fehlte nicht viel und er hätte in Schröderscher Manier «Basta» gerufen.

Nur stehen rund um die Ukraine echte Generäle mit echten Helmen, kurz davor, in eine echte Schlacht zu ziehen. Hier die existenzielle Gefahr, da Kühnerts zynisches Wort vom «Frieden» – ausgerechnet im Zusammenhang mit der russischen Röhre.

Die Kritik lässt nicht auf sich warten. Profilierte Außenpolitiker der CDU sind entsetzt. Ukraine-Expert:innen sowieso. Die Klimaaktivistin Luisa Neubauer, Mitstreiterin aus frühen Jugendtagen, zeigt sich auch persönlich enttäuscht: «Ausgerechnet du», schreibt sie. Für wen mache er das? «Für Putin und Gazprom?»

Kühnerts Argumente fallen in sich zusammen – und mit ihnen das ganze außenpolitische Gerüst der SPD. Ein Trümmerhaufen aus 30 Jahren Russlandverklärung. Und der junge Generalsekretär Kühnert, gerade mal so alt wie die Summe dieser Trümmer, wird urplötzlich unter ihnen begraben. Das habe ihm ganz schön zugesetzt, erzählt mir eine Parteifreundin später.

Die Kritik tut vor allem deshalb weh, weil Kühnert mit dem alten SPD-Erbe eigentlich gar nichts zu tun hat. Er war nie ein Russlandromantiker. Im Gegenteil.

Kevin Kühnert wurde im Jahr des Mauerfalls geboren. Er gehört zu einer Generation von Jusos, die Schluss machen wollten mit dem Russland-Verstehertum in der SPD. Er ist geprägt von den sogenannten «Antideutschen», einer Strömung innerhalb der Linken, die sich für Solidarität mit Israel ausspricht und gegen Antiamerikanismus. Sie entstand nach dem Fall des Eisernen Vorhangs als linkes Bollwerk gegen die Sowjet-Nostalgie und in Abgrenzung zur antiimperialistischen Strömung der globalen Linken, in der Diktatoren gern mal verharmlost werden.

Im Sommer 2021, lange vor Kriegsausbruch und lange vor Schröders endgültiger Selbstdemontage, habe ich Kühnert für die Fas im Wahlkampf begleitet, und irgendwie kamen wir auf das Russland-Problem der SPD zu sprechen. Kühnert redete von «glühenden Russlandfreunden, wo sich allen Jusos die Nackenhaare aufstellen». Für ihn sei die Ostpolitik von Willy Brandt und Egon Bahr vor allem eine alte Antwort auf eine alte Frage. Heute brauche es neue Konzepte.

«Diese Überdehnung, ja Pervertierung der Formel ‹Wandel durch Annäherung› hat sich zu einer Blindheit entwickelt.»

So klar sprach der Juso Kühnert. Doch der Generalsekretär Kühnert will seiner Partei offenbar beweisen, dass man auf ihn zählen kann. Er weiß ja, dass viele ihm die Sache mit der No-GroKo-Kampagne immer noch übelnehmen. Da ist erstmal Nibelungentreue angesagt.

Nach seinem ersten Fehltritt denkt Kühnert um. Vielleicht hat er das mit der Loyalität doch übertrieben. Erst Rebell, dann oberster Gefolgsmann, irgendwie muss er noch sein Gleichgewicht finden, irgendwie hat er sich noch nicht ganz eingefunden in seine neue Rolle als Generalsekretär.

Als Putins Einmarsch kurz bevorsteht, wirkt Kühnert nachdenklich. Über konkrete Politik will er am liebsten gar nicht reden, sondern vor allem Solidaritätsbekundungen an das ukrainische Volk loswerden. Bloß nicht in das nächste Fettnäpfchen treten. Bloß nicht schon wieder unter der tonnenschweren sozialdemokratischen Last der Vergangenheit versinken.

Am ersten Kriegstag sitzt Kühnert dann im Fernsehen und sieht ziemlich mitgenommen aus. Er redet von einem «Wendepunkt in der Geschichte» und scheint noch nicht zu begreifen, was das alles heißt. Er erzählt von Gesprächen mit Freunden und Bekannten im Schock. «Alle merken: Hier verändert sich etwas Grundsätzliches.» Doch der Vertreter der Kanzlerpartei weiß keine Antwort an diesem Tag. «Wir kennen die Instrumente gar nicht, wie damit richtig umzugehen ist», sagt er. Ratlos. Aber ehrlich.

* * *

Die Militärexpertin Ulrike Franke kritisiert schon länger: Mit den Millennials sei kein Staat zu machen, wenn es hart auf hart kommt. Von Machtpolitik verstünden sie nichts, alles Militärische sei für sie

Teufelszeug, im Angesicht des Krieges seien sie vollkommen blank. Franke, selbst Jahrgang 1987, ist der Meinung, dass uns unsere friedliche Kindheit für die Gefahren in dieser Welt blind gemacht hat. Ende Februar scheint sich ihre These zu bestätigen. «Viele in meiner Generation glaubten, militärische Macht sei ein Konzept aus dem vergangenen Jahrhundert. Das bereitet uns nun ziemliche Schwierigkeiten», sagt sie kurz vor Kriegsausbruch in einem Interview mit unserer Zeitung.

Ich fühle mich ertappt. Wenn von der EU als Friedensversprechen die Rede war, fand ich das immer zum Gähnen. Natürlich war ich froh, auf dem ganzen Kontinent Freund:innen zu haben und sie immer und jederzeit besuchen zu können, ohne Grenzkontrollen, ohne Geld zu wechseln. Aber ich hielt es eben für selbstverständlich. Nationalstaaten würden eh irgendwann abgeschafft, dachte ich. Das schien mir eine Kategorie zu sein, die höchstens noch für Trinkspiele taugte.

Zum Beispiel in meinem Erasmus-Jahr in Spanien, beim Eurovision Song Contest. Wenn Frankreich einen Punkt bekam, musste die Französin einen Schnaps trinken, wenn Großbritannien einen bekam, der Brite, und weil im Jahr 2010 Lena Meyer-Landrut gewann, war ich am Ende ziemlich betrunken.

«L'Auberge Espagnole» war das Vorbild, der Film von Cédric Klapisch, den wir im Französisch-Unterricht sahen. Und so ähnlich lebten wir das nach in unseren europäischen Erasmus-WGs, feierten, verliebten uns – und manche der Paare, die sich damals über Sprachgrenzen hinweg bildeten, sind heute Eltern von gemeinsamen Kindern. Der ganz praktische Eintritt in die postnationale Konstellation à la Jürgen Habermas.

Uns fiel damals allerdings nicht auf, wer in der Erasmus-WG fehlte. Ukrainerinnen und Ukrainer wie Marusia und Yaroslav zum Beispiel, mit denen ich während der Belagerung von Kiew Kontakt hielt. Sie erzählten mir aus ihrem Bunker, wie sehr sie sich nach dieser Europäischen Union sehnten. Sie hätten auch gern Erasmus gemacht. Sie hätten den Frieden in Europa auch gern für selbstverständlich gehalten. Aber im Gegensatz zu mir wussten sie immer, dass er das nicht war. Und im Gegensatz zu mir bauten sie nun ganz selbstverständlich Molotow-Cocktails.

Ja, wir wurden von der Wirklichkeit eingeholt. Aber ist das wirklich ein spezifisches Problem der Millennials? Sind unsere Eltern nicht genauso Nachkriegskinder wie wir, verwöhnt von Frieden, Sicherheit und Wohlstand? Haben uns nicht die 60- und 70-Jährigen überhaupt erst von Russland abhängig gemacht, in blindem Vertrauen darauf, dass es schon gut gehen würde? Merkwürdigerweise beschuldigt man nun aber vor allem uns, naiv gewesen zu sein. Ja, manche Boomer triumphieren geradezu.

In der Welt belehrt uns der Chefredakteur zum Beispiel, auf welche Werte es jetzt ankomme und auf welche nicht. «Die Freiheit wird eben nicht am Tamponbehälter in der Männertoilette verteidigt», schreibt Ulf Poschardt, sondern «bei unseren Freunden in der Ukraine». Sein Kommentar ist mit «Deutschland ist schwach» überschrieben und voller Bewunderung für den starken Putin und voller Hass auf den «luschigen, passiv-aggressiven Wohlstandszersetzungsaktivismus».

Auch ein CDU-Politiker aus Baden-Württemberg fordert «mehr Geopolitik, weniger Gendersternchen». Und ein Republikaner in den USA, Jahrgang 1961 und somit offenbar ein echter Kalter Krieger, schimpft: «Ihr linken Millennials, die ihr keinen einzigen Tag unter nuklearer Bedrohung gelebt habt, könnt jetzt mal über euren Wokeness-Quatsch sinnieren!»

Merken die Herren gar nicht, wie sie da im Chor mit Putin und dessen Ober-Popen Kirill singen, der Russland in einem heiligen Krieg gegen «Gayeurope» sieht? Ja, in Russland gibt es keine Tamponbehälter auf der Männertoilette. Den Himmel über Moskau zieren auch keine Gendersterne. Homosexuelle werden auf offener Straße verprügelt, Transpersonen zu Tode gemobbt, Filme über Elton John zensiert.

Und genau deshalb sollten wir doch das Gegenmodell verteidigen. Deshalb sollten wir unsere Werte hochhalten, den Schutz von Minderheiten, die Gleichbehandlung von Männern, Frauen und Transpersonen. Viele Ukrainer:innen wollen lieber so leben wie wir und eben nicht wie ihre Nachbarinnen und Nachbarn in Russland.

Natürlich braucht es militärische Stärke, um diese Freiheiten nicht nur zu genießen, sondern auch verteidigen zu können. Das haben wir alle, Junge wie Alte, in den letzten Jahren und Jahrzehnten verdrängt. Wir haben es uns bequem gemacht unter dem Schutzschirm Amerikas. Haben uns an unserer eigenen Friedfertigkeit berauscht und ansonsten darauf geachtet, uns nicht die Finger schmutzig zu machen. Ausbaden mussten es die Soldatinnen und Soldaten der Bundeswehr, die uns, man muss es so hart sagen, selbst noch tot und geborgen peinlich waren. Wir hatten uns «von Freunden umzingelt» gewähnt und stehen plötzlich einem Kriegsverbrecher gegenüber.

Allerdings blicken die meisten Millenials der neuen Realität ins Auge. Es sind eher die Älteren, die der Krieg in eine intellektuelle Krise stürzt.

Die Jüngeren sind erschüttert, aber denken schnell um. In allen drei Regierungsparteien machen sie Tempo. Die Jugendorganisationen von FDP, SPD und Grünen rufen schon unmittelbar nach dem Überfall nach Waffenlieferungen. SPD-Fraktionschef Mützenich spricht noch weiter von Diplomatie, als die Juso-Abgeordneten Jessica Rosenthal und Adis Ahmetovic den russischen Ausschluss aus dem Zahlungssystem Swift fordern. «Die Naivität muss enden», verlangen sie.

Wie bitte? Ausgerechnet die Folklore-Truppe der Jusos wirft den Älteren nun «Naivität» vor?

***

Die Grünen-Vorsitzende Ricarda Lang kennt den Vorwurf der Naivität. Wie oft hat sie diese Sätze gehört: Sei nicht naiv, das geht doch alles nicht so schnell. Das hier ist Realpolitik, Mädel, kein Wünsch-Dir-Was.

«Naivität ist ein total spannender Begriff», sagt Ricarda Lang, und da merke ich auf. Denn wenn sie das Wort «spannend» sagt, will sie einen Punkt machen. «Spannende Frage», sagt sie zum Beispiel. Und dann holt sie Luft. Es ist eines ihrer Lieblingswörter.

«Es ist spannend», sagt Lang also, mit so einem Blitzen in den Augen, «dass diese Begriffe gepachtet sind von denjenigen, die verwalten, was da ist.» Als naiv gälten oft diejenigen, die etwas anders machen wollten. Dabei sei es doch eher naiv, zu glauben, es könne immer so weitergehen. Zu glauben, wir könnten immer mehr CO2 in die Luft pusten und immer mehr billiges Gas aus Russland kaufen. «Das ist doch am Ende naiv!»

Ricarda Lang braucht nicht lang, um nach dem Schock vom 24. Februar ihre Sprache wiederzufinden. Schon einen Tag später steht sie selbst vor dem Brandenburger Tor, mit einem gebastelten Schild und dem Schriftzug: Hände weg von der Ukraine. Zum Foto auf Instagram der passende Hashtag: **#StandWithUkraine**. Damit ist demonstriert: Diese Frau weiß, wo sie steht.

Sie kann sich ja auch ganz selbstverständlich auf der richtigen Seite wähnen. Die Grünen waren schon immer gegen Nord Stream gewesen. Die Grünen haben schon immer Putins Russland verurteilt. Die Grünen haben schon immer vor der Gas-Abhängigkeit gewarnt.

Aber ganz so einfach ist es auch wieder nicht. Ihrem damaligen Vorsitzenden Robert Habeck haben die Grünen noch ein halbes Jahr zuvor vehement ausgeredet, für Waffenlieferungen an die Ukraine einzutreten. Keine Waffen in Kriegsgebiete, so steht es in ihrem Wahlprogramm. Frieden schaffen ohne Waffen, so stand es auf den Demo-Plakaten der Mütter und Väter ihrer Partei. Panisch riefen sie deshalb den eigensinnigen Habeck zurück, fuhren ihm über den Mund, ließen ihn bedröppelt zurückrudern. Auch Ricarda Lang stimmte in den Chor ein, als Parteilinke und fromme Wächterin über grüne Grundätze.

Bereut sie das im Nachhinein? Das frage ich sie im März bei einer Parteiveranstaltung in Hameln, nur wenige Wochen nach der Zäsur. «Darüber habe ich auch schon oft nachgedacht», bekennt sie ganz offen. Wir stehen nach ihrer Rede draußen in der Frühlingssonne, das Wetter in geradezu gruseligem Kontrast zur Nachrichtenlage. Truppen vor Kiew, Bomben in Mariupol, Raketen in Lwiw. Lang stellt jenes Gedankenspiel in der konjunktivischen Vergangenheit an, das so viele in diesen Tagen anstellen: Was wäre passiert, wenn man damals schon geliefert hätte, und was wäre womöglich nicht passiert?

Deutsche Waffen an die Ukraine wären ein Signal an Putin gewesen, so viel steht fest. Eines, das ihn vielleicht zu Vorsicht gemahnt hätte. Eines, das ihn vielleicht vom Einmarsch abgehalten hätte. Seit 2014 hatte Putin dagegen die Erfahrung gemacht, dass seine Grenzüberschreitungen folgenlos blieben. Dass die dekadenten Demokrat:innen in Europa und den USA sich sowieso nicht einig waren. Dass uns am Ende die Ukraine egal war, solange wir nur billiges Gas aus Russland bekamen.

«Ich weiß es nicht», sagt Lang. «Und trotzdem fragt man sich: hätte man nicht …»

Es ist keine ratlose Politikerin, die ich an jenem Frühlingstag treffe. Aber eine zweifelnde. Eine, die ihr Zweifeln transparent macht, so ähnlich wie Wirtschaftsminister Robert Habeck.

Ricarda Lang, Jahrgang 1994, ist keine Pazifistin. So wie kaum jemand in unserer Generation. Die Anti-Atom-Bewegung kennen wir nur aus Fernsehdokus, von den vergilbten Aufnahmen friedensbewegter Massen: blau aufgemalte Friedenstauben, gigantische Raketen-Attrappen, kratzige Wollpullover, wallendes Haar.

Zu den Grünen ging Ricarda Lang wegen deren Sozial-, Frauen-

und Klimapolitik. Nun ist die 28-Jährige allerdings die Vorsitzende einer Partei, die in der Friedensbewegung ihren Ursprung hat. Ein Erbe, das sie erst pflichtgemäß verteidigt – und dann an der brutalen Wirklichkeit zerschellen sieht.

Ricarda Lang reagiert schnell. Die Grünen haben ihre turbulenten Anfangsjahre lange hinter sich gelassen. Jüngere Pragmatiker haben die Partei mittlerweile fest im Griff. Habeck und Baerbock, zehn und 20 Jahre älter als Lang, aber 20 und 30 Jahre jünger als die Grünen der ersten Stunde, geben den neuen Kurs vor. Und Lang zieht sofort nach. Zur Solidarität mit den Ukrainern gehöre, «dass wir sie mit dem Material ausstatten, das sie brauchen», sagt sie drei Tage nach Kriegsbeginn. «Also auch mit Waffen.»

Auch wenn es die Aufgabe einer Parteivorsitzenden ist, das Programm der Grünen gegen die Kompromisse in der Regierung zu verteidigen, gibt es in diesem Fall kein Vertun. Die Grünen müssen umdenken. Radikal umdenken. Und die junge Parteivorsitzende Lang zieht nun durch die Lande, um den verbliebenen Älteren an der Basis den Kursschwenk zu erklären.

Hameln ist ein Zwischenhalt auf dieser olivgrünen Tournee. Die Halle, in der die niedersächsischen Grünen tagen, heißt, natürlich, Rattenfänger-Halle. Auf der Bühne ein Poster von einem gesunden, grünen Baum, das die Trostlosigkeit dieses Indoor-Parteitags bei schönstem Wetter erst recht betont.

Ja, auch sie sei immer gegen Waffenlieferungen gewesen, ruft Lang vor diesem Baumposter. Sie habe Annalena Baerbock durch die Welt reisen, alle diplomatischen Wege gehen, alle Möglichkeiten ausschöpfen sehen. «Ich habe aber auch gesehen, wie Putin die Tür zugeschlagen hat.» Also Waffen. Auch, wenn auf Seite 105 des grünen Grundsatzprogramms etwas anderes steht. Da klatschen die Grünen im Saal tapfer.

* * *

Altlinke lassen diese Szenen schaudern. In verschiedenen Briefen
melden sie sich besorgt zu Wort: Alice Schwarzer, Richard David
Precht, Alexander Kluge, Harald Welzer, Martin Walser, Antje Voll-
mer, Wolfgang Merkel, Jakob Augstein, Christoph Menke. Altersdurchschnitt: ungefähr 60 Jahre. Am wirkmächtigsten: der große, alte
Habermas.

Habermas ist nicht nur der «bedeutendste Denker und Philosoph
deutscher Zunge» (Süddeutsche Zeitung), der «Hegel der Bundesrepublik» (Zeit), sondern im Gegensatz zu allen anderen, die sich auf
die deutsche Geschichte berufen, auch ein echtes Kriegskind. Geboren 1929, versteckte er sich als halbwüchsiger Angehöriger der
Flakhelfer-Generation verzweifelt vor der Wehrmacht, um nicht ganz
zum Schluss noch eingezogen zu werden. Und interessanterweise
hat Habermas es nun auch auf die Millennials abgesehen.

In einem langen Beitrag für die Süddeutsche Zeitung beschreibt der
Philosoph einen Generationenkonflikt, der unter ganz anderen Vor-
zeichen steht als jener, den Poschardt und Co. beschwören. Und
doch ist der Vorwurf im Kern ähnlich, auch wenn er im Duktus einer
philosophischen Abhandlung daherkommt. Auch Habermas stört
sich nämlich an der identitätsbewegten Jugend – nur ist sie ihm nicht
zu weich, sondern vielmehr zu militaristisch.

Kurz gesagt unterscheidet er zwischen besonnenen Älteren, die die
richtigen Lehren aus dem Kalten Krieg gezogen hätten, und ungestü-
men Jüngeren, «die zur Empfindlichkeit in normativen Fragen erzogen worden sind, ihre Emotionen nicht verstecken und am lautesten
ein stärkeres Engagement fordern». Sie seien eben zu jung, um die
richtige «Nachkriegsmentalität» ausgebildet zu haben, klagt Habermas. Leichtfertig setzten sie etwas sehr Kostbares aufs Spiel: den
«auf Dialog und Friedenswahrung angelegten Modus der deutschen
Politik».

Besonders schockiert Habermas die «Umkehr unserer ehemaligen
Pazifisten» bei den Grünen, zumal sie auch noch von rechts be-

klatscht werde. Den Kanzler lobt er ganz ausdrücklich dafür, dem schrillen Drängen dieser ihm unheimlichen Allianz aus neogrünen Panzerfans und konservativen Falken zu widerstehen.

Das klingt so, als sei die Jugend in ihrer Anteilnahme für die Ukraine nicht richtig ernst zu nehmen. Als müsse er, Habermas, diese irrlichternde Jugend einfangen und vor den «rechten Interpreten der Zeitenwende» retten. Warum auch sonst würde Habermas von «unseren» ehemaligen Pazifisten reden, als hätten sie kein Recht auf geistige Flexibilität? Er spricht von links und rechts, als gäbe es diese Kategorien in dieser Klarheit noch, als hätten sich die unreifen Grünen nur verirrt.

Ist vielleicht auch noch der Hauch eines Geschlechterklischees im Spiel? Nur zwei Personen werden von ihm explizit benannt: der Kanzler, «der die sachlich umfassend informierte Abwägung» verantwortet, und die Außenministerin, die «mit glaubwürdigen Gesten und einer bekenntnishaften Rhetorik der Erschütterung» für «Mitgefühl und den Impuls zu helfen» steht, sich «spontan» identifiziert mit «dem ungestüm moralisierenden Drängen» der ukrainischen Führung. Hier der rationale Mann, da die gefühlige Frau.

Wir wären jedenfalls keine richtigen Millennials, wenn wir uns nicht trauen würden, dem großen Habermas zu widersprechen. Es ist die «Selbstgewissheit» unserer Generation, die dem alten Philosophen so zuwider ist. Wie muss es ihm da erst vorgekommen sein, als mein Kollege Simon Strauß, Jahrgang 1988, in feuilletonistischem Furor gegen ihn, den «so sicher verorteten Altlinken», wetterte: «Der Chef-Kritiker der bundesrepublikanischen Öffentlichkeit sieht seine Felle davonschwimmen.» Und: «Alles, was Jürgen Habermas Zeit seines Lebens als politischer Kommentator erreicht zu haben meint, löst sich in diesen Tagen auf.»

Das geht dann selbst jenen Altgrünen zu weit, die Baerbocks Waffenwende aus voller Überzeugung mittragen. «Arg dick aufgetragen» nennt das etwa der grüne Gründervater Jürgen Trittin, als ich kurze

Zeit später mit ihm darüber spreche. Und auch der ehemalige Atompazifist Winfried Kretschmann spottet, das Verhältnis zwischen Habermas und der Faz sei ja noch nie besonders gut gewesen. Tenor: Die Millennials sollen es bitte nicht übertreiben.

* * *

Die Linken-Politikerin Heidi Reichinnek steht eher auf der Seite von Habermas. «Da wurde jetzt eine kapitalistische, imperialistische Politik an die Wand gefahren», sagt sie. Und weil ich wohl ziemlich konsterniert dreinschaue, führt sie aus, was sie damit meint. Die Linke habe die Nato auflösen und durch ein neues Bündnis ersetzen wollen. Stattdessen habe die Nato die Eskalation befeuert. Und jetzt habe man den Salat.

Ich rolle mit den Augen. Das ist doch die uralte Leier: *Wir hätten Putin nicht provozieren dürfen …*

Da jault sie auf: Nein! So meine sie das nicht. «Es gab von Putin unendlich viele Grenzüberschreitungen – darüber müssen wir nicht diskutieren.» Georgien, die Krim, jetzt die ganze Ukraine, sie wolle nichts davon relativieren.

Und dann redet sie trotzdem wieder von den «Drohgebärden der Nato, der Ost-Erweiterung, der Rüstungsspirale». Sie sagt, ganz oldschool: «Waffen schaffen eben keinen Frieden.» Gerade «mit unserer Geschichte» verbiete sich das.

Es ist Mitte März, der Angriffskrieg ist noch keine drei Wochen alt, als wir uns zum ersten Mal in ihrem Bundestagsbüro treffen. Ihre Mitarbeiter:innen sind längst im Feierabend.

«Aber Hitler wurde doch mit militärischer Gewalt erst gestoppt!», entgegne ich. Keine Waffen zu liefern, heiße, die Ukraine Putin zum Fraß vorzuwerfen.

Reichinnek beharrt darauf, dass man nicht kontrollieren könne, was mit den Waffen passiere. Und so gehen die Argumente hin und her – man hat sie schließlich zur Genüge in den Talkshows der Republik gehört und verinnerlicht.

Für die Linken-Politikerin Heidi Reichinnek ist es nicht leicht, eine Position zu finden. Wenn die SPD plötzlich als Verein von Putin-Verstehern dasteht, was ist dann erst die Linke? Die Sympathie für Russland gehört zur DNA der Partei wie das Wettern gegen die Nato. Noch Anfang Februar nahmen etliche Spitzen-Linke unter der Überschrift «Friedenspolitik statt Kriegshysterie» Moskau vor der Nato in Schutz. Und noch wenige Tage vor Kriegsbeginn bestritt Sahra Wagenknecht in der Talkshow von Anne Will vehement, dass Putin einen Einmarsch plane.

Irgendwann seufzt Reichinnek. «Es ist eine unglaublich schwierige moralische Diskussion.» Sie habe ja selber den Impuls, zu denken: «Man muss denen doch jetzt irgendwie helfen!» Gerade die Jüngeren dächten so.

Heidi Reichinnek ist in der DDR geboren, gerade noch so. Im Bundestag sitzt sie allerdings für den Wahlkreis Osnabrück, wo sie seit sechs Jahren lebt. Die Linke, die im Osten eine andere Partei ist als im Westen, kennt sie also von beiden Seiten. Ihr gefällt der Pragmatismus der ostdeutschen Linken und der Idealismus der westdeutschen. «Da bin ich ganz bei Rosa Luxemburg», sagt sie. Im Parlament, also in dieser Welt, gelte es, für die Arbeiter zu streiten. Aber das eigentliche Ziel sei eine andere Gesellschaft. «Da ist es vielleicht ganz gut, dass man beide Sozialisationen hat!», sagt sie lachend. Eine fröhliche, schnell und viel redende Frau mit scharf geschnittenem Pony und tätowierten Armen.

Zu Russland hat diese junge Abgeordnete keine tiefere Beziehung. Aber Reichinnek wurde für die Linke in den Bundestag gewählt, jetzt muss sie die Positionen ihrer Partei nun mal vertreten. So einfach ist das. Oder eher so schwer. «Wir haben uns eindeutig als Friedenspartei positioniert – und müssen jetzt eben mit dem Gegenwind klarkommen.»

* * *

Der Linken Reichinnek würde es ganz und gar nicht gefallen, dass eine junge Parlamentarierin der AfD sie für ihren Kurs ausdrücklich lobt: «Nur auf die Linken ist Verlass», sagt Carolin Bachmann einige Wochen später, als ich ihr Unter den Linden gegenübersitze. Die Grünen seien doch schon lang keine Friedenspartei mehr.

Bachmann (Jahrgang 1988) ist die einzige junge Frau, die für die AfD im Bundestag sitzt. Ihren Wahlkreis Mittelsachsen hat sie haushoch gewonnen, mit dem bundesweiten AfD-Slogan «Deutschland, aber normal» und mit dem mittelsachsen-spezifischen Slogan «für eine maskenfreie Kindheit».

Am 24. Februar gibt sie auf ihren digitalen Kanälen unverhohlen «dem Westen» die Schuld an Putins Einmarsch. Zwar sei der Krieg durch nichts zu rechtfertigen, schreibt sie zwischen Friedenstauben-Emojis, aber «die jahrelangen Provokationen gegenüber Russland» hätten nun eben zur Eskalation geführt.

Drei Monate später höhnt sie im Café Einstein über die betroffenen Deutschen: «Krieg im Herzen Europas!» Sie macht ein bekümmertes Gesicht. Das sei wieder so ein Framing. Ihres Wissens liege die Ukraine am Rande von Europa, nicht mittendrin. Mit dem emotionalen Gerede vom Herzen wolle man die Deutschen doch nur in einen Krieg treiben, der nicht ihrer sei. Bachmanns Meinung? «Wir sollten uns da raushalten.»

Für die AfD-Politikerin ist das alles nicht sonderlich überraschend, «es schockiert mich auch nicht.» Krieg gebe es überall. Syrien, Libyen, Afghanistan, «es gibt keinen Unterschied, es ist das Gleiche». Hier sei Amerika der Aggressor, dort Russland. Wieso mit zweierlei Maß messen?

Ich kenne diese Strategie. Wir Millennials nennen sie «Whataboutism». Es ist unmöglich, bei einem Thema zu bleiben, weil ständig krude Vergleiche auf den Tisch kommen. Dann ist man damit beschäftigt, zu erklären, warum der Vergleich hinkt, und findet sich mir nichts dir nichts in einer Debatte über Syrien wieder, obwohl man eigentlich über die Ukraine reden wollte. Was ist mit Libyen, was ist mit Afghanistan? So hält mich Bachmann auf Trab. So kann sie gut verschleiern, dass sie selbst keine Antworten hat.

Ich versuche, dem Spiel zu entkommen, indem ich ihr einfache, klare Fragen stelle. «Sie wollen also keine einzige Waffe liefern?», will ich wissen. Doch selbst auf diese Frage antwortet sie nicht. «Das Problem ist ein anderes», sagt sie und macht wieder das weite Feld auf, auf dem sie sich wohler fühlt, weil Ja und Nein bis zum Horizont verschwimmen. Wieder kommt sie auf die Vorgeschichte zu sprechen, auf die Nato-Osterweiterung, auf die Schuld des Westens.

Für Bachmann ist es so: «Da macht einer, was er will. Dann wird der andere laut. Und dann heißt es: Der hat mich angebrüllt. Ja gut, irgendwann flippt man halt aus und im Fall Russlands führt das zu einem Angriffskrieg!»

Ich versuche es noch ein paar Mal, frage immer wieder nach dem Jetzt, danach, was sie tun würde, bis es schließlich aus ihr herausbricht: «Ich kann's nicht mehr aushalten. Das ist ein Krieg zwischen Amerika und Russland. Das ist nicht unser Krieg. Wir haben zwei Weltkriege geführt, wir haben Generationen von Männern im Krieg versenkt, wir müssen das nicht nochmal haben.» Grollend beschwört sie das Unheil: «Und wir werden wieder mit drinhängen!»

Mit ihrer Sorge ist die AfD-Politikerin nicht allein. In Abstufungen findet sie sich in allen Fraktionen. Bei den friedensbewegten Älteren von SPD und Grünen, bei den Linken sowieso, aber auch bei den Globalisierungs- und Verflechtungsapologeten von FDP und Union.

* * *

Christina Stumpp kann sich das alles kaum vorstellen. Krieg in Europa, das mache ihr auch «persönlich Angst».

Im Ernährungsausschuss lauscht die CDU-Politikerin bestürzt einem ukrainischen Bauern, der ihr und den anderen Abgeordneten von der Lage vor Ort berichtet. Er beschreibt, wie Landwirte zu Fuß ihre Milch verteilen, weil die Wege abgeschnitten sind. Er beschreibt, wie Bauern ihre Felder nicht bestellen können, weil dort Minen liegen. Oder tote Soldaten.

Stumpp wiederholt vor allem das, was Friedrich Merz in Richtung Ampel poltert. Aus der Opposition heraus ist es leicht, die Regierung als zu lasch, zu lau, zu langsam zu kritisieren. Der zögerliche Kanzler liefert in dieser Zeit genug Angriffsfläche.

Der neue Mann der CDU ist der alte Rivale Angela Merkels. Wobei er sich Mühe gibt, nicht so alt zu wirken, und sich deshalb auch die junge Christina Stumpp, Jahrgang 1987, an die Seite geholt hat. Beide können mit Fug und Recht behaupten, diese Russlandpolitik nicht gemacht zu haben. Gleichzeitig dürfen sie aber auch alle anderen, die in den letzten Jahren mitregiert haben, nicht vor den Kopf stoßen. Zumal es Ministerpräsidenten der CDU gibt, zum Beispiel in Sachsen, die immer noch Verständnis für Putin äußern.

Es ist also kompliziert. Wo links ist und wo rechts, ist nicht mehr so klar. Die Lager verschwimmen. Der Riss geht mitten durch die Parteien. Die einen wollen Waffen liefern, und zwar mehr, schneller und wirksamer. Die anderen wollen lieber keine liefern oder nur solche, die sie «defensiv» nennen – auch wenn nicht so klar ist, warum eine Haubitze als defensiv gilt, ein Leopard-Panzer aber nicht. Die Deutschen, zeigen Umfragen, sind geteilter Meinung. Die Intellektuellen, das zeigen ihre mannigfaltigen Briefe, auch.

Die Jungen unter den Abgeordneten sind sich ebenfalls nicht einig. Die Alten erst recht nicht. Putins Krieg taugt vielleicht einfach nicht als Beispiel für einen Generationenkonflikt.

Im Mai 2022 sitze ich für ein Zeitungsinterview in der prächtigen Stuttgarter Staatskanzlei, als Winfried Kretschmann von der Fluchtgeschichte seiner Eltern erzählt.

Er beschreibt, wie sie vertrieben worden sind aus dem heute polnischen Ermland, wie ein Bruder als Säugling starb. Und er berichtet, wie er nun, mit über 70 Jahren, plötzlich wieder dramatische Fluchtgeschichten höre. Etwa die eines ukrainischen Juden, der als Kind den Holocaust überlebt hat und nun als alter Mann wieder vor den russischen Bomben geflohen ist – nach Baden-Württemberg. «Das ging mir einfach durch Mark und Bein», sagt der Ministerpräsident.

Die Kriegserfahrung hat in ihm eine andere Überzeugung reifen lassen als jene, zu der Habermas kommt. «All das lässt doch nur den Schluss zu, nicht passiv zu bleiben.»

Wie die Millennials politisch wurden

Als Angela Merkel 2005 an die Macht kam, war ich fünfzehn und hörte noch CD. «Emanuela» von Fettes Brot zum Beispiel. Für Politik interessierten wir Millennials uns nicht übermäßig, eher dafür, wie wir als Minderjährige in den Nachtclub kamen. Das ging ganz einfach: Wir liehen uns den Personalausweis von älteren Freundinnen, die Türsteher ließen uns auf einem Blatt Papier unterschreiben, taten so, als würden sie die Signaturen vergleichen – und ließen uns rein. Sie waren eben pragmatisch, die Türsteher, so wie wir. Und so wie unsere Kanzlerin. Wogegen sollten wir auch aufbegehren? Als ich 1990 geboren wurde, war das bekanntlich das «Ende der Geschichte».

Die Mauer war offen, der Eiserne Vorhang gefallen und die Welt eine einzige große Technoparty. Für die Clubs im wilden, wiedervereinigten Berlin waren wir natürlich noch zu klein. Wir tauschten erstmal unsere Diddle-Maus-Blätter, beklebten unsere Stickeralben und schauten «Sailormoon». Später füllten wir das ideologische Vakuum mit «Gute Zeiten, schlechte Zeiten» und «Richterin Barbara Salesch». Nachmittags, wenn ich eigentlich Hausaufgaben machen sollte, chattete ich mit meinen Freundinnen auf ICQ. Emojis gab's noch nicht, wir mussten *grins* schreiben, *seufz* oder *rofl*, die Abkürzung für: rolling on the floor laughing.

Unsere Lehrerinnen und Lehrer hatten keine Ahnung, was das bedeutete. Sie waren Baby-Boomer, geboren in den 50er und 60er Jahren, so wie unsere Eltern. Und irgendwie waren sie alle auch auf die gleiche Weise Post-68er.

Im Jahr 2006 befragte ich sie für die Schülerzeitung. Sie sollten mal erzählen, wie sie so waren damals und wie sie auf uns schauten, die

Jugend von heute. Offenbar habe ich mich schon damals gefragt, was unsere Generation eigentlich ausmacht.

So richtig helfen konnten sie mir nicht. Sie schwelgten eher in ihrer eigenen Jugend, schwärmten von den Beatles und den Stones, Marx und Adorno. Sie hatten noch eine leise Ahnung von den Erziehungs-methoden nach dem Krieg und dem «Muff von 1000 Jahren», genossen dann aber schnell die Freiheiten, die Rudi Dutschke und die anderen für sie erstritten hatten. Sie brauchtes keine Steine mehr werfen und mussten auch nicht ständig nackt sein. An den Unis war wieder Ruhe eingekehrt. «Gelegentliche Auftritte des KBWs [Kommunistischen Bunds Westdeutschlands] in Vorlesungen nahmen wir eher als Abwechslung im Vorlesungsalltag wahr», wie einer meiner Lehrer in der Schülerzeitung verlautbaren ließ.

Parkas trugen sie trotzdem, Bärte und lange Haare eh. Und manche von ihnen ließen sich «nicht wenige Male naßspritzen» beim Protest gegen die Startbahn West. Sie waren keine Hippies, keine Radikalfeministinnen und auch keine Maoisten, aber sie wussten genau, wogegen sie waren: gegen die «angepassten Spießer», gegen die strengen Väter, gegen die autoritären Schulleiter.

Und wir? Wogegen waren wir? Was gab es für uns zu erstreiten, wogegen lohnte es sich, zu rebellieren?

Heute sei es schwer, sich politisch zu engagieren, erwiderte mein Sozialkunde-Lehrer etwas mitleidig. Es gäbe keine Jugendbewegung in diesem Sinne mehr, sondern eher ein Mosaik unterschiedlichster Szenen. Die Welt sei unübersichtlich geworden, und überall locke der Konsum, ziehe «die Unterhaltungselektronik» uns in ihren Sog. «Politisch sein ist heute nicht unmittelbar *in*», hieß es auch in den Jugendstudien. Die Feuilletonisten bezeichneten uns als «traurige Streber», unfähig zu Kritik und Protest.

Immerhin: Als der amerikanische Präsident George W. Bush meine Heimatstadt Mainz besuchte, waren wir dann doch elektrisiert. Am 11. September 2001 war ich ein Kind von elf Jahren, aber 2005 fühlte ich mich schon erwachsen genug, um gegen den Irakkrieg zu protestieren. Die Reibungsfläche, die uns bei unseren Eltern, Lehrerinnen und Politikern fehlte, fanden wir zumindest ein bisschen bei den amerikanischen Neocons. Und waren dankbar dafür.

«Bush Go Home» hatten wir auf Pappe gemalt, so viel Englisch konnten wir schon. Neben uns hatte jemand auf sein Schild geschrieben: «Monica, tu es noch einmal – für Amerika.» Gemeint war Monica Lewinsky, deren Affäre mit Bill Clinton diesen beinahe zu Fall gebracht hätte. Ich fand das damals witzig. Heute kommt es mir sexistisch vor.

Es war eben eine andere Zeit. In der BRAVO lernten wir, wie wir uns zu schminken hatten und was «ihm» so gefällt. Als Britney Spears zum gefallenen Star erklärt wurde, weil sie nach einem Nervenzusammenbruch irgendwo ohne Unterhose aufgekreuzt war, hängte ich ihr Poster ab. Es tat mir schon irgendwie leid, aber was blieb mir übrig: Sie sei eben ein Flittchen, erklärten mir die Moderatorinnen von «Taff» und «Explosiv». So wie Paris Hilton. Oder Monica Lewinsky. Selbst schuld, so fräste es sich in mein junges Mädchengehirn.

In den Zeitungen war in dieser Zeit immer mal wieder die Rede von «Döner-Morden».

Überall in Deutschland wurden Menschen mit der gleichen Waffe brutal ermordet: einer Ceska, 7,65 Millimeter. Enver Şimşek, in Nürnberg, vor seinem Blumenladen. Abdurrahim Özüdoğru, in Nürnberg, in der Schneiderei seiner Frau. Süleyman Taşköprü, in Hamburg, im Lebensmittelgeschäft seines Vaters. Habil Kılıç, in München, in seinem Gemüseladen. Mehmet Turgut, in Rostock, im Dönerimbiss seines Freundes. İsmail Yaşar, in Nürnberg, in seinem Schnellrestaurant. Theodoros Boulgarides, in München, in seinem Schlüsseldienstgeschäft. Mehmet Kubaşık, in Dortmund, in seinem Kiosk. Halit Yozgat, in Kassel, in seinem Internetcafé.

Die Polizei ging mal von Familienstreitigkeiten aus, mal von Geldwäsche. Irgendwann richtete sie eine «Soko Bosporus» ein und präsentierte stolz ihre Lösung: Drogenhandel aus Holland. Erst fünf Jahre später wurde die Terrorzelle «Nationalsozialistischer Untergrund» ausgehoben.

Als die Angehörigen von Halit Yozgat kurz nach dessen Ermordung durch Kassel zogen und «Kein zehntes Opfer!» skandierten, nahm kaum jemand davon Notiz. Nicht mal die Antifa kam. In Deutschland interessierte man sich gerade mehr für die Vogelgrippe. Es ging alles weiter seinen Gang.

Auch 2009, als ich zum Studium nach Leipzig zog, in eine Stadt mit einer sehr linken Studentenschaft, ging es eher noch gemächlich zu. Alternde Punks und jüngere Autonome zündeten in Connewitz zwar regelmäßig ihre Bengalos, aber das bildete nur die folkloristische Kulisse für unsere Studipartys. Die NPD war eine bedeutungslose Kleinstpartei, und bis die ersten Pegida-Märsche von Dresden nach Leipzig kamen, dauerte es noch ein paar Jahre.

Auch fürs Klima demonstrierte keiner. Aber ich merkte schnell, dass ich hier als Bratwurst-Esserin nicht weit kommen würde. «Vegane Mitbewohnerin gesucht», hieß es meist schon in den Betreffzeilen der WG-Annoncen. Manchmal musste man erst ein wenig lesen, bis man dann zu der entscheidenden Stelle kam: «KEIN FLEISCH IM GEMEINSAMEN KÜHLSCHRANK!!!»

In der Schule hatten wir alle den Dokumentarfilm «We Feed The World» gesehen. Wir waren geschockt, dass unsere Tomaten 3000 Kilometer durch Europa gekarrt und für unsere Spiegeleier Millionen männliche Küken geschreddert wurden. Aber Konsequenzen hatte ich daraus bisher nicht gezogen. Nun hieß es plötzlich: Wer Fleisch isst, macht sich mitschuldig – an der brutalen Massentierhaltung, aber auch am Klimawandel.

Ich wurde also Vegetarierin, so wie alle um mich herum, und lernte auch die anderen Codes der linken Studentenschaft in Leipzig zu verstehen. Ich hörte auf, mir die Wimpern zu tuschen, weil das als unfeministisch galt. Ich betete das «Bekenntnis gegen Rassismus und Sexismus» nach. Und ich trat in den Bildungsstreik.

Im Jahr 2009, meinem ersten Studienjahr, gingen nämlich in ganz Deutschland Studierende gegen die Bologna-Reformen auf die Straße. Auch in Leipzig besetzten wir das Rektorat, zogen mit Isomatten und Schlafsäcken ein und versuchten, Forderungen aufzustellen. Das war allerdings gar nicht so leicht. Die Streikenden hatten die unterschiedlichsten Ziele und Vorstellungen. Manche von ihnen wollten nur die Studiengebühren abschaffen, andere gleich den Kapitalismus. Wahrscheinlich wurde daraus auch deshalb keine große Bewegung, anders als zehn Jahre später aus dem Schulstreik der Klimajugend: Das überwölbende Thema fehlte.

Es dauerte dann noch mal etliche Jahre, bis die gefallenen Stars meiner Jugend sich plötzlich zurückmeldeten. Und damit begann etwas wirklich Neues. Zunächst noch scheinbar harmlos: Britney Spears konnte man jetzt auf Instagram folgen. Sie wurde offenbar in einer riesigen Villa gefangen gehalten und war nach all der Zeit bereit, sich zu befreien. Auch Monica Lewinsky erzählte nun ihre Version der Geschichte mit Bill Clinton, damals im Oval Office.

Das war aber noch nicht die große Erschütterung. Die begann erst, als Harvey Weinstein, der mächtigste Mann Hollywoods, wegen sexueller Belästigung angeklagt wurde. Daraufhin erzählten Zehntausende Frauen unter dem Hashtag #MeToo von ihren Erfahrungen mit männlicher Übergriffigkeit. Und mit #MeToo zogen weitere Stürme am Internethimmel auf, die den unpolitischen Nebel meiner Jugend mit einem Mal wegpusteten: #Fridaysforfuture, der Kampf gegen die Klimakrise, #Blacklivesmatter, der Protest gegen einen immer wieder tödlichen Rassismus.

Es war, als ob die Jugend den Alten – vor allem den «alten weißen Männern» – neue Brillen aufsetzte, damit diese endlich mal eine andere Sicht auf die Wirklichkeit bekämen. Und als hätte es dafür erst dieses Zeichens bedurft: #.

* * *

Die Boomer staunten. Es hatte nicht den Anschein, als ob sie schon ganz verstanden hätten, was Sache war ab jetzt. Zu Zehntausenden marschierten die jungen Leute plötzlich freitags durch die Städte und trommelten den SUVs auf die Motorhaube. «Wir sind hier, wir sind laut, weil ihr uns die Zukunft klaut!» Ihr Vorbild: ein zierliches Schulmädchen aus Schweden namens Greta Thunberg.

Deutschland rieb sich die Augen. Was war denn plötzlich in die Jugend gefahren? Waren das nicht diese unpolitischen Wohlstandskinder? Saßen die nicht den ganzen Tag vorm PC, filmten sich aus unerfindlichen Gründen beim Minecraft zocken und nannten es «Let's Play»? Rannten die nicht ständig in den Drogeriemarkt, präsentierten ihre Beute samt Schminktipps auf Youtube und nannten es, warum auch immer, «DM Haul»?

Genau genommen hatte man keine Ahnung, was die da wirklich trieben, aber es sah auf jeden Fall lächerlich aus.

Es gab zum Beispiel so einen Youtuber, Jahrgang 1992, blaue Haare, 1,6 Millionen Abonnent:innen. Dessen Videos hießen «Ultra Lachflash Flachwitz Challenge» oder «die dümmsten Anmachsprüche» oder «Ekelpong», und darin atmeten die Kids Helium aus Luftballons ein oder erzählten sich mit wasservollen Backen Witze oder warfen Tischtennisbälle in Becher mit Saft- und Soßenmischungen, die sie sich unter viel Gehampel einverleibten, begleitet von Ausrufen wie «wack» oder «really, diggi» oder «ja lol ey».

Da konnten sie ja getrost weiter machen wie gehabt, dachten die Boomer.

Dieser Youtuber, von dem hier die Rede ist, veröffentlichte dann allerdings kurz vor der Europawahl 2019 ein Video mit dem Titel «Die Zerstörung der CDU». Und das mussten sich plötzlich auch die Erwachsenen anschauen. Sie konnten gar nicht anders, auch wenn sie es gern ignoriert und als Kinderquatsch abgetan hätten. Aber schon über eine Million junger Leute hatten das Video gesehen. Und die wollten daraufhin alle die Grünen wählen.

Unter großen Qualen führten sie sich also zu Gemüte, was der Blauhaarige zu sagen hatte über die abgefuckte Klimapolitik, die zerstörerischen Kohle-Dudes und die fucking ungerechte Verteilung von Reichtum. Ein einziger Diss der Regierung, ungerecht, polemisch, übertrieben – aber eben auch nicht ganz unbegründet. «Ihr sagt doch immer, dass die jungen Leute mehr Politik machen sollen», rief Rezo. «Ja, dann kommt doch damit klar, dass die jungen Leute eure Politik scheiße finden!»

Ganz schön schwierig für die älteren Politikerinnen und Politiker, mit diesem geballten Aufstand der Jungen umzugehen. Die CDU-Chefin Annegret Kramp-Karrenbauer versuchte es erst mit Sarkasmus («Ich habe mich gefragt, warum wir nicht eigentlich auch noch verantwortlich sind für die sieben Plagen»), dann mit scharfer Kritik («Meinungsmache vor der Wahl»). Beides ging schief.

Der Jungunionler Philipp Amthor sollte ein Antwort-Video drehen, er war schließlich wie Rezo Jahrgang 1992. Er sprach allerdings eine andere Sprache. Statt sowas wie «Zucker? Boah nee ey» sagte er zum Beispiel: «Nein, danke, für's Süße sind die Frauen zuständig.» Das Video hielt die Partei am Ende doch lieber unter Verschluss. Insgesamt ein sensationeller Schlamassel.

Aber auch andere taten sich schwer. FDP-Chef Christian Lindner forderte die jungen Klimaaktivist:innen auf, ins Klassenzimmer zurückzukehren und die Sache den «Profis» zu überlassen. Die Grünen versuchten, sich den Klimaprotest zunutze zu machen, aber standen dann auch irgendwie hilflos zwischen den Baumhäusern im Dannenröder Forst. Und die SPD hatte sowieso von allem genug.

Alle Welt sprach plötzlich vom Rezo-Effekt, der Union und SPD bei der Europawahl ein verheerendes Ergebnis bescherte. Klimaexpert:innen lobten die Protest-Jugend, der Siemens-Chef bot der Fridays-for-Future-Aktivistin Neubauer einen Aufsichtsratsposten an, und die jungen Stars des Protests bevölkerten die Talkshows im überalterten öffentlich-rechtlichen Fernsehen.

Aber so richtig ernst genommen fühlten sie sich immer noch nicht.

* * *

Kevin Kühnert kann sich noch lebhaft an seinen ersten Talkshow-Auftritt bei Maybrit Illner erinnern. Zwei Männer im Anzug, der Journalist Gabor Steingart und der Politikwissenschaftler Albrecht von Lucke, redeten da über «diesen jungen Mann», als säße der gar nicht mit am Tisch. Es war die Zeit, als Kühnert mit seiner No-GroKo-Kampagne durchs Land zog und in jeder Stadthalle einschlug wie ein Kugelblitz. Nachdem Martin Schulz erst beteuert hatte, nun gehe es in die Opposition, und sich schließlich doch zu einer Neuauflage der Großen Koalition breitschlagen ließ, liefen Kühnert und seine Jusos Sturm. Und dass es da einer wagte, mit gerade einmal 28 Jahren die halbe Republik auf den Kopf zu stellen, fanden die Älteren so unglaublich, dass sie nicht so recht wussten, wie sie damit umgehen sollten.

Immerhin sprach die Moderatorin Kühnert direkt an, allerdings mit dem falschen Namen: «Herr Kleinert», sagte sie gleich zwei Mal und korrigierte sich: «Wie komme ich auf Kleinert, um Himmels willen?» Vielleicht, weil die BILD Kühnert zur gleichen Zeit als «Milchgesicht» betitelte. Oder weil CSU-Mann Dobrindt die SPD aufforderte, endlich diesen «Zwergenaufstand» in den Griff zu bekommen.

Unter dem Hashtag *#diesejungenLeute* erzählten daraufhin zahlreiche junge Menschen von ähnlichen Erfahrungen. Ricarda Lang von den Grünen berichtete, dass sie von Journalist:innen ständig geduzt werde. Jamila Schäfer, ebenfalls von den Grünen, beklagte sich über gönnerhaftes Lob von Älteren. Und als der Chefredakteur der WELT AM SONNTAG vom SPD-Parteitag über ein «sehr aufgeregtes Mädchen von den Jusos» twitterte, nahm Annika Klose das zum Anlass, um sich einmal vorzustellen: «25 Jahre alt, voll berufstätig und seit 2,5 Jahren Vorsitzende des größten politischen Jugendverbands Berlins».

Natürlich fehlte auch nie der Hinweis darauf, dass diese naseweisen Jungen ja gar nichts Anständiges gelernt hätten. Schließlich haben weder Kevin Kühnert noch Ricarda Lang ihr Studium beendet. Und denen solle man jetzt zuhören?, schallte es entrüstet aus allen Ecken der Republik. Was bildeten sich diese jungen Leute eigentlich ein?

Der Generationenforscher Professor Christian Scholz konstatierte in der BILD: «Die Jungen stellen das etablierte Wertesystem infrage. Das ist für die Älteren unangenehm, verunsichert sie. Sie fühlen sich unverstanden, blocken ab.» Er empfahl den Älteren, sich zu fragen: «Wieso genau ticken die so?»

Doch so genau wollten die das vielleicht gar nicht wissen. Wieso sollten sie sich mit pöbelnden Youtubern herumschlagen, wenn es da eh nichts für sie zu holen gab? Die Deutschen sind ein altes Volk. Die Wahlen gewinnt man mit Rentenerhöhungen, nicht mit Laptops für Schulen.

«Wir können sowieso kaum was verändern, die größte Wahlmacht haben die Alten», sagt Rezo in seinem Anti-CDU-Video zum Schluss. «Die Rentner entscheiden also über unsere Zukunft, obwohl sie diese Zukunft gar nicht mehr miterleben werden.» Das ist vielleicht der deutlichste Hinweis darauf, dass dieses Video nicht wirklich der aggressive Rant eines selbstgefälligen Internetpopulisten war, sondern eher ein verzweifelter Hilferuf.

«Sollte sich die Politik nicht glücklich schätzen, wenn es Nachwuchs gibt?», fragte die BILD den Bundestags-Veteranen Hermann Otto Solms. Das sei natürlich prinzipiell zu begrüßen, erwiderte der 77-Jährige gnädig. Aber die jungen Leute dürften sich nicht wundern, wenn sie erst einmal kritisch beäugt würden. «Das ist, wie wenn ein neuer Schüler in die Klasse kommt.»

Der Jugendforscher Klaus Hurrelmann sprach im Gespräch mit dem SPIEGEL von einer «generationalen Echokammer». Die Älteren seien schon so lang unter sich, dass sie sich in ihrer Skepsis gegenüber den Jungen gegenseitig bestärkten. Für ihn war das mehr als die normale Besserwisserei gegenüber der Jugend. «Durch die Anzahl der Babyboomer entwickelt sich eine schreckliche Wucht», so Hurrelmann. Mit anderen Worten: Weil die Boomer so viele sind, müssen die Jungen besonders laut sein.

Tatsächlich war das Parlament nach der Bundestagswahl 2017 schon wieder voll mit Boomern. Die Hälfte aller Abgeordneten waren Generationsgenossen aus den Jahren 1955 bis 1969. Angela Merkel regierte seit mehr als einer Dekade, es war schon die dritte Große Koalition, die sich da aus den altbekannten Gesichtern bildete. Und jedes Mal, wenn eines dieser altbekannten Gesichter beteuerte, es dürfe «kein Weiter-So» geben, weinte sich irgendwo ein Millennial in den Schlaf.

«Sie kennen mich», war so ein Merkel-Satz. Und: «Politik ist, was möglich ist». Aus Bismarcks Satz, wonach Politik «die Kunst des Möglichen» sei, hatte sie da einfach kurzerhand die Zuversicht herausgeschüttelt, sodass nur noch ein defätistischer Rest übrigblieb. Kann man halt nichts machen, hätte sie auch sagen können. Es ist, wie es ist.

Sie sagte diesen Satz zur Verteidigung eines ambitionslosen Klimapakets, das diese dritte Große Koalition unter Ächzen und Stöhnen geschnürt hatte. Und sie adressierte explizit die «ungeduldigen jungen Menschen» auf der Straße.

Aber wieso sollten die eigentlich auf der Straße bleiben?

An der Demografie konnten die Millennials wenig ändern, aber wer sagte eigentlich, dass es immer so weitergehen musste? Wieso war Rezo sich so sicher, «dass wir eh nichts reißen können»? Wieso sollten die Jungen nicht hereinkommen in die Säle der politischen Macht, in die Parlamente der Republik, in den Bundestag?

So dominant die Generation der Tonangebenden im Moment noch scheinen mochte – es war ja nur eine Frage der Zeit, bis deren Plätze alle freiwurden. So gesehen, war die Demografie sogar ein Vorteil, zumindest für all jene Millenials, die nach Mandaten und politischen Ämtern strebten.

* * *

Als ich den jungen Hoffnungsträger der SPD im Juli 2021 beim Häuserwahlkampf begleite, wirkt das nicht gerade wie eine jugendliche Revolution. «Hier unten ist nicht so viel mit jungen Leuten», erklärt Kevin Kühnert.

Aber das täuscht. Mit Kühnert zusammen kandidieren 80 andere Jusos aus ganz Deutschland für den Bundestag. So viele junge Leute hat die Partei noch nie aufgestellt. Die alte Tante SPD gleicht plötzlich einem Jugendclub.

Wir treffen uns im Eiscafé Europa, einem grauen Betonklotz am Rande Berlins. Um aus dem Regierungsviertel hierher zu kommen, muss man von der S-Bahn in die U-Bahn und von der U-Bahn in den Bus umsteigen. Dann ist man in Marienfelde beziehungsweise fast in Brandenburg. Kühnerts Heimat, oder, in politischen Kategorien gesprochen: Bundestagswahlkreis 81, Berlin-Tempelhof-Schöneberg.

Den gewinnt man nicht mit Twitter, so viel ist klar. Um uns herum beugt sich die Generation Wirtschaftswunder über ihren Kaffee. In unauffälliges Beige gekleidet, bestellen sie auffällig bunte Eis-Becher, aber bitte mit Sahne.

Kühnert war hier schon immer der Jüngste. Gegenüber, im Adriana Grill, wo Kühnerts Ortsverein tagte. Bei den Geburtstagsfeiern der Großeltern im Happy Buddha, dem Stammchinesen der Kühnerts. Er wuchs ohne Geschwister auf, aber mit vielen Omas, Opas, Onkels, Tanten.

Als Kind wollte Kühnert Physiotherapeut werden. Daraus wurde bekanntlich nichts. Stattdessen zettelte er einen Aufstand gegen seine Partei an und demütigte den Mann, der heute Bundeskanzler ist. Als letztes Aufgebot der sozialdemokratischen Führungsriege hatte sich der amtierende Vizekanzler als Parteivorsitzender beworben – und verloren. Mit der Macht der Jusos hievte Kühnert stattdessen das Außenseiter-Duo Saskia Esken und Norbert Walter-Borjans als neue Doppelspitze ins Amt. Scholz' bitterste Niederlage, Kühnerts größter Triumph.

Schon kurios, dass Kühnert jetzt für denselben Olaf Scholz Wahlkampf macht, oder?

«Nagut», sagt Kühnert, während wir von Tür zu Tür ziehen, «das ist entschieden worden». Er habe damit inzwischen seinen Frieden gemacht. Und er macht so eine Handbewegung, die wahrscheinlich sagen soll: Olle Kamellen, ich bin doch längst weiter. «Man muss jetzt nicht eine politische Story 20 Jahre lang weitererzählen.»

Das wäre ja langweilig. Vor allem hat Kühnert in den nächsten 20 Jahren Besseres vor. Regierender Bürgermeister von Berlin werden zum Beispiel. Oder Kanzler. Wer weiß. Jetzt muss er erst einmal seinen Wahlkreis gewinnen.

In seinen letzten Monaten als Juso-Vorsitzender hat Kevin Kühnert eine Bundestags-Offensive der Jusos in die Wege geleitet, wie es sie noch nicht gab. Überall im Land bewerben sich im Winter 2020/21 plötzlich junge Leute um eine Nominierung. Da steht die SPD in den Umfragen gerade bei trostlosen vierzehn Prozent. Viele Ältere winken ab. Wozu sollten sie einen aussichtslosen Wahlkampf führen? Das überlassen sie doch gern den Jüngeren.

Die greifen beherzt zu. Kühnerts Nachfolgerin Jessica Rosenthal und Juso-Geschäftsführerin Julie Rothe versammeln die Kandidierenden fortan alle zwei Monate in einer digitalen Schalte. Wie ist bei euch der Stand, habt ihr Fragen, Sorgen, Tipps? So tauscht man sich aus. Es gibt Workshops zu Pressearbeit, Seminare zu Sponsoring. Alles ganz professionell.

Auch die Grüne Jugend ist zu dieser Zeit längst kein Kiffer-Verein mehr. Jamila Schäfer und Ricarda Lang haben den Verband seit 2017 systematisch professionalisiert. Zu Tausenden sind junge Leute in den letzten Jahren den Grünen beigetreten. Das spiegelt sich auch in den Kandidaturen wieder. So viele junge Leute wie noch nie bewerben sich für den Bundestag, darunter auch Klima-Aktivistinnen und Seenotretter.

Zwischenzeitlich hatte es so ausgesehen, als könne die Klima-Liste zur Konkurrenz für die Grünen werden, eine Sammelpartei für alle jene, denen der Klimaschutz der Grünen nicht weit genug geht. Doch am Ende entscheiden sich viele doch für die aussichtsreichere Kandidatur bei der mittlerweile etablierten Partei.

Das ist ein Hinweis darauf, mit wem die Älteren es da zu tun bekommen: jungen Leuten, die nicht nur meckern, sondern auch mitmachen wollen. Sie fordern zwar radikale Antworten auf die Klimakrise, aber verstehen sich selbst dabei nicht als radikal. Und sie haben durchaus Lust, Karriere zu machen.

Doch nicht nur die Jugendorganisationen wollen den Bundestag verändern. Auch zivilgesellschaftliche Initiativen unterstützen plötzlich junge Leute bei ihrer Kandidatur. «Brand New Bundestag» etwa will nach amerikanischem Vorbild mehr Diversität ins Parlament bringen. So wie die Rebellinnen um Alexandria Ocasio-Cortez den Kongress aufmischen, sollen auch in Deutschland junge Leute mit einem anderen Hintergrund, mit einer anderen Perspektive antreten. Armand Zorn etwa, der als Kind aus Kamerun nach Deutschland kam, wird für die SPD in Frankfurt aufgestellt, der gebürtige Iraker Kassem Taher Saleh für die Grünen in Dresden.

Es ist der Beginn einer kleinen Revolution. Die Jungen wollen das Parlament erobern. Sie sammeln ihre Truppen und machen den Älteren die Wahlkreise und Listenplätze streitig. Nicht nur die Jusos und die jungen Grünen bereiten sich auf Berlin vor, auch junge Leute aus der Union, von der FDP und den Linken bringen sich in Stellung.

* * *

Was bei eingefleischten Jusos wie Annika Klose und hartgesottenen Grüne-Jugend-Kandidaten wie Max Lucks System hat, ist bei Christina Stumpp allerdings eher ein Unfall. Überhaupt läuft es bei der Union ganz anders als bei SPD und Grünen.

Ähnlich wie die SPD erlebt die CDU eine existenzielle Krise. Seit Angela Merkel angekündigt hat, die Arena zu verlassen, schlagen sie sich in der Union gegenseitig die Köpfe ein. Kramp-Karrenbauer, die mal als ihre Kronprinzessin galt, wirft nach einem Eklat in Thüringen das Handtuch. Armin Laschet, der sie beerben will, muss sich schon wieder in einem zähen Entscheidungsprozess behaupten – schon wieder gegen Friedrich Merz und schon wieder äußerst knapp. Doch der nächste Rivale steht schon bereit: Der Bayer Markus Söder denkt nicht daran, dem Neuen einfach die Kanzlerkandidatur zu überlassen. Er tritt ihm bei jeder Gelegenheit in die Kniekehlen. Laschet wankt – und mit ihm die ganze CDU. Am Ende ist er angeschlagen, aber Kanzlerkandidat.

Na also. Jetzt heißt es bei der CDU: schnell vergessen und die Partei in die Regierung führen. Was soll man auch in der Opposition? Die Umfragen sehen die Union trotz allem vorn. Merkel ist zum Schluss nochmal auf dem Höhepunkt ihrer Beliebtheit angelangt, und den Deutschen scheint nicht so richtig klar zu sein, dass sie wirklich aufhört.

Die Zeichen stehen also insgesamt auf Weiter-so. Warum sollen die Älteren da Platz machen für Neue? Ein paar ihrer Leute konnte die Junge Union auf den Listen unterbringen. Aber die meisten Bundestagsabgeordneten wollen weitermachen.

Mitten im Nominierungsprozess, als die Kandidaten und Kandidatinnen der CDU gerade mit dem Wahlkampf loslegen wollen, erschüttert allerdings plötzlich ein Skandal um Corona-Masken die Union.

Im März 2021 werden auch Lobbyismus-Vorwürfe gegen den schwäbischen Bundestagsabgeordneten Joachim Pfeiffer laut. Der hatte schon früher kundgetan, er sehe im Lobbyismus kein Problem, halte schnelle Wechsel zwischen Politik und Wirtschaft sogar für begrüßenswert.

Er selbst wechselte besonders geschmeidig zwischen Politik und Wirtschaft hin und her, gründete als Bundestagsabgeordneter Beratungsunternehmen und nutzte dafür offenbar auch sein mit Steuermitteln finanziertes Wahlkreisbüro.

Pfeiffer dementiert die Vorwürfe, aber tritt im April 2021 schließlich von seiner Nominierung als Bundestagskandidat zurück.

Die Waiblinger CDU versetzt das in helle Aufregung. Es ist schließlich nur noch ein gutes halbes Jahr bis zur Wahl, und sie haben keine Ahnung, wen sie ins Rennen schicken sollen. Da bringt plötzlich jemand einen Namen ins Spiel: Christina Stumpp.

Manchmal läuft es in der Politik eben anders als erwartet. Es sieht so aus, als würden immer nur die gleichen Leute Karriere machen, sich gegenseitig die Steigbügel halten und heranziehen, wer ihnen genehm ist. Dann bringen Skandale oder Niederlagen das ganze Gerüst zum Einstürzen. Und plötzlich ist Platz für Neue. Solche, die eigentlich nie vorgesehen waren im System.

Angela Merkel war so ein Fall. Nur weil die CDU nach Kohls Spendenaffäre darniederlag, konnte die junge Frau aus dem Osten reüssieren. Die Männer Merz, Koch, Schäuble, Wulff hielten sie damals für einen Unfall der Geschichte. Und gerade weil sie Angela Merkel so lange unterschätzten, konnte die junge Frau aus dem Osten beinah unbemerkt ins Zentrum der Macht vorstoßen.

Wie weit es mit Stumpps Machtwillen her ist, weiß sie wohl selbst noch nicht. Aber auch ihr bietet sich im Kleinen eine seltene Gelegenheit zur Macht, die sie beherzt ergreift. Die konservative, wirtschaftsverstrickte, männerdominierte Waiblinger CDU hat ihren Merkel-Moment.

Erst kommt der Stadtverbandsvorsitzende von Waiblingen auf sie zu, dann rufen einige aus dem Kreisverband an. Aber Stumpp hat Zweifel. Einerseits fragt sie sich: Kann ich das, mit meinem Hintergrund? Andererseits ist sie nicht sicher, ob es überhaupt gehen würde, mit einem kleinen Kind ständig nach Berlin zu pendeln.

«So eine Chance gibt's nur einmal im Leben», denkt sie schließlich. Es wird ja nicht oft der Platz für ein Direktmandat frei. «Und wenn, dann fühlen sich meistens schon einige Männer berufen», wie Stumpp sagt. Aber hier – Überraschung! – ist sie gefragt, eine junge Frau.

Sie telefoniert viel herum, vernetzt sich, macht sich bekannt bei den über 2 000 CDU-Mitgliedern in ihrem Wahlkreis. Und sticht schließlich gleich im ersten Anlauf zwei ältere Männer aus. Plötzlich Bundestagskandidatin.

Allerdings mit gewaltiger Verspätung. Während alle anderen Parteien schon seit einem Jahr ihre Kampagnen planen, bleiben ihr noch vier Monate für den Wahlkampf. An Türen klingeln, Flyer verteilen, auf dem Marktplatz sprechen – all das muss jetzt sofort passieren. Stumpp will aber nicht nur das 0815-Programm abspulen. Sie tritt schließlich an, um es anders zu machen.

Sie überlegt, wie sie junge Mütter für die CDU gewinnen könnte – und beginnt eine Reihe von «Sandkastengesprächen». Die Herren in der Partei spotten, aber Stumpp ist von ihrer Idee überzeugt. Auf dem Markt haben Eltern keine Zeit. Da hetzen sie mit Kinderwagen und Einkaufszettel an den Ständen vorbei und haben keinen Nerv für Politik. Aber auf dem Spielplatz könnte es gehen.

* * *

Mit einem Direktmandat braucht es Heidi Reichinnek erst gar nicht probieren. In Osnabrück gibt es für die Linke nicht viel zu holen. Wer in den Bundestag will, muss weit vorn stehen auf der Liste. Das ist ein harter Kampf.

Anders als in anderen Parteien wird die Landesliste der Linken Platz für Platz gewählt. «Das ist einerseits gut, weil demokratisch», sagt Reichinnek. «Kann aber auch ganz schön biestig werden.» In Reichinneks Fall wird es biestig.

Reichinnek kandidiert auf Platz drei, ausgerechnet gegen die langjährige Abgeordnete Pia Zimmermann, eine allseits anerkannte Pflege-Expertin, seit acht Jahren im Bundestag, davor lange im niedersächsischen Landtag. «Aber das ist ja genau der Punkt», sagt Reichinnek. «Manchmal sehnen sich die Leute nach Veränderung.» Sie präsentiert sich als Gesicht der Erneuerung, 33 Jahre alt, tätig in der Jugendhilfe, Stimme der Jungen.

Zimmermann erzählt auf der Bühne von ihren Erfolgen und all dem, woran sie weiter arbeiten wolle. «Bleiben wir dran!», ruft sie zum Schluss. «Lasst uns die Weichen neu stellen!», ruft dagegen die Herausforderin Reichinnek. Vor allem für ihre Kritik an den Corona-Zuständen an deutschen Schulen gibt es Applaus. Kinder verlören den Anschluss, ihre Hobbys, ihre Freunde. «Das ist doch nicht mehr normal!», ruft sie, und die Linksjugend jubelt. Am Ende macht sie mit zehn Stimmen Vorsprung das Rennen.

* * *

Am 26. September 2021 ist klar: So viele junge Leute wie noch nie werden in den Bundestag einziehen. Überall im Land triumphieren sie. Vor drei Jahren hatten sie sich noch ohnmächtig gefühlt, ungehört und dominiert von einer Übermacht an Boomern. Nun nehmen sie plötzlich ihre Plätze ein.

Den Wahlkreis der scheidenden Kanzlerin Angela Merkel, Nummer fünfzehn, Vorpommern-Greifswald, erbt überraschend eine junge Frau von der SPD, Anna Kassautzki, Jahrgang 1993. Merkels Kanzleramtschef Helge Braun wird in Gießen von Felix Döring besiegt, einem 30-jährigen Juso. Die Grüne Zoe Mayer, Jahrgang 1995, kegelt in Karlsruhe den seit zwei Jahrzehnten amtierenden CDU-Abgeordneten Ingo Wellenreuther aus dem Bundestag. Und die 28 Jahre alte Jamila Schäfer erobert mitten im CSU-Stammland jenen Münchner Wahlkreis für die Grünen, den Peter Gauweiler sechzehn Jahre lang haushoch gewonnen hatte.

Auch die Sandkastengespräche in Waiblingen haben sich gelohnt. Vor allem viele Frauen sind von Stumpp begeistert. Während die CDU im Herbst 2021 das schlechteste Ergebnis ihrer Geschichte einfährt, holt Stumpp mit 29 Prozent souverän das Direktmandat.

Kühnert kann in Berlin-Tempelhof-Schöneberg ebenfalls triumphieren. Die SPD ist stärkste Kraft, und er hat das Direktmandat dem CDU-Kandidaten abspenstig gemacht. «Die #SPD ist wieder da», twittert er. Trotz ihm? Wegen ihm? Das ist an diesem Abend nicht so richtig klar. Aber auch egal. Erstmal runter ins Foyer des Willy-Brandt-Hauses und feiern. Die Reporterinnen und Anhänger warten schon.

Andere können um diese Uhrzeit noch nicht feiern. Sie zittern noch bis zum nächsten Tag um den Einzug über die Liste. Die Webseite www.mandatsrechner.de explodiert. All jene, die keine Aussicht auf ein Direktmandat haben, checken hier im Minutentakt, ob ihr Listenplatz zieht.

Als Jens Teutrine das letzte Mal vorm Schlafengehen nachschaut, sieht es gut aus. Die FDP steht bei 14 Prozent. Als er nach ein paar Stunden erschöpften Schlafs hektisch aufwacht, dann der Schock: Er schafft es nach Lage der Dinge doch nicht. Bis zum frühen Morgen geht es hin und her, bevor Teutrine, mit den Nerven am Ende, sich endlich sicher sein kann. Er ist drin.

So ähnlich ergeht es auch Heidi Reichinnek von der Linken. Seit Monaten rechnet sie fest damit, nach Berlin zu gehen. Sie hat ihren Job gekündigt, alles vorbereitet. Der Listenplatz drei in Niedersachsen gilt schließlich als sicher.

Als sie auf der Wahlparty in Osnabrück dann die Prognose von

4,9 Prozent auf ihrem Handy erreicht, bricht Reichinnek erstmal in Tränen aus. Was, wenn die Linke es nicht mal in den Bundestag schafft? War dann alles umsonst?

Nach der eher trüben Wahlparty in Osnabrück sitzen Reichinnek und ihre Mitstreiterinnen noch bis zum Morgengrauen zusammen. Alle paar Minuten aktualisieren sie die Internetseite, bis endlich klar ist: Die Linke verfehlt zwar die Fünfprozenthürde, ist dank dreier Direktmandate aber im Bundestag vertreten – und Heidi Reichinnek als eine von 39 Linken-Abgeordneten auch.

Der Triumph in Mittelsachsen ist Carolin Bachmann dagegen schon früh am Abend sicher. Sie holt als unbekannte Newcomerin das Direktmandat für die AfD. Ihr Wahlkampf gegen die Coronamaßnahmen hat sich ausgezahlt.

Eine junge Frau in der Männerpartei AfD. Schon dadurch fällt sie auf in der Bundestagsfraktion. Auch nach der Wahl ist der Altersdurchschnitt der AfD-Abgeordneten wieder der höchste im Bundestag. Alexander Gauland, Jahrgang 1941, und Albrecht Glaser, Jahrgang 1942, sind die ältesten Abgeordneten überhaupt. Frauen gibt es nur wenige in der Fraktion: elf von 83. Bachmann ist die einzige junge Frau unter 35 Jahren.

In einem Gasthof im sächsischen Niederbobritzsch verbringt sie den Wahlabend mit Parteifreunden, Wahlkampfhelferinnen und ihrer Familie. Die Presse ist explizit nicht eingeladen. Aufgekratzt verfolgt sie über einen Beamer, wie eine Gemeinde nach der anderen an die AfD fällt.

Die CDU-Kandidatin Veronika Bellmann, die von hier aus zuvor 20 Jahre lang direkt in den Bundestag eingezogen ist, liegt 10 Prozentpunkte hinter ihr. Für die ältere CDU-Frau ist es das Ende ihrer politischen Karriere. «Ich hätte lieber einen anderen Gegner gehabt», gibt die jüngere Bachmann zu. Bellmann sei schließlich eine CDU-Vertreterin, «die uns relativ nahe steht».

Tatsächlich war die Christdemokratin Bellmann seit mehr als

einem Jahrzehnt eine Art Oppositionelle in der eigenen Partei. Früher stimmte sie gegen die Finanzhilfen an Griechenland, später stellte sie sich gegen Merkels Kurs in der Flüchtlingspolitik. Sie warnte vor einer «fortschreitenden Islamisierung» und zeigte sich offen für ein Bündnis mit der AfD.

Zeigt sich hier also mal wieder, dass die Wähler:innen lieber das Original wählen, wenn die CDU versucht, die Themen der AfD zu kopieren?

Carolin Bachmann muss jedenfalls niemandem beweisen, wie radikal sie ist. Sie ruft auf ihrem Telegram-Kanal zum Sturm auf den sächsischen Landtag auf, demonstriert mit Querdenkern und hat auch keine Berührungsängste mit Rechtsextremen.

Die CDU hat es schwer, dagegen anzukommen. In Mittelsachsen ist die Impfquote niedrig und der Frust über die Corona-Maßnahmen groß. Auch Bellmann kritisiert die «überzogenen» Einschränkungen und damit mal wieder die Politik ihrer eigenen Partei. Einen großen Unterschied zur AfD aber gibt es: Die Impfung hält Bellmann für sinnvoll.

Als die CDU-Abgeordnete mitten im Wahlkampf zu einem Familienfest einlädt und dafür auch einen Impfbus organisiert, schmäht die AfD sie dafür auf allen Kanälen: «Impfen mit CDU-Veronika!» Eine Stimme für Bellmann sei eine Stimme für den «Impfzwang». Und als die Christdemokratin dann kurz vor der Wahl mit deutlichen Worten vor der AfD warnt, nützt das auch nichts mehr. «Ich möchte IM System ändern. Die AfD will DAS System ändern», schreibt sie. Das ende «entweder in Anarchie oder Diktatur».

33 Prozent der Mittelsachsen schreckt das nicht ab. Sie machen am Wahltag ihr Kreuz bei der Impfgegnerin Bachmann. Kritik an den Maßnahmen, wie von der CDU-Politikerin formuliert, reicht ihnen nicht, sie wählen lieber den kategorischen Protest.

Bundesweit hat die AfD im Vergleich zur vergangenen Bundestagswahl zwar etwas verloren, sie erreicht aber immer noch 10 Prozent.

Auch das gehört zum Erbe Angela Merkels: der beispiellose Aufstieg der Rechtspopulisten in unserem Land und die ewige Frage der Union, ob man die Anhänger:innen der AfD nun zurückgewinnen oder sich klar und deutlich von ihnen abgrenzen soll.

Angela Merkel wird bei dieser Frage nicht mehr mitreden. Sie erlebt die Bundestagswahl 2021 als teilnahmslose Beobachterin. Die Deutschen lieben sie, aber ihre Partei liegt in Trümmern. Erst einmal wird es rote Rosen regnen für die scheidende Kanzlerin. Das ganze Land nimmt wehmütig Abschied. Ja klar, auch schon im Herbst 2021 und zuvor haben einige Kritikerinnen und Mäkler die Nostalgie zu durchbrechen versucht. Haben die halbherzige Klimapolitik der Antivisionärin angeprangert, das Corona-Chaos der schwächelnden Frau an der Spitze.

Aber die meisten wollen im Abschied nicht kleinlich sein. Hat Merkel uns nicht sicher und besonnen durch alle Krisen geführt? Hat sie nicht die liberale Demokratie gegen die Trumps und Johnsons dieser Welt verteidigt? Hat sie, die Wissenschaftlerin, die Ostdeutsche, die Frau an der Macht, nicht einen ganz neuen Führungsstil etabliert, als unaufgeregte Garantin für Stabilität, bescheidene Führerin der freien Welt?

Merkels Politik wird der Republik rückblickend noch einmal in einem ganz anderen Licht erscheinen. Und die Neuen werden mit dem Erbe dieser Politik im Parlament schneller konfrontiert, als es ihnen lieb ist.

Angriff auf das Michael-Prinzip

Als sich die Abgeordneten des neuen Bundestags am 26. Oktober 2021 zum ersten Mal unter der Reichstagskuppel einfinden, sieht das anders aus als sonst. Mehr Junge sitzen in den Reihen, mehr Frauen, mehr Kinder und Enkel von Eingewanderten.

Die haben sich schick gemacht, die konstituierende Sitzung ist schließlich eine feierliche Angelegenheit. Aber das heißt etwas ganz anderes als noch vor vier Jahren. Wo bisher grau und schwarz überwogen, schimmert es nun türkis, pink und orange. Statt Anzügen, Krawatten und Aktentaschen überall schwingende Kleider, bunte Turnschuhe und unförmige Rucksäcke mit Trinkflaschen im Seitennetz, natürlich aus nachhaltigem Edelstahl.

«Krasses Gefühl und eine unglaubliche Ehre», schreibt Jens Teutrine, der sich heute immerhin ein Sakko über sein schwarzes Shirt gezogen hat. Die Hände stecken in den Taschen, die Füße in weißen Sneakern. Auch Nyke Slawik von den Grünen trägt an diesem besonderen Tag nicht ihre Tennissocken mit Regenbogenherz, sondern ein langes Blumenkleid zu weißen Boots.

279 Neue gibt es im Hohen Haus. Ein Viertel der Abgeordneten ist jünger als 40 Jahre, 50 Abgeordnete sind nicht einmal 30 Jahre alt. Zwischen Volksvertretern namens Michael, Stephan und Thomas sitzen plötzlich Abgeordnete, die Sanae, Muhanad, Awet, Ye-One, Reem, Hakan, Kaweh, Melis, Takis, Misbah, Derya und Schahina heißen.

Dieser Bundestag ist anders. Er ist ein kleines bisschen mehr wie Deutschland.

Allerdings wirklich nur ein bisschen. Bei genauerem Hinsehen dominieren Michael, Thomas und Stephan weiterhin die Szenerie. Diese drei führen schon wieder die Liste mit den häufigsten Vornamen im Bundestag an. Frauennamen kommen auf den ersten zehn Plätzen gar nicht vor. Es gibt 19 Michaels, aber nur fünf Bettinas – und nur eine einzige Rasha.

Um eine etwas genauere Statistik zu bemühen: Nur 35 Prozent der Abgeordneten sind Frauen. Das ist etwas mehr als letztes Mal, aber mit der Welt da draußen hat es nicht viel zu tun. Da machen wir bekanntlich die Hälfte der Menschheit aus.

Und auch der Anteil von Parlamentarierinnen und Parlamentariern mit einem sogenannten Migrationshintergrund ist viel niedriger als in der Bevölkerung. In Deutschland hat inzwischen ein Viertel der Menschen Wurzeln im Ausland. Im Bundestag sind es rund 11 Prozent.

Der durchschnittliche Volksvertreter des neuen Bundestags ist also gleichzeitig der alte, könnte man sagen: ein 47 Jahre alter Mann namens Michael. Aber man muss auch schauen, mit wem er sich inzwischen die Bank teilt. Und das sind so viele junge Leute und so viele Menschen mit neudeutschen Namen wie noch nie in der Geschichte des Bundestags.

Rasha Nasr, Kassem Taher Saleh und Armand Zorn nutzen ihr Selfie dann auch gleich für eine augenzwinkernde Drohung: «Bundestag-Squad is ready», schreiben sie, dazu das Emoji der erhobenen Faust. Die Referenz: «The Squad» aus dem amerikanischen Kongress, die vier Krawall-Demokratinnen um die linke Ikone Alexandria Ocasio-Cortez.

Vor gesellschaftlichen Unversöhnlichkeits-Dramen amerikanischer Art muss man sich aber nicht fürchten: Ist ja nur Deutschland. Das erkennt man zum Beispiel an den Bändchen, die heute alle ums Handgelenk tragen. Der 3G-Nachweis in den Farben Schwarz-Rot-Gold. Die Grüne Paula Piechotta nennt es im Spaß «das hässlichste Festivalbändchen aller Zeiten» und erntet dafür ihren ersten Shitstorm. Eigentlich wollte sie wohl nur zum Ausdruck bringen, dass sie erwachsen geworden ist. Gefühlt habe sie gestern noch bei der Grünen Jugend gegen zu viele Nationalflaggen argumentiert, schreibt sie. Und jetzt trage sie sowas am Arm. Zwinkersmiley.

Das triggert nicht nur Konservative. Die BILD-Zeitung greift die Sache auf und bemüht den ehemaligen Regierungssprecher Bela Anda. Die neu gewählte Abgeordnete scheine «ein Problem mit den Symbolen unseres Staates zu haben», stellt der Sozialdemokrat bedauernd fest. Twitter-Intellektuelle melden sich zu Wort. Und CDU-Abgeordnete trotzen heiter mit Fotos vom «schönsten Festivalbändchen der Welt». Nur die AfD regt sich so richtig auf. «Grünen-Abgeordnete hetzt gegen unsere Nationalfarben!», wettert sie auf ihrem offiziellen Twitter-Kanal.

Allerdings weigern sich an diesem Tag ausgerechnet die Abgeordneten der AfD, die Nationalfarben ums Handgelenk zu tragen. Sie wollen weder ihren Impfstatus offenlegen, noch sind sie bereit, sich einem Coronatest zu unterziehen. Mit einer ganzen Reihe weiterer AfD-Leute aus Sachsen nimmt Carolin Bachmann deshalb nicht im Plenarsaal Platz. Sie sitzt oben auf der Besuchertribüne. So richtig steht man wohl doch nicht zu Schwarz-Rot-Gold und den Regeln, die sich dieses demokratische Parlament in Pandemiezeiten gegeben hat.

Für Neuparlamentarierinnen wie Paula Piechotta sind solche Shitstorms mit überregionaler Berichterstattung eine neue Erfahrung. Plötzlich ist jeder Tweet ein Staatsakt.

Abhalten lassen sich die Jungen davon aber auch nicht. Sie fluten die sozialen Medien mit ihren aufgeregten Eindrücken aus dem Hohen Haus. Lauter stolze Selfies mit dem Bundesadler im Rücken. Es hat etwas vom ersten Schultag.

Oder auch vom ersten Uni-Tag, wie die jüngste Abgeordnete im Parlament findet. Die 23 Jahre alte Emilia Fester studiert noch. Nun sitzt sie außerdem im Bundestag und erzählt dem Sender phoenix am

Rande der Sitzung von ihrer neuen WG in Berlin, ihrer «Frauen-bande» mit zwei anderen jungen Parlamentarierinnen. Strahlend: «Gestern war Schlüsselübergabe».

Der langjährige Parlamentsreporter Gerd-Joachim von Fallois ist hingerissen von so viel Jugendlichkeit, aber Profi genug, dabei nicht seine kritischen Fragen zu vergessen. Als er die junge Grüne auf eine mögliche Radikalisierung von Fridays for Future anspricht, bekommt er sogleich einen authentischen Eindruck vom jugendlichen Dünkel, der mit den Millennials nun ebenfalls ins Parlament einzieht. Fester lächelt den Boomer nachsichtig an. «Was Fridays for Future bewegt, ist ja die Wahrheit», haucht sie im zarten Ton der Selbstgewissheit.

Sind die alle so?, fragen sich die Älteren. Wer die Wahrheit gepach-tet hat, lässt sich bekanntlich ungern auf Kompromisse ein. Dabei ist der Bundestag ja nichts anderes als ein großer, ächzender Kompro-miss. Wie soll das bloß gut gehen?

Die grüne Jungparlamentarierin Kathrin Henneberger sagt jeden-falls jetzt schon klipp und klar: «Nichts, was gerade getan wird, reicht aus.» Gerade erst wurde das Ergebnis der Ampel-Sondierungen be-kannt, schon ist Henneberger richtig wütend. «Meine Laune?», twit-tert sie. Dann explodieren sieben Knall-Emojis. Die Klima-Aktivistin versteht nicht, wieso es kein Tempolimit geben wird und nur «idea-lerweise» einen Kohleausstieg bis 2030. Da müsse jetzt hart nachge-arbeitet werden, droht sie.

Besonders übel stößt ihr auf, dass ihr wichtigstes Anliegen in dem Papier mit keinem Wort erwähnt wird: die Rettung des rheinischen Dorfes Lützerath vor den Kohlebaggern. Da kann sie ja gleich wieder aus dem Plenarsaal ins Baumhaus klettern. «Überprüfe gerade meine Kletterausrüstung», schreibt sie dann auch. «Werde sie bald wieder brauchen.»

Henneberger übernachtete schon oft in Baumhäusern. Sie wurde von der Polizei aus dem Hambacher Forst weggetragen und von den Gleisen vor dem Kohlekraftwerk Neurath. Bis 2020 war sie Sprecherin des Klimabündnisses «Ende Gelände», das vom Berliner Verfassungsschutz als linksextrem eingestuft wird.

Auch andere junge Grüne kommen aus dem Straßenprotest. Und sie denken nicht daran, den Aktivismus aufzugeben, nur weil sie jetzt Abgeordnete sind. «Ich bin als Parlamentarierin gewählt worden mit dem Auftrag, alles auf den Prüfstand zu stellen», so versteht Henneberger ihr Mandat.

Einfach wird es nicht. Die Bundestagsmühle mahlt langsam und beharrlich. Sie zermalmt manch kühne Idee und manch forsche Forderung. Und wer nicht aufpasst, findet sich irgendwann selbst unter dem Mahlstein wieder.

Dass Demokratie anstrengend ist, gibt Wolfgang Schäuble den Neuen in dieser ersten Sitzung gleich schon einmal mit auf den Weg. Überhaupt richtet sich der scheidende Bundestagspräsident in seiner Rede vor allem an die Jugend. Mahnend und warnend erteilt er ihr in seinem letzten großen Auftritt eine intensive Lektion in Sachen parlamentarischer Demokratie.

«Wie zäh das Ringen um gesellschaftliche Mehrheiten mitunter sein kann, sollten wir gerade auch denjenigen nahebringen, die mit Blick auf den Klimawandel von der Trägheit demokratischer Prozesse enttäuscht sind», sagt der scheidende Bundestagspräsident und hat dabei wohl vor allem Fridays for Future im Sinn.

So weit so gut, da können auch Henneberger und Konsorten mitgehen. Sie haben sich schließlich aktiv für den Weg durch die Institutionen entschieden. Aber Schäuble wehrt sich auch gegen «die Wahrheit», die Emilia Fester eben noch so apodiktisch für sich und den Klimaprotest in Anspruch genommen hat. «Wissenschaftliche Erkenntnisse allein» seien eben noch keine Politik.

Eigentlich eine Selbstverständlichkeit: Nicht nur steigende Meerespegel sind Fakten. Auch gesellschaftliche Mehrheiten sind eine Tatsache, mit der eine Demokratie umgehen muss. Die Frage ist nur: Wenn das Klima nicht warten kann, ist es dann nicht die dringende

Aufgabe der Politiker:innen, für entsprechende Mehrheiten zu werben und die trägen Prozesse zu beschleunigen?

Aber Schäuble ist noch nicht fertig mit den Jungen. «Gestatten Sie mir gerade an Sie, unsere neuen Kolleginnen und Kollegen, eine persönliche Bemerkung», so beginnt er, und schon allein, weil hier der Dienstälteste spricht, hören die Angesprochenen aufmerksam zu. Schäuble spricht von Kollegialität, Fairness und Anstand, von der erfüllenden und zugleich strapaziösen Aufgabe, die den Neuen bevorsteht. Die Jungen schauen ernst und staatstragend drein.

Dann aber sind sie plötzlich verwirrt. «Und verwechseln wir nicht Repräsentation mit Repräsentativität», mahnt Schäuble nun und ruft den Versammelten Artikel 38 des Grundgesetzes in Erinnerung: «Abgeordnete sind Vertreter des ganzen Volkes.» Das soll heißen: Nicht auf die Hautfarbe oder das Geschlecht kommt es an, sondern auf die Politik. Der Bundestag, so Schäuble, könne «nie ein exaktes Spiegelbild der Bevölkerung sein». Wer das glaube, der leiste «dem irrigen Verständnis Vorschub, dass gesellschaftliche Gruppen nur durch ihre eigenen Angehörigen vertreten werden könnten». In den von rechts aufbrandenden Applaus hinein runzelt Schäuble sorgenvoll die Stirn. «Aber bei wem wollen wir dann anfangen und wo endet das?»

Außerhalb des Parlaments ruft das sofort die erwartbaren Reaktionen hervor. Erhitzte Gemüter, triumphierender Jubel, beleidigter Trotz. «Diese großväterliche Lehrstunde könnte lächerlicher kaum sein», schimpft ein junger Klimaaktivist. Und auch die BILD meint verstanden zu haben, was Schäuble da sagen will. «Müssen wir noch einen Tick übersetzen», sagt der Live-Moderator und verhaspelt sich mehrmals beim Wort «Repräsentativität». Dann hat er die passende Übersetzung parat: «Schäuble prangert Woke-Wahnsinn an.»

Unter der Reichstagskuppel ist interessanterweise niemand erregt. Da folgen die Debatten ihren eigenen Gesetzen. Und obwohl Schäuble diese Gesetze den Neuen gerade erst erklärt, scheinen die intuitiv zu verstehen, worum es hier geht. Darum, einander zuzuhören und ernsthaft zu streiten, hart in der Sache, fair im Ton.

Niemand ist länger in diesem Parlament als Schäuble. Seit 1972 gehört er ihm ununterbrochen an. Er war unter Kohl und unter Merkel Minister, saß seiner Partei vor und seiner Fraktion und zuletzt vier Jahre lang dem ganzen Bundestag. Schon deshalb kann man seine Abschiedsworte nicht einfach beiseite wischen.

Und er hat ja auch recht: Männer vertreten nicht nur Männer und Landwirte nicht nur Landwirte. Andererseits: Wenn jeder Abgeordnete alle vertritt, wieso fühlen sich dann so viele nicht gesehen? Wenn die Alteingesessenen alle gleichermaßen berücksichtigen, wieso vertrauen ihnen so wenige Menschen mit Migrationsgeschichte? Und wenn die cis-heteronormative Mehrheit im Parlament Politik für alle macht, wieso weiß sie dann nicht mal, was cis-heteronormativ ist?

Jede und jeder im Parlament macht sich wohl eigene Gedanken dazu. Nicht alle teilen Schäubles Sorgen. Und trotzdem zollen ihm zum Schluss alle gleichermaßen Respekt. Das ganze Haus erhebt sich zum Applaus, nicht nur Unionsleute und Liberale, nein, auch die Grünen, die Sozis, die Linken und ja, sogar die AfD. Sie wollen gar nicht aufhören zu klatschen. «Bringen Sie mich bitte nicht zu sehr in Rührung», wehrt Schäuble den Applaus ergriffen ab.

* * *

Seine Nachfolgerin setzt einen anderen Akzent. Und überhaupt steht ihre Wahl und die ihrer Stellverteter:innen ganz im Zeichen der neuen Zeit.

Ein sehr weiblich dominiertes Präsidium tritt da plötzlich an. Bärbel Bas heißt die neue Frau an der Spitze, sie hat vier Stellvertreterinnen und einen Stellvertreter. Der bekennende Macho Wolfgang Kubicki – allein unter Frauen.

Als Bas ihre Vizes aufzählt, nennt sie Aydan Özoguz von der SPD, Yvonne Magwas von der CDU, Claudia Roth von den Grünen, Petra Pau von den Linken – und vergisst den Mann von der FDP dann beinahe. Wofür sie sich natürlich gleich entschuldigt. «Man könnte meinen, es wär Absicht», scherzt sie und sorgt für Gelächter unter der Kuppel. Kubicki nimmt es mit Humor.

Was so heiter wirkt, ist keineswegs eine Selbstverständlichkeit. Eine Frau an der Spitze des Bundestags gab es nämlich 23 Jahre lang nicht. Und das gab es überhaupt nur zwei Mal in der deutschen Nachkriegsgeschichte.

Es ging auch dieses Mal nicht von selbst. Genau genommen tat sich die SPD ziemlich schwer mit der Personalie. Es war nämlich so: Für alle wichtigen Posten fielen der Partei erst einmal nur Männer ein. Der Kanzler: ein Mann. Der Bundespräsident: ein Mann. Der Fraktionsvorsitzende: ein Mann, der auch nichts dagegen gehabt hätte, zum Bundestagspräsidenten aufzusteigen. Die anderen Männer: sehr einverstanden.

Als die Frauen das hörten, grummelten sie nicht nur leise. Ob die SPD sich als Bande von Heuchlern präsentieren wolle?, fragten sie. Immerhin nennt der Kanzler sich einen Feministen. Die Soziologin Jutta Allmendinger und der Theologe Peter Dabrock warnten die Partei in einem offenen Brief vor einer «aus der Zeit gefallenen» Entscheidung.

Auch die 49 Jusos in der Fraktion machten Rabatz. In ihrer Chatgruppe berieten sie, wie sich diese Ungeheuerlichkeit wohl abwenden ließe. Gegen Scholz als Kanzler konnten sie nicht viel sagen. Auch wenn die wenigsten ihn lieben, müssen sie zugeben, dass sie ohne ihn nicht hier wären. Mützenich ist zwar auch ein Mann, aber den können sie eigentlich gut leiden. «Notfalls lassen wir halt Steinmeier über die Klippe springen», schrieb einer.

Bei Kevin Kühnert gingen da sofort die Alarmglocken an. Was einmal irgendwo schwarz auf weiß stehe, werde im geschwätzigen

Regierungsviertel schon seinen Weg nach draußen finden, warnte er. So kam es dann auch.

Gleich in der nächsten Sitzung knöpfte der Fraktionsvorsitzende sich die Jungen vor. Er selbst sei in keinem sozialen Netzwerk und nutze auch Chatprogramme nicht, sagte Rolf Mützenich, noch ganz ruhig. Allerdings brauche niemand zu denken, und da wurde er schon deutlicher, er bekomme solche Dinge nicht mit. «Irgendwer wird mir schon einen Screenshot schicken», polterte Mützenich. Die Jungen schauten betreten zu Boden.

Im Ergebnis waren es wohl eher die prominenten Genossinnen, deren Protest Wirkung zeigte.

Wer Bas nun als Quotenfrau abtut, liegt allerdings daneben. Ihre Wahl beweist eher, dass man es durch die eigene Leistung bis nach ganz oben schaffen kann. Und auch, dass sich ein zweiter Blick auf die eigene Truppe lohnt. Nicht jedes Talent drängt sich eben von selbst in den Vordergrund.

Bas ist jedenfalls nicht mit «Kürschners Volkshandbuch» unter dem Kopfkissen geboren. Nach der Hauptschule fand sie erst einmal keinen Ausbildungsplatz, lernte Schweißen, absolvierte ein Abendstudium, arbeitete sich hoch.

Das merkt man ihr an. Die Neue unterscheidet sich nicht nur im Geschlecht von ihren Vorgängern. Wo Schäuble und Lammert sich als intellektuelle Schiedsrichter verstanden, will sie eher eine Moderatorin sein. Eine Bundestagspräsidentin, die nicht vergessen hat, wo sie herkommt. «Verstecken wir uns nicht hinter einem komplizierten Fachjargon», ruft sie den Versammelten zu. «Politik ist nur dann gut, wenn sie auch verständlich ist.»

Das unaussprechliche Wort der «Repräsentativität» würde ihr eher nicht über die Lippen kommen. Zu dem Thema hat sie aber sehr wohl was zu sagen: Es tue dem Land gut, dass so viele jüngere Menschen sich für Veränderung stark machten, sagt sie. In den vielen neuen Gesichtern sieht sie keine Gefahr, sondern eine Ermutigung für die Demokratie. Deren unterschiedliche Herkunftsgeschichten und Lebenswege nennt sie eine Bereicherung, die Vielfalt im Haus «eine Chance für uns alle».

Das klingt schon anders als bei Schäuble. Es wäre ja auch schlimm, wenn die Neue nicht optimistischer in die Zukunft blickte als der Alte. Aber Bas schlägt hier nicht einfach ein Kapitel zu. Sie stellt sich sogar ausdrücklich in die Tradition des Vorgängers. Nur eben auf ihre Weise.

Und gerade deshalb ist diese ganze konstituierende Sitzung auch rührend. Zu sehen, wie würdevoll dieser Machtwechsel vonstatten-geht. Oben auf der Bühne sitzt die Noch-Kanzlerin Merkel, unten im Plenum der Bald-Kanzler Scholz. In zwei Tagen wird Merkel ihn zum G-20-Gipfel nach Rom mitnehmen und schon mal allen wichtigen Staatschefs vorstellen. In welchem Land gibt es das schon?

Neben Merkel sitzt wiederum die ehemalige Bundestagspräsiden-tin Rita Süßmuth und wird von Bärbel Bas besonders herzlich be-grüßt. Mit Annemarie Renger war sie die große weibliche Ausnahme an der Spitze des Bundestags, die nun mit Bas endlich eine Nachfol-gerin hat.

Die 85 Jahre alte CDU-Politikerin Süßmuth zeigt wie keine andere, dass Fortschrittsgeist weder eine Sache des Alters noch der Partei ist. Sie war schon Feministin, als es noch bei niemandem in der Twitter-Biografie stand.

Als ich sie kurze Zeit später frage, wieso es eigentlich so lange dau-erte, bis nach ihr nun wieder eine Frau zur Bundestagspräsidentin wurde, erklärt sie lakonisch: «Die meiste Zeit über haben eben Män-ner andere Männer vorgeschlagen.»

Mehr als 50 Jahre liegen zwischen uns. Als Süßmuth so alt war wie ich heute, waren Frauen in Hosen noch eine Ungeheuerlichkeit. Der Bundestagsvizepräsident Richard Jaeger drohte noch im Jahr 1970, jede Frau ohne Rock aus dem Saal zu werfen. Die Hinterbänklerin Lenelotte von Bothmer wagte dann trotzdem, im Hosenanzug ans Pult zu treten. Eine Revolution.

Als Frau im Parlament verlacht zu werden, war für Süßmuth Alltag. Wenn sie sprach, höhnten die Männer über ihre leise Stimme.
Und wenn Petra Kelly von den Grünen forderte, Vergewaltigung in
der Ehe unter Strafe zu stellen, brachen sie in lautes Gelächter
aus.

«Diese Lacher hatten etwas sehr Verletzendes», sagt Süßmuth
heute. «Es war immer ein Risiko, etwas zu sagen, was der männlichen Mehrheit gegen den Strich ging.» Sie überlegte sich deshalb jeden Satz drei Mal, bevor sie ihn sagte. Mit dem Abstand von heute
versteht sie manches besser. Hinter den Lachern, sagt sie, steckte ja
eigentlich nur die Unsicherheit der Männer. Die merkten nämlich:
Da verändert sich was. Und das war ihnen nicht geheuer.

Heute verändert sich wieder etwas. Und wieder ist es manchen
nicht geheuer. Ein Mann von der CDU, Maik Beermann, befand gerade auf Twitter: «Es nervt irgendwie. Mehr Frauen hier, mehr Frauen
in Vorstände, paritätisch besetzte Kabinette usw.» Nachdem es dafür
Kritik gab, löschte er den Tweet wieder. Bei der konstituierenden Sitzung ist er nicht dabei. Er hat bei der Bundestagswahl sein Mandat
verloren. Für seinen Wahlkreis sitzt nun eine junge Frau von der SPD
im Bundestag.

* * *

Ja, die Macht mit Neuen zu teilen, ist nicht immer leicht. Aber es
ist nicht so, als würde den Alten willkürlich etwas weggenommen,
was ihnen eigentlich zusteht. Es wird nur für gleichere Startbedingun-
gen gesorgt. Wie das Beispiel des Abgeordneten zeigt, der von den
Frauen genervt ist: Mehr Vielfalt sorgt vor allem für mehr Wettbewerb.

Um auf den deutschen Durchschnittsabgeordneten Michael zurückzukommen, von dem zu Beginn die Rede war: «Das ist doch kein
Zufall, dass der ein mittelalter, weißer Mann ist», sagt die junge

Grüne Nyke Slawik. «Das beruht einfach auf strukturellen Selektionsmechanismen, die Menschen mit den Merkmalen von Michael bevorteilen.»

Mit anderen Worten: Das System ist für Michael gemacht. Lange Sitzungen, ein spätes Bier mit Kollegen, eine Runde Fußball. So steigt Michael auf, und wenn er oben ist, hält er nach anderen Ausschau, in denen er sich selbst erkennt. Das Michael-Prinzip.

Damit Michael aber nicht immer nur Freunde und Getreue aus der Heimat befördert, wurde der Regionalproporz erfunden. Besonders in der Union wird penibel darauf geachtet, wer woher kommt. In Baden-Württemberg teilen sich Baden und Schwaben die Plätze auf der Landesliste exakt zur Hälfte. Und im Bund vertreten nicht etwa jene den Parteivorsitzenden, die besonders populär oder engagiert sind, sondern einfach die aus den fünf größten Landesverbänden.

Der Bundestag, und besonders die Unionsfraktion, ist also voll von Quotenmännern. Warum wehren sich so viele von ihnen dann gegen eine Frauenquote, als wäre sie der Untergang der Demokratie? Rita Süßmuth betrübt das schon lange. «Ich habe meiner Partei immer gesagt: Wer die Quote nicht will, muss die Frauen wollen.» Der Eindruck, dessen sie sich nach all den Jahren nicht erwehren kann: «Aber man wollte nicht wirklich.» Auch das wird die Union in diesem Jahr noch intensiv beschäftigen.

Aber nicht nur die Frauen, auch die Jungen sind sehr ungleich verteilt. Bei den Grünen machen sie 30 Prozent aus, bei CDU und CSU nur 10. «So viele JU-Mitglieder haben kandidiert. Wir haben so hart für sie gekämpft», twittert ein enttäuschter Jungunionler am Tag der konstituierenden Sitzung. Und nun sehe er nur so wenige von ihnen im Parlament. «Es ist Zeit für junge Köpfe!»

Dabei gibt es diese jungen Köpfe ja auch bei der Union. Catarina dos Santos zum Beispiel, Jahrgang 1994, ist die Jüngste in ihrer Fraktion. Und die erste Portugiesin im Deutschen Bundestag. Ihre zwei

Pässe hat sie immer als Privileg empfunden. Nie wäre sie auf den Gedanken gekommen, dass der portugiesische etwas an ihrer Loyalität zu Deutschland ändern könnte.

Diese Perspektive unterscheidet sie von vielen Älteren in der Partei, die vehement gegen die doppelte Staatsbürgerschaft gekämpft haben. «Ja, da bin ich nicht ganz auf Parteilinie», sagt dos Santos und lacht in die Videokamera. Aber gerade deshalb sei es ja gut, dass sie da ist. «Da kann ich meine Erfahrung mit einbringen.»

Sie hat in ihrem Leben schließlich ein paar andere Erfahrungen gemacht als der durchschnittliche Christdemokrat. So wie alle ohne urdeutschen Namen kennt sie zum Beispiel die typische Frage: «Woher kommst du?», und wenn sie «Aachen» erwidert, die typische Nachfrage: «Nein, ich meine woher kommst du *wirklich*?» Manchmal, wenn sie dann bereitwillig erklärt, dass sie in Lissabon geboren ist, folgt darauf ein kurioses Lob: «Dafür sprichst du aber gut Deutsch!» Dabei hat sie ihr ganzes Leben in Eschweiler verbracht.

Auch Dos Santos fällt natürlich auf, dass es in anderen Fraktionen mehr Geschichten und Biografien wie die ihre gibt. Und ja, mehr Frauen und junge Leute würde sie sich auch für die Union wünschen. «Aber die Mischung macht's», sagt sie. Von den Älteren könne man schließlich einiges lernen.

* * *

Im Gegensatz zu Catarina dos Santos hat Armand Zorn sich immer über ein Kompliment zu seinem Deutsch gefreut. Denn er musste die Sprache wirklich erst lernen, als er mit zwölf Jahren aus Kamerun kam. Und zwar ganz allein, weil es in Halle keine Sprachkurse für Kinder gab.

Dort traf er auch nicht nur Leute, die es gut mit ihm meinten. Er will da nicht ins Detail gehen, als wir ein paar Wochen nach der Sitzung in einem Café am Main sitzen, in Zorns Wahlkreis in Frankfurt.

Sonst bekommt noch jemand den Eindruck, er wolle sich beschweren, und das will er nun wirklich nicht.

Er drückt es lieber so aus: «Halle war damals natürlich nicht so weltoffen und multikulturell wie heute.» Und ja, es sei die Zeit gewesen, in der die NPD noch ziemlich präsent gewesen sei im Osten. «Aber es war mein Zuhause. Und das habe ich mir auch nie streitig machen lassen.»

Die Schulbehörde wollte ihn erst in einen Problembezirk stecken, statt in die siebte in die vierte Klasse, weil er kein Deutsch sprach. Zum Glück hätten seine Eltern das nicht mitgemacht, sagt Zorn. Sie fanden schließlich ein Gymnasium, das bereit war, es zu probieren mit ihm. Er lernte die Sprache, schrieb gute Noten, spielte Fußball, trat in die SPD ein. «Ich hatte tolle Lehrerinnen und Lehrer, die sich um mich gekümmert haben», sagt Zorn. «Und so hatte ich die Chance, meinen Weg zu gehen.»

Dieser Weg führte von Halle in die weite Welt. Zum Studium nach Konstanz, Paris und Bologna. Auch in China lebte er eine Zeit lang, bevor er dann Unternehmensberater in Frankfurt wurde. Dass er jetzt im Bundestag sitzt, kann er selbst noch nicht so ganz glauben. «Die meisten hielten mich für völlig chancenlos», sagt Zorn.

Am Tag der konstituierenden Sitzung macht er ein Foto mit den anderen beiden Schwarzen Abgeordneten im Bundestag: Karamba Diaby von der SPD und Awet Tesfaiesus von den Grünen. Zusammen wollen sie auch eine Stimme gegen Rassismus im Bundestag sein, wenngleich Zorn sagt: «Meine Expertise liegt eindeutig woanders.»

Auch das gehört zu den typischen Erfahrungen von Menschen mit Migrationsgeschichte. Ständig erwarten alle, dass sie ihre Identität zum Thema machen. Auch wenn sie ganz andere Interessen haben. Auf seine Wunschliste für die Ausschüsse hat Zorn Digitales und Finanzen geschrieben.

* * *

Für Manuel Gava war die Schulzeit aus anderen Gründen nicht ein-
fach. Er hatte damals andere Sachen im Kopf als Mathe und Deutsch.
Gerade so schaffte er den Hauptschulabschluss, danach jobbte er im
Supermarkt und auf Baustellen, fuhr für Hermes Pakete aus.

Später stieg Gava im italienischen Eiscafé des Vaters ein, bis eine
Eisvertriebsfirma auf ihn aufmerksam wurde. Er könne gut reden,
sagte man ihm. «Mit Eis kenne ich mich aus», sagte er sich. So landete er in Osnabrück und wurde Vertriebsleiter.

Erst nachdem Gava dann dort in die SPD eingetreten war, wurde
er überhaupt deutscher Staatsbürger. Bis dahin hatte er nur den italienischen Pass gehabt. Als es auf die Bundestagswahl zuging, fragte man ihn, ob er nicht kandidieren wolle, immerhin war er inzwischen Parteivorsitzender in Osnabrück. Gava winkte erst mal ab. Er
sei sich nicht sicher gewesen, «ob ich das kann, ob ich hier rein
passe».

Er führte dann viele Gespräche mit aktiven und ehemaligen Abgeordneten, fing an, sich Ausschuss-Vorlagen und Gesetzestexte anzuschauen. «Gar nicht so einfach, da durchzusteigen.» Aber mit der
Zeit blickte er immer besser durch.

Am Wahlabend dann die große Überraschung: Gava lag in Osnabrück vor dem profilierten CDU-Politiker Matthias Middelberg. Als
der ihm gratulierte, wollte Gava das noch gar nicht annehmen. Aber
Middelberg bestand darauf. Er habe da Erfahrung, sagte er ihm. Und
behielt recht. Gava gewann das Direktmandat, Middelberg zog über
die Liste ein, und wenn sie sich heute im Bundestag treffen, plaudern
sie gern.

Der Vater ist nicht traurig, dass er das Eis nun gegen den Bundestag eintauscht. «Er wollte immer, dass ich was Anständiges mache.»
Damit, dass sein Sohn nun in Berlin Gesetze macht, hätte er allerdings nicht gerechnet. «Das ist was Großes», sagt Gava. Von der

Hauptschule in den Bundestag. Er findet es toll, dass Präsidentin Bas eine ähnliche Biografie hat. Dass man auch auf ungeraden Wegen gehen kann – und ankommt.

Viele sind es allerdings nicht, die solche Lebensläufe haben. So wie schon im letzten Bundestag kommen die meisten auch wieder aus der Welt der Juristerei. Allein 109 Rechtsanwälte und Rechtsanwältinnen gibt es im Parlament. Olaf Scholz ist einer, Renate Künast ist eine, Wolfgang Kubicki ist einer und Friedrich Merz auch.

Weniger akademisch geht es auch unter den Jüngeren nicht zu. Viele von ihnen haben Politikwissenschaft studiert, einige sind so jung in die Politik eingestiegen, dass sie nicht einmal das Studium beendet haben. Einen echten Beruf haben nur wenige von ihnen erlernt. Dafür wissen sie, wie man Deals schmiedet und Mehrheiten organisiert.

* * *

Kassem Taher Saleh gehört zu denen, die einen Beruf gelernt haben, er ist Bauingenieur. Im Bundestag vermisst er manchmal die Sprache von der Baustelle. Wenn da was schief geht, schreie man sich an: «Warum hast du die Schaltung nicht richtig gebaut?» In der Fraktion laufe das subtiler. «Das muss ich noch lernen», sagt er. «Die Botschaft zwischen den Zeilen zu verstehen.»

Auch sonst ist Taher Saleh nicht der typische Grünen-Abgeordnete. Mit zehn Jahren kam er aus dem Irak ins sächsische Plauen. Noch heute kann er den Grundriss des Zimmers aufmalen, das sich die Familie dort im Flüchtlingsheim teilte. «Hier war die Tür», erklärt Taher Saleh, «und hier», nun unterteilt er das Zimmer mit dem Geschick eines technischen Zeichners in kleinere Parzellen, «haben wir zwischen den Schränken Gardinen aufgehängt.» So gab es immerhin ein bisschen Privatsphäre.

Manchmal kam mitten in der Nacht die Polizei mit Schäferhunden herein. Drogenrazzia. Oder sie zerrten jemanden aus dem Bett. Abschiebung.

Auch der Asylbescheid der Familie Saleh wurde später abgelehnt. Da hatte Kassem Taher Saleh längst Deutsch gelernt, Freund:innen gefunden, sich eingelebt. Die gesamte Klasse schrieb daraufhin an die Asylbehörde. Die Kinder erklärten, was für ein cooler Mitschüler der Kassem sei, die Lehrerin, dass er stets sein Bestes gebe. Die Nachbarn schrieben, wie leise die Salehs stets seien, der Hausarzt bekundete, das seien ganz feine Leute.

Sie durften bleiben. Und Kassem Taher Saleh hangelte sich von einer Duldung zur nächsten. Alle paar Monate ging es aufs Amt, den Landkreis durfte er nicht verlassen. Ihm machte das nichts aus. Wenn die einen in den Urlaub flogen, verbrachten er und die anderen Kinder die Ferien im Flüchtlingsheim.

Das Wichtigste in seiner Jugend war der Fußball. Da lernte er, wie die Plauener denken, reden, ticken. «Zusammen gewinnen und verlieren ist wichtiger als die Klasse oder die Herkunft», sagt Taher Saleh. Nur die Nazis auf dem Sportplatz sahen das anders. Die trugen damals noch Springerstiefel und Glatzen. Und wenn sie mitspielten, konnte Saleh sich darauf gefasst machen, dass sie alle Regeln brachen, um ihn besonders brutal zu foulen.

Aber es gab eben immer auch die anderen. Leute wie Micha, der Student von gegenüber. Der machte mit ihm Hausaufgaben, paukte mit ihm Mathe, lernte mit ihm Deutsch. Einfach so. «Ihm habe ich so viel zu verdanken», sagt Taher Saleh. Für Nachhilfe hatten die Eltern kein Geld, dafür kochten sie, luden Micha zum Essen ein.

Der half später auch bei der Bewerbung für die Böll-Stiftung, so kam Taher Saleh an die Uni nach Dresden und lernte die Grünen kennen, beziehungsweise die «Bündnisgrünen», wie er mich korrigiert. «So sagen wir im Osten dazu.»

Dresden war eine ganz neue Welt für Taher Saleh. Er war eben ein muslimischer Junge aus der sächsischen Provinz. Und plötzlich lebte er in einer WG und lernte Leute kennen, die ein Jahr in Nicaragua backpacken waren oder in einer offenen Beziehung lebten.

In dieser neuen Welt sprach er auch zum ersten Mal mit einem Schwulen. Wie ist es, einen Mann zu küssen?, wollte er wissen. Er war einfach neugierig. Zu Hause war Homosexualität ein Tabu. Der schwule Mann erklärte ihm alles bereitwillig, hoffte insgeheim, dass mehr dahintersteckte. Tat es dann nicht, und das war auch okay. Bis heute sind sie beste Freunde.

Die Eltern besuchten den Sohn in Dresden und wussten nicht recht, was vor sich geht. «Wie, du isst kein Fleisch?», fragte die Mutter entsetzt. «Du musst doch leben!» Der Sohn erklärte ihnen alles, was er gelernt hatte über Fleisch, Umwelt und Nachhaltigkeit. Inzwischen kaufen sie selbst nur noch Flaschen aus Glas.

In diesem Moment, als Taher Saleh mir gerade von den Glasflaschen erzählt, ruft die Mutter auf dem Handy an. Kurz reden sie auf Kurdisch, dann stellt er das Handy laut. Ob ich noch Fragen an die Mutter habe?

Ja, vielleicht diese: Hätten Sie gedacht, dass Ihr Sohn mal im Bundestag sitzt? «Also, schlau war er schon immer», sagt die Mutter. «Aber ich dachte eher, dass er ein Diplom macht und Meister wird.» Der Sohn grinst. Ja, das wäre den Eltern lieber gewesen. Parteien sind ihnen eher suspekt, und als Taher Saleh kandidierte, schimpften sie, er solle sich lieber auf sein Studium konzentrieren.

Aber jetzt sind sie natürlich stolz, wenn ihr Sohn ein Interview in der Lokalpresse gibt. «So international ist Sachsen mittlerweile», sagt der. «Dass auch ein im Irak geborener Junge in Berlin sächsische Interessen vertreten kann.»

* * *

Auch Nyke Slawik kommt aus einem konservativen Elternhaus, auch sie lernte die Mannigfaltigkeit menschlicher Lebensentwürfe und

Identitäten erst später, in der nächstgrößeren Stadt kennen. In ihrem Fall war diese Stadt Köln, und in ihrem Fall ging es dabei um nicht weniger als ihre gesamte Existenz.

Schon als Kind merkte Nyke Slawik, dass sie «nicht in die Kategorie Junge» passt, wie sie mir bei Pfannkuchen an der Spree erzählt. Sie und ihre Kollegin Tessa Ganserer sind heute die ersten beiden Transfrauen im Bundestag. Aber bis hierher war es ein weiter Weg.

«Ich bin auf die Welt gekommen und wusste, dass ich ein Mädchen bin», sagt Slawik. Das Problem war nur: Alle anderen wussten es nicht. Der Vater, ein frommer Katholik aus Polen, schickte sie zum Karate und zum Fußball. «Du bist ein Junge, du musst das machen», sagte er.

Besonders schlimm war die Pubertät. Slawik war entsetzt darüber, wie sie sich veränderte. «Es war schrecklich zu merken, dass mein Körper sich in eine Richtung entwickelt, die ich nicht akzeptieren kann.» Aber ihr fehlten die Worte dafür, was da eigentlich vor sich ging. In der erzbischöflichen Schule lernte sie, dass Homosexualität eine Sünde sei. Dort konnte ihr niemand helfen.

Slawik fühlte sich eingeengt, in ihrem Körper, in ihrer Schule, in ihrer Stadt. Zum Glück gab es ein queeres Jugendzentrum in Köln. Dorthin fuhr Slawik nun immer öfter. Denn dort stellte ihr niemand blöde Fragen, dort musste sie nichts erklären.

Irgendwann konnte sie das, was sie schon immer wusste, auch aussprechen. Sie sagte es ihren Eltern, den Freundinnen, den Lehrern. «Das war für alle eine Herausforderung.» Aber nach dem ersten Schock begannen die Eltern, zu akzeptieren, dass ihr Kind eine Tochter ist. Sie unterstützten sie fortan so bedingungslos, dass es Slawik fast überraschte. «Sie lieben mich eben», sagt sie lächelnd.

Die Mitschüler:innen machten es ihr allerdings schwer. Auf dem Pausenhof hörte Slawik, wie sie über sie sprachen. «Es kommt», sagten sie. Nicht «er» und auch nicht «sie». Nicht mal die beste Freundin konnte den Weg akzeptieren, für den Slawik sich entschieden hatte. «Du wirst niemals eine Frau sein!», habe sie gesagt. «Du stürzt dich ins Unglück.»

In der Phase ihrer medikamentösen Transition wurde sie auf der Straße von wildfremden Menschen beschimpft. «Ekelhaft», murmelten sie. Oder «Transe».

«Ich habe mich nicht mehr als Mensch gefühlt», sagt Slawik, und dann schiebt sie sofort hinterher: «Aber das erleben ja viele.» So wie sie überhaupt ständig von der persönlichen auf die politische Ebene wechselt.

Denn die Politik war für sie eine Befreiung. Bei der Grünen Jugend fand sie eine Stimme. Dort lernte sie, dass sie nicht allein ist mit Diskriminierungserfahrungen. Und dass man etwas dagegen tun kann. Es war die Zeit, als die Regierungen überall in Europa nach rechts rückten. Slawik sah, wie Frauen- und Minderheitenrechte in Polen, Ungarn und Russland plötzlich wieder revidiert wurden. In dieser Zeit reifte in ihr der Entschluss, fortan für ihre Rechte zu kämpfen.

Im Bundestag streitet sie nun für ein Selbstbestimmungsgesetz, das es anderen Transpersonen künftig einfacher machen soll. Ein paar Tage vor unserem Treffen stand sie mit der Grünen Jugend und einer Regenbogenfahne vor dem Reichstag und machte mobil. Auch der ausländischen Presse gab sie schon Interviews, denn eine Transperson im Bundestag finden viele interessant.

«Hypervisibilität» nennt sich das, erklärt sie. Bevor Biografien wie die ihre als normal gelten können, müssen sie überhaupt erst einmal sichtbar werden. Und weil Transgeschlechtlichkeit für viele eben noch neu und mit vielen Fragen verbunden ist, ist Nyke Slawik damit jetzt erst einmal über-sichtbar.

Die Neugier versteht sie. Sie findet es sogar «cool, wenn Leute mich ansprechen und Fragen haben». Aber es gebe eine klare Grenze, die da verlaufe, «wo es intim wird». Wenn Leute sie nach ihrem Liebesleben fragen, setzt sie ein Stoppschild. Sowas frage man einfach nicht, wenn man sich nicht kennt. Warum sollte sie nicht den gleichen Anspruch auf Intimsphäre haben wie alle anderen auch?

Auch wenn sie sich dagegen wehrt, auf ihr Geschlecht reduziert zu werden, kann Slawik mit ihrer über-sichtbaren Rolle gut leben. «Ich will ja ein Vorbild sein.» Ihre Identität hat sie ganz bewusst zum Thema gemacht. Trans zu sein, das sei heute eben immer noch eine Sensation. Um das zu ändern, muss Slawik die Unsichtbaren erst mal sichtbar machen. «Es soll einfach normal sein.» Und wo könnte man die neue Normalität besser demonstrieren als im Bundestag?

* * *

Am Rande der konstituierenden Sitzung steht ein Neuer neben einem Alten vor der phoenix-Kamera und erzählt eine Geschichte, die schon fast Hollywood-Potenzial hat. Der Neue wäre hier nämlich nicht ohne den Alten, nicht im Bundestag, nicht bei der SPD – und auch nicht in diesem Land.

Adis Ahmetovic wurde 1993 als Kind in Hannover geboren, seine Eltern waren gerade vor dem Balkan-Krieg nach Deutschland geflohen, vier Jahre später sollte die Familie abgeschoben werden. Matthias Miersch, der neben ihm steht, verhinderte das damals als blutjunger Rechtsanwalt. «Damals war er 28, so wie ich heute», erzählt der Parlamentsnovize. Und Miersch, heute Chef der Parlamentarischen Linken und Teil des Fraktionsvorstands, erzählt von diesem «sehr bewegenden Verfahren», einem seiner ersten überhaupt. Vier Jahre alt war Adis Ahmetovic damals, die Mutter mit den Nerven am Ende. «Dass das so ausgegangen ist, ist wirklich ein Traum.»

Plötzlich hat also auch Deutschland Geschichten zu erzählen von Träumen, die wahrwerden. Nicht vom Tellerwäscher zum Millionär, aber eben vom Flüchtlingskind zum deutschen Volksvertreter. Von der Außenseiterin zur Vorkämpferin für Transrechte. Und vom Hauptschüler zum Bundestagsabgeordneten.

Gruppe 49

«Borchardt ist so Klischee», sagt Annika Klose und lässt sich auf die dunkelrote Polsterbank fallen. Am weiß und silber gedeckten Tisch lauter aufgekratzte Genossen und Genossinnen. Carlos Kasper bestellt sich gerade schon das zweite Schnitzel mit lauwarmem Kartoffelsalat. Die Vegetarierinnen löffeln ihr Pilzrisotto vom Teller.

Jetzt sind die Jusos also angekommen, in der Französischen Straße Nummer 47. Schon Gerhard Schröder hat hier sein Schnitzel gegessen, Angela Merkel manchen Silvesterabend verbracht. Seit 25 Jahren ist das Borchardt der Ort, an dem Journalistinnen Interna erfahren und Lobbyisten ihre Botschaften platzieren. Zur Fashion Week kommt Giorgio Armani, zur Berlinale Arnold Schwarzenegger. Ein heiteres Sehen und Gesehenwerden.

In unserem Fall geht es vor allem ums Sehen. Die Weißweinflasche in unserer Mitte wird so diskret ausgewechselt, dass keiner weiß, ob es die dritte oder vierte ist. Auf den Bänken sitzt es sich gut, von hier kann man das Treiben beobachten.

Das Magazin POLITIK UND KOMMUNIKATION hat zu Beginn der Legislatur zu seinem traditionellen Empfang eingeladen. Auf der Gästeliste stehen Abgeordnete, Parteivorsitzende, Ministerinnen, außerdem Wirtschaftsvertreter, Journalistinnen und Multiplikatoren jedweder Art.

Noch fehlt die ganze große Prominenz, aber hinter der Marmorsäule haben die jungen Abgeordneten gerade Carsten Schneider gesichtet. Immerhin. «Das ist die Freundin von Christian Lindner», flüstert eine. Ach, und ist der mit dem Irokesen nicht dieser Sascha Lobo?

Mir geht es so wie den Jusos. Ich kenne hier auch niemanden. Unter dem Tisch google ich verstohlen Namen und Gesichter. Und fühle mich wie eine als Journalistin verkleidete Touristin.

Überhaupt habe ich das Gefühl, dass wir Millennials hier nur Zaungäste sind. Die Türsteher vor dem Borchardt haben uns zwar reingelassen, aber ins Zentrum der Macht lässt man uns deshalb noch lange nicht vor. Wir dürfen einen Blick hinter die Kulissen werfen, mehr nicht. Die Älteren haben immer noch das Sagen. Nach ihnen schaut man sich um. Die Jusos kennt dagegen keiner.

Aber wie ist das in zehn oder 20 Jahren? Was, wenn die harmlosen jungen Leute um mich herum dann plötzlich regieren? Wenn einer von ihnen dann Staatssekretär ist, eine andere Ministerin?

Der Gedanke erschreckt mich. Vielleicht fühle ich mich hier ein wenig zu wohl. Vielleicht sollte ich lieber einen gewissen Sicherheitsabstand wahren.

Den Jusos geht es ähnlich, allerdings betrifft ihre Sorge die FDP. Mit dem künftigen Koalitionspartner könnte man ja eigentlich mal anstoßen, aber was sollen dann die Jusos zu Hause denken? Nein, danke. Man bleibt lieber erstmal unter sich. Gibt ja auch genug zu besprechen in diesen ersten Tagen in Berlin.

Adis Ahmetovic erzählt zum Beispiel gerade von seiner ersten Einladung in eine Talkshow. Er ist sich noch nicht sicher, ob er zusagt. Annika Klose würde gern in den FC Bundestag, aber sie weiß nicht, ob sie dafür gut genug Fußball spielt. So plaudern sie über dies und das.

Die Stimmung ist gut. Was gibt es auch Schöneres, als von Friedrich Merz gefürchtet zu werden? «Es sind 49 Jusos in der neuen SPD-Fraktion, das ist die Sperrminorität der neuen Regierung», hatte der gerade mit geweiteten Augen im Fernsehen verkündet. Die Ampel hat eine Mehrheit von 48 Sitzen. Die Jusos könnten also tatsächlich die Regierung lahmlegen.

«Habt ihr schon euer Postfach gefunden?», fragt einer am Tisch.

«Ja, meins ist neben Klingbeil!», sagt Klose stolz. «Meins ist neben Scholz!», trumpft Christian Schreider auf, der einzige Ältere in der Runde. Das verleitet die anderen zu Spekulationen. Liegen da Liebesbriefe drin? Bestechungsschreiben? Einer witzelt: «Nee, nur was von der Warburg-Bank!» Gejohle.

Ich lache mit. Aber darf ich das überhaupt? Geht es hier nicht viel zu lustig zu zwischen den jungen Abgeordneten und der Journalistin? Ist das nicht gefährlich?

Ich treffe Politikerinnen und Politiker üblicherweise in ihren Büros, auf Veranstaltungen oder im Wahlkampfgetümmel. Jedenfalls am hellichten Tag. Und unter klar abgesteckten Rahmenbedingungen: Ich habe mich angemeldet, sie haben zugestimmt, und am Ende steht ein Artikel in der Zeitung, egal ob er ihnen gefällt oder nicht.

Ich will dabei natürlich etwas über die Politiker:innen erfahren, das nicht schon woanders stand. Die besten Momente sind immer die, in denen sie mich und ihr unsichtbares Skript kurz vergessen, weil irgendwas Unvorhergesehenes passiert. Wenn ich mit Christina Stumpp querfeldein durch ihren Wahlkreis brettere, weil alle Straßen gesperrt sind. Oder wenn ich nach einer Veranstaltung spätabends mit Ricarda Lang im Auto sitze und die Tiefgarage nicht aufgeht.

Und das ist mir eigentlich schon intim genug. Ich denke ja pausenlos über die Politikerin nach, die ich da gerade porträtiere, durchforste das Zeitungsarchiv, sehe mir sämtliche Fernsehauftritte an. Wenn ich Pech habe, träume ich auch noch von ihr. Eine quälende Verbindung entsteht da kurzzeitig, bis sich die Tastatur mit aller Macht dazwischenschiebt, die Politikerin wieder zum Gegenstand der Berichterstattung wird und ich zur kühlen Beobachterin. Obwohl es ein ständiger Balanceakt zwischen Nähe und Distanz ist, bleibt das Verhältnis zu jedem Zeitpunkt klar: Ich bin die Journalistin, sie ist die Politikerin. Ich frage, sie antwortet.

Aber hier? Legt man hier seine Beobachterrolle plötzlich ab? Unterhält man sich hier von gleich zu gleich, als wäre man einfach nur Gast auf einer Party? Darf man überhaupt aufschreiben, was hier passiert?

Ich muss daran denken, wie der große, inzwischen verstorbene Journalist Jürgen Leinemann mal die Bonner Republik beschrieben hat. In seinem Buch «Höhenrausch» erzählt er von den komplizenhaften Verstrickungen, gegenseitigen Gefälligkeiten und zynischen Machtspielen zwischen Politik und Journalismus. Und er beschreibt, wie er gegen seinen Willen immer mehr Teil des Ganzen wurde, Teil einer «professionell betriebenen Verschwörung zur Unterdrückung von Wirklichkeit». Man brauchte sich, man lebte voneinander und entfernte sich dabei immer mehr vom Rest Deutschlands, bis man schließlich keine Ahnung mehr hatte, was Menschen außerhalb der Bonner Blase bewegte. «Ohne Schaden überstand das keiner», schrieb Leinemann, als er aus der sicheren Distanz des Ruhestands auf seine Zeit als festangestellter Reporter beim Spiegel zurückblickte.

Ist das hier nun die Berliner Blase? Das gleiche Spiel in einer anderen, größeren Stadt? Mit neuen Spielern und Spielerinnen auf dem Spielfeld, allesamt auf dem Weg ins Verderben? Und wenn ja: Sollte ich dann nicht sofort nach Hause gehen?

Zum Glück erspähe ich gerade jemanden, dem ich meine Fragen stellen kann. Günter Bannas, langjähriger Büroleiter der Faz-Parlamentsredaktion und so etwas wie die graue Eminenz des Hauptstadt-Journalismus, beruhigt mich erstmal. «Wir sind dabei, aber wir gehören nicht dazu», sagt er. Das ist erleichternd.

Und es stimmt ja: Politikerinnen und Journalisten begegnen sich zwar ständig und sind in gewisser Weise auch aufeinander angewiesen, aber sie haben dabei doch völlig unterschiedliche Interessen. Nur weil man mal miteinander anstößt, macht man noch lange nicht gemeinsame Sache.

Bannas kennt beides, Bonn und Berlin. In Bonn, erzählt er, ging es gediegen zu, auch mal feucht-fröhlich. In Berlin kam ein neuer Schick dazu. Hier ist alles größer, weiter, hektischer. Und doch sei vieles ähnlich.

Wie die Jungen sich plötzlich die Macht erobern, das hat Bannas jedenfalls alles schon mal erlebt. Als junger Journalist beobachtete er die Neuen von damals, so wie ich die Neuen von heute: durch die Brille unserer jeweiligen Generation.

Die Jusos, mit denen Bannas damals am Tisch saß, hießen Schröder, Lafontaine, Wieczorek-Zeul, Scharping und Däubler-Gmelin. Sie waren frühe Babyboomer und in den 70er Jahren zu Tausenden in die SPD eingetreten. Sehr zum Missfallen der Älteren, denn plötzlich waren die in allen Ortsvereinen die Minderheit. In München machten die Jusos dem Oberbürgermeister Hans-Jochen Vogel zu schaffen. In Berlin klagte Willy Brandt über «Wachstumsprobleme» und den «überspannten Jargon» der Jungen.

Als Bannas als Hauptstadtkorrespondent für die Faz in Bonn anfing, begannen diese Jusos langsam, den Älteren die politische Arena streitig zu machen. Sie waren derart viele und drängten mit einer solchen Macht auf die Bühne, dass die Älteren ihnen nicht viel entgegensetzen konnten. Die Kriegsgeneration war ausgedünnt. Politik war in der jungen Bundesrepublik schließlich eine Sache der Männer gewesen – und von deren Zeitgenossen waren viele im Krieg gefallen. «Die Übriggebliebenen sprachen mit großer Autorität, solange sie allein waren», erinnert sich Bannas. «Als die Jungen hereindrängten, spürten sie, wie ihre Zeit zu Ende ging.»

Als junger, aufstrebender Journalist hatte Bannas nur geringes Interesse, sich mit den alten Helmut Schmidts und Rainer Barzels zu befassen, jenen, die um 1920 geboren waren und selbst noch im Weltkrieg gekämpft hatten. «Die gehen doch eh», dachte er. «Da rede ich lieber mit den Jungen wie Gerhard Schröder.»

Und weil Schröder genauso dachte, wurden sie eine Art journalistisch-politisches Team. Bannas, der konservative Faz-Mann, und Schröder, der ungestüme Juso-Vorsitzende, hatten die Zukunft vor sich – und das verband sie. «Was soll ich mit Ihren alten Kollegen reden?», sagte Schröder mal zu ihm. «Der Fromme, der Feldmeyer und wie sie alle heißen – die sind doch längst in Rente, wenn ich Kanzler bin.»

Als junger Mann erlebte Bannas, wie die Babyboomer die Kriegsgeneration ablösten. Nun beobachtet er, inzwischen selbst in Rente, wie die Millennials den Platz einnehmen, den die ausscheidenden 60- und 70-Jährigen hinterlassen. Einige sind schon weg, andere – wie Jürgen Trittin oder Renate Künast – verbringen vielleicht ihre letzte Legislatur im Bundestag.

Die Babyboomer waren aufgrund ihrer schieren Anzahl dominant. Die Millennials sind weniger, aber weil sie ihre Lücke füllen, kommen sie nun ähnlich wuchtig daher. Dazwischen, in den weniger dominanten Generationen, kann es Einzelne geben, die gerade deshalb herausstechen und Karriere machen – oder sie verpassen den Absprung für immer. Bannas: «Aber wenn eine ganze Generation antritt – das verändert was.»

Bannas hat viele Bundeskanzler, inklusive einer Kanzlerin, kommen und gehen sehen. Altersmäßig waren sie immer etwa zehn Jahre auseinander. Auf Helmut Schmidt (Jahrgang 1918) folgte Helmut Kohl (1930), auf Gerhard Schröder (1944) folgte Angela Merkel (1954).

Olaf Scholz (1958) durchbricht diese Logik, er ist nur vier Jahre jünger als seine Vorgängerin. Schaut man sich die wichtigsten Figuren auf Bundesebene an, könnte man sagen: Die Grünen und die FDP haben den Generationswechsel eingeleitet, die SPD noch nicht so richtig. Wenn sich der Koalitionsausschuss trifft, ist die Altersspanne weit. Die Grünen-Vorsitzende Ricarda Lang (Jahrgang 1994) könnte jedenfalls locker Scholz' Tochter sein.

Einen Unterschied scheint es mir zwischen damals und heute zu geben: Als die Babyboomer die Kriegskinder ablösten, war der Generationswechsel ein Kampf. Heute geht er subtiler vonstatten.

Bannas kommen die Jungen stromlinienförmig vor. Ich denke eher:

Sie spüren, dass sie gar nicht kämpfen müssen. So viele Babyboomer gehen in Rente, dass man nur auf die Neuen zu warten scheint. Sie sind weniger, müssen also auch weniger um die freien Plätze konkurrieren. Sie werden regelrecht hofiert. Wer tritt schon noch freiwillig in eine Partei ein? Die Jungen wissen, dass man auf sie angewiesen ist. Das macht sie selbstbewusst.

Die Neulinge, die Bannas in den Bundestag begleitet hat, wurden dort erst einmal eingeordnet. «Die kommen mit einer Bugwelle rein und wollen gleich in den Haushaltsausschuss. Dann heißt es: Stell dich hinten an und tob dich erstmal im Familienausschuss aus.»

Das ist diesmal anders. Heute melden die Jungen wieder Ansprüche an – und werden berücksichtigt.

* * *

Als die mehr als 200 SPD-Abgeordneten nach der Wahl zu ihrer ersten Fraktionssitzung zusammenkommen, beobachten die Älteren unter ihnen das mit gemischten Gefühlen. So viele Neue, so viele Junge. Einerseits schön, andererseits ganz schön gewöhnungsbedürftig. Denn diese Jungen denken gar nicht daran, sich einzureihen.

«Die jungen Abgeordneten sind sehr selbstbewusst», erzählt Bundestagspräsidentin Bärbel Bas, als ich sie mit einer Kollegin für die FAS interviewe. «Als ich hier 2009 angefangen habe, habe ich mir erst einmal ein Bild gemacht und beobachtet.»

Davon kann heute keine Rede sein. Eine will fachpolitische Sprecherin werden, ein anderer gleich Ausschussvorsitzender. Von Demut keine Spur.

Kevin Kühnert und Jessica Rosenthal, der alte und die neue Juso-Vorsitzende, hocken auch noch demonstrativ nebeneinander. Das löst Beklemmungen aus. Bildet sich da gerade ein Juso-Sprengtrupp innerhalb der Fraktion? Hören die alle auf das Kommando von Kevin Kühnert?

Als Annika Klose sich zu Wort meldet, ist die Stimmung dann endgültig gereizt. «Ich freue mich mega, dass wir so viele junge Neue sind und so viel Vielfalt in der Fraktion haben», sagt sie freudestrahlend. Das finden die meisten noch süß. Dann aber kommt's: «Ich fände es aber auch schön, wenn wir nicht nur Aushängeschild sind, sondern auch bei den Ausschüssen berücksichtigt werden.» Im Klartext: Dass in den wichtigen Ausschüssen «nicht nur die alten Hasen» sitzen.

Ein älterer Herr mit grauen Haaren fühlt sich davon prompt angesprochen, mit hochrotem Kopf beschwert er sich über die «Altersdiskriminierung». Der Vorsitzende der Landesgruppe Ost vermittelt. Das habe er in den falschen Hals bekommen, beschwichtigt er den älteren Kollegen. Das sei gerade ein sensibles Thema, warnt er die jüngere Kollegin.

Ein paar Wochen später öffnet mir Annika Klose die Tür zu ihrem Bundestagsbüro und winkt gleich ab. Das sei doch Schnee von gestern. Sie ist jedenfalls zuversichtlich, dass sie einen Platz in ihrem Wunsch-Ausschuss bekommt: dem Ausschuss für Arbeit und Soziales, da wollen nämlich fast alle Jusos rein, deren Herz links schlägt.

Das Büro ist noch ziemlich karg, es dient Klose auch nur für die Übergangszeit. Der Bundestag ist schon wieder größer geworden, das bringt Probleme mit sich. Wo soll man die ganzen Leute unterbringen? Jenseits der Spree wird schon angebaut. Weil die alten Abgeordneten ihre Büros noch gar nicht geräumt haben, sollen die Neuen erst mal bei anderen unterkommen. Insgesamt ein ziemliches Chaos.

Bis genug Platz für alle ist, teilt Klose sich das Büro im Otto-Wels-Haus mit Kevin Kühnert. Ihren Zimmergenossen findet sie super, die beiden kennen sich seit vielen Jahren von den Berliner Jusos. Otto Wels findet sie auch gut, der ist schließlich ein alter Sozialdemokrat. Das Otto-Wels-Haus findet sie allerdings ziemlich blöd, es ist einfach zu weit ab vom Schuss. Kürzlich hat sie mal die Zeit gestoppt. Ungefähr acht Minuten dauert es bis in den Plenarsaal. Außerdem fühlt man sich hier wie in der DDR, dunkle Gänge, grau in grau. War ja auch mal das Ministerium für innerdeutschen Handel in Ostberlin.

Da haben es die Kolleg:innen im Paul-Löbe-Haus besser, das ist nämlich hell und luftig und direkt neben dem Reichstag. Bei den Jusos nennen sie es das Haus Gryffindor. So wie Harry Potter überhaupt ein verbindendes Element ist. Zum Runterkommen schauen sie «Die Kammer des Schreckens», zum Aufmuntern schicken sie sich den Kitzelzauber («Rictusempra!»), und wenn sie wissen wollen, ob Karl Lauterbach Gesundheitsminister wird, fragen sie einfach den «Sprechenden Hut».

Jenseits davon bleiben nicht viele Gemeinsamkeiten übrig, wie Annika Klose mit Schrecken festgestellt hat. Sie war heute Morgen beim Frühstück der Parlamentarischen Linken und hat dort längst nicht alle 49 Jusos angetroffen. Manche von ihnen sind doch tatsächlich zu den konservativen Seeheimern gegangen, für linke Ur-Jusos wie Klose ein Schock.

Praktisch ist in jedem Fall der Leitfaden, den die Parlamentarische Linke an die Neuen verteilt hat. Da erfährt man, wo man seinen Abgeordnetenausweis und die BahnCard 100 erhält. Auch das mit den Diäten ist nochmal erklärt. Jede:r Abgeordnete bekommt im Monat genau 10012,89 Euro. Außerdem gibt es eine Aufwandspauschale von 4418,09 Euro. Davon kann man das Wahlkreisbüro finanzieren und die Zweitwohnung in Berlin.

Auch sehr wichtig zu wissen: An Sitzungstagen gilt Präsenzpflicht. Deshalb muss man sich unbedingt immer auf der Liste eintragen. Sonst werden Strafgelder fällig: 200 Euro für unentschuldigtes Fehlen, 100 Euro für das Verpassen einer namentlichen Abstimmung.

Alles, was nicht im Leitfaden steht, wird in der Juso-Chatgruppe geklärt. Wer braucht noch ein WG-Zimmer, wer sucht noch eine gute Büroleiterin, wo steigt die nächste Flurparty? Die ersten Jusos haben auch schon im Bundestag geredet, da wurden dann viele Flammen-Emojis geschickt.

Früher mussten die neuen Abgeordneten monatelang warten, bis sie ihre erste Rede halten durften. Auch das ist diesmal anders. So wie der Auftritt der Jusos in der Fraktion überhaupt Wirkung zeigte. Denn auch bei den Koalitionsverhandlungen sind einige von ihnen dabei.

Verena Hubertz war gerade auf dem Rückflug aus dem Kurzurlaub, als sie die Nachricht bekam, dass sie mitverhandeln darf. «Was für eine Ehre!», sagt sie in ihrem Büro zwei Stockwerke über dem von Klose.

In der Fraktion hatten sie den Neuen empfohlen, nach dem anstrengenden Wahlkampf mal Urlaub zu machen, solange in Berlin sondiert wird. Da passiere eh nicht viel. Nun passiert plötzlich ziemlich viel auf einmal. Hubertz findet es toll, dass die Chefs nicht nur gucken: Wer hat wie viele Jahre auf dem Buckel? Sondern auch: Wer bringt welche Kompetenz mit?

Hubertz bringt die Kompetenz einer Digital-Unternehmerin mit. Sie gründete das Start-Up «Kitchen Storys», eine ziemlich erfolgreiche Koch-App. Sie hätte damit noch reicher werden können, stattdessen verkaufte sie mit 33 Jahren ihre Anteile und kandidierte für den Bundestag.

Die Fragen, die sie zur SPD brachten, klingen ziemlich anders als die der meisten Jusos: «Wieso haben Tesla, Google und Apple uns in Deutschland so dermaßen abgehängt? Wie kann es sein, dass der letzte deutsche Digitalerfolg von Weltrang mit SAP 1972 gegründet wurde?» Schließlich entschloss sie sich: «Nicht nur meckern, mitmachen.»

Nun diskutiert sie mit FDP und Grünen in der Arbeitsgruppe «Moderner Staat und digitaler Aufbruch», wie man eine moderne, digitale Verwaltung aufbaut. Eine Frage, die man sich nach Hubertz' Geschmack auch mal im Bundestag selbst stellen könnte. Immerhin stehen hier noch allerhand Fax-Geräte herum.

Als einzige Unternehmerin zwischen lauter Jurist:innen ist das eine interessante Erfahrung für Hubertz. Aus der Gründerszene kennt sie die Formel: «Done is better than perfect.» In der Politik diskutiert man eine halbe Stunde lang darüber, ob da nun das Wort «besonders» oder «insbesondere» stehen soll.

Auch die Juso-Vorsitzende Rosenthal darf mitverhandeln. In der «AG Arbeit» sitzt sie mit so Schwergewichten wie Hubertus Heil zusammen, dem Liberalen Johannes Vogel und dem Ex-Gewerkschaftsboss Frank Bsirske.

Als wir uns Mitte November 2021 im Restaurant des Jakob-Kaiser-Hauses zum Frühstück treffen, ist sie ganz schön müde. Eine Erkältung schleppt sie auch noch mit. Aber hey: «Wann verhandelt man schon den Koalitionsvertrag der Bundesrepublik Deutschland?»

Was die Spannungen in der Fraktion betrifft, spricht Rosenthal von einem beiderseitigen «Kulturschock». Aber das sei doch eine Chance für eine Fraktion, Dinge neu zu denken.

Die Juso-Vorsitzende hat jedenfalls keine Lust, sich einfach einzureihen. Und sie hat auch ganz gewiss nicht vor, jetzt plötzlich zur Cheerleaderin des künftigen Kanzlers zu werden. «Olaf weiß, dass er nicht alleine den Kurs vorgibt.»

Aber sind die ganzen Jusos nicht wegen Olaf Scholz im Parlament?, frage ich. Immerhin hat er die Wahl gewonnen.

«Naja, der sei ja für das Programm der SPD angetreten», sagt Rosenthal. Und zu diesem Programm gehöre nun mal ein linkes Profil. Das habe die Partei in den letzten Jahren dank der Jusos geschärft, «und das muss weiter gehen». Das klingt nach einem Plan, den die Jusos da hegen: den Linkskurs in den nächsten vier Jahren gegen den pragmatischen Kanzler zu verteidigen.

Dieser Plan schimmert auch bei Kühnert durch, als er Ende November 2021 auf dem Bundeskongress der Jusos redet. Die Rede wird in der SPD für etwas Wirbel sorgen.

Auch Kühnert war bei einer der Verhandlungsgruppen zum Koalitionsvertrag dabei, aber mit dem Ergebnis ist er nicht zufrieden. Und er meint auch ziemlich genau zu wissen, wer daran Schuld trägt: die FDP.

In seinem Fachbereich Bauen und Wohnen sei «nicht ansatzweise» das erreicht worden, was er sich gewünscht hätte, klagt er. Zwischendurch habe es geradezu «kafkaeske Situationen» gegeben. Beim Thema Mietrecht seien die Liberalen völlig blank gewesen. Sozialer Wohnraum: offenbar ein Fremdwort für sie.

Olaf Scholz hatte den Jusos noch kurz zuvor geraten, sich lieber auf die Union zu stürzen, statt auf den neuen Koalitionspartner. «Nur ein kleiner Tipp von mir».

Kühnert stellt nun erst einmal klar, dass er sich keine Tipps geben lasse, auch nicht vom zukünftigen Kanzler. Er könne zwar begründen, warum die Ampel momentan die beste Regierungsoption ist, sagt Kühnert. Aber er werde deshalb jetzt ganz gewiss nicht vier Jahre lang schweigen.

«Und deswegen, weil das ja der Tag ist, an dem man hier offenbar Tipps geben darf», so Kühnert, «möchte ich auch einen Tipp geben: Einfach weiter kritisch bleiben.» Und bitte auch nicht das Parteiprogramm vergessen. Man darf seinen Auftritt so verstehen: Nur weil er jetzt stellvertretender Parteivorsitzender ist, hat er noch längst nicht den Juso in sich vergessen.

Spätestens nach dieser Rede wissen die Alten in der SPD: Wenn sie die Jungen nicht einbinden, wird es gefährlich für sie.

* * *

Kurze Zeit später hat die SPD dann ein paar neue Personalien zu verkünden: Kevin Kühnert (Jahrgang 1989) wird Generalsekretär der SPD, Reem Alabali-Radovan (1990) wird Staatsministerin beim Bundeskanzler, Natalie Pawlik (1992) Beauftragte der Bundesregierung für Aussiedlerfragen. In der Fraktion steigt Verena Hubertz (1987) zur stellvertretenden Vorsitzenden auf, Josephine Ortleb (1986) wird parlamentarische Geschäftsführerin. Sonja Eichwede (1987) rückt als Obfrau im Rechtsausschuss nach, Sanae Abdi (1986) als Obfrau für wirtschaftliche Zusammenarbeit. Erik von Malottki (1986) wird Obmann im Unterausschuss für Bürgerschaftliches Engagement, der Jüngste in der Fraktion, Jakob Blankenburg (1997), Obmann im Beirat für nachhaltige Entwicklung. Die Liste lässt sich fortsetzen: Maja Wallstein (1987) spricht für die Landesgruppe Brandenburg, Martin Kröber (1992) für Sachsen-Anhalt und Fabian Funke (1997) für Sachsen. Esra Limbacher (1991) ist Mittelstandsbeauftragter und Takis Mehmet Ali (1991) Beauftragter für die Belange von Menschen mit Behinderung.

Auch die Ausschussposten wurden zur Zufriedenheit der Jusos verteilt. Klose darf sich im Arbeitsausschuss ums Bürgergeld kümmern, die Lehrerin Rosenthal redet bei der Bildung mit, Ahmetovic sitzt im honorigen Auswärtigen Ausschuss nun neben Granden wie Jürgen Trittin und Gregor Gysi.

Als ich mit dem engsten Mitarbeiter von Olaf Scholz darüber rede, tut er ein bisschen so, als sei das doch ganz selbstverständlich. «Es muss ja auch eine Fortsetzungsperspektive nach Scholz geben», sagt Wolfgang Schmidt, der Kanzleramtsminister. Das liege doch in der Natur der Sache. Wenn es viele Junge auf einmal gebe, müsse man die schnell einbinden und an Führungsaufgaben heranführen. «Die sollen ja in vier oder acht Jahren trotz ihres jungen Alters schon zu den Erfahrenen gehören.»

Auch Schmidt denkt an die vielen Babyboomer, die sich bald in den Ruhestand verabschieden. Für ihn gehört es «zu einer klugen Politik», Talente frühzeitig zu fördern, Neue rechtzeitig aufzubauen. «Das ist ja auch keine One-Man-Show von Olaf Scholz.»

Aber die große Millennial-Show gefällt auch nicht allen. Verena Hubertz fährt bei ihrer Wahl in den Fraktionsvorstand ein ziemlich schlechtes Ergebnis ein. Es gibt ein paar mittelalte Männer, die den

Posten gern bekommen hätten. Sie haben seit Jahren darauf hinge-arbeitet, und jetzt kommt da so eine junge Frau daher und will ihnen was von Wirtschaft erzählen, nur weil sie mal irgendeine Koch-App gegründet hat? Die Männer fühlen sich übergangen.

Vor allem jene, die vor vier oder acht Jahren neu in den Bundestag kamen, fühlen sich bedroht von den Millennials. Sie konnten sich in-nerhalb der kurzen Zeit noch nicht richtig etablieren und fürchten nun, von den Jungen verdrängt zu werden. Mit Neid und Argwohn beobachten sie, wie schnell die neuen Jusos in der Fraktion befördert werden, ganz anders als sie damals.

Aber auch mit den 49 Jusos läuft es nicht so, wie Jessica Rosenthal sich das vorgestellt hat. Die Sache mit den Screenshots aus der Chat-gruppe war schon mal ungünstig. Nach der Standpauke des Frak-tionsvorsitzenden gab es im Kanal dann eine Ansage: Hier werde jetzt nur noch Organisatorisches geklärt. Inhaltliche Kritik solle man bitte künftig direkt einbringen.

Die Chatgruppe ist seitdem ziemlich langweilig geworden, und überhaupt stellt sich die Frage: Was für eine Gruppe wollen die 49 eigentlich sein? Ein organisierter Parteiflügel mit Mitgliedsbeiträgen und allem drum und dran? Oder einfach nur ein lockeres Netzwerk zum Erfahrungsaustausch?

Bei den Treffen der 49 wird diese Frage immer wieder heiß dis-kutiert. Manche hätten nichts dagegen, Jessica Rosenthal zu ihrer Sprecherin zu wählen, aber von anderen gibt es Widerstand. Die wollen sich nicht von der Juso-Vorsitzenden vereinnahmen lassen, nur weil sie zufällig jünger als 35 sind. Einige hier hatten nie etwas mit dem Jugendverband zu tun. Links sind längst nicht alle. Manche von ihnen nennen sich eher wirtschaftsliberal, andere wertkonserva-tiv.

Wie soll man da auf einen gemeinsamen Nenner kommen? Und was verbindet die Jungen denn überhaupt, außer dem Alter?

Auch die Juso-Vorsitzende klingt plötzlich defensiv, wenn sie über die 49 redet. «Wir sind kein monolithischer Block, wo einer ne Ansage macht und so wird's dann gemacht», sagt sie. Die Jusos seien sehr vielfältig, hätten unterschiedliche Hintergründe und auch verschiedene Überzeugungen. Eine Revolution scheint mit diesem bunten Haufen eher nicht zu machen.

Da ist es schon fast eine Überraschung, dass es überhaupt noch zur offiziellen Gründung einer Gruppe kommt. Keine Strömung, kein Flügel, sondern eine Art loser Interessenverbund, aber ganz förmlich mit Satzung. Am 15. Februar 2022 wird der Akt mit einem Gruppenfoto feierlich besiegelt. «Wir wollen die Chance nutzen, dass wir so zahlreich im Parlament vertreten sind, mit unserer Politik sichtbar sein und uns wechselseitig unterstützen», schreiben die 49 in ihrem Selbstverständnis. Das klingt recht allgemein.

Dass man irgendwann einmal von der «Gruppe 49» reden wird, wie man es gelegentlich noch heute von der Gruppe 47 tut, ist eher nicht zu erwarten. Die Gruppe 47 waren Schriftsteller, die sich zwischen 1947 und 1967 regelmäßig trafen und sich im Lauf dieser Zeit zu einem intellektuellen Kraftzentrum im Nachkriegs-Deutschland entwickelten. Heinrich Böll, Günter Grass, Martin Walser zählten dazu. Hätten die 49 Jusos den Ehrgeiz, sich zu einem politischen Kraftzentrum zu entwickeln, müssten sie es schaffen, mindestens zwei Jahrzehnte lang immer wiedergewählt zu werden. Eher unwahrscheinlich.

Und auch sonst kann Olaf Scholz aufatmen. Die Regierungsarbeit wollen sie konstruktiv unterstützen, den Strömungen keine Konkurrenz machen. Ihre Ziele nehmen sich bescheiden aus: Sie wollen «Themen unserer Generation» wie Bildung und Klimaschutz aufgreifen und «Politik für junge Menschen verständlich» machen. Es gibt keine Sprecherin, sondern eine Steuerungsgruppe, streng austariert nach Zugehörigkeit zu den Strömungen Parlamentarische Linke, Seeheimer und Netzwerker.

Wenn die Gruppe sich nun einmal im Monat trifft, kommen längst nicht alle. Man diskutiert ein bisschen, trinkt ein Bier. Ansonsten passiert nicht viel.

Die Älteren sind erleichtert. Aber angeblich auch nicht überrascht. Schließlich hätten viele der Jungen ihre Wahlkreise direkt gewonnen, sagt einer. Das verändere den Fokus. Nur wer auf einen guten Listenplatz angewiesen ist, braucht die Jusos. Die Direktkandidat:innen haben andere Prioritäten, nämlich: Was interessiert die Leute zu Hause?

«Die müssen jetzt schnell lernen», sagt ein weiterer alter Hase in der Fraktion. Als die Neuen in den Bundestag kamen, hätten viele von ihnen noch nicht verstanden, «dass sie nicht wegen ihrer eigenen Großartigkeit hier sind, sondern wegen Olaf Scholz».

Er fühlt sich an 1998 erinnert, als schon einmal viele Neue in die Fraktion kamen. Damals sei es Gerhard Schröder gelungen, eine ganze Generation von Abgeordneten durch seinen Politikstil zu erziehen. Manche aus dieser Generation sind heute noch da und inzwischen aufgestiegen: Hubertus Heil, Michael Roth und Carsten Schneider etwa, die damals zu den Jüngsten gehörten. «Das ist die Schröder-Schule.» Vielleicht werde Scholz für die Neuen von heute in ähnlicher Weise prägend.

Es ist ja auch schwer, sich der Logik einer Fraktion zu entziehen. Alle zwei Wochen sitzen die 207 Abgeordneten zusammen und werden auf die Fraktionsdisziplin eingeschworen.

Viele Junge empfinden die Sitzung als ein zermürbendes Ritual. Erst spricht der Fraktionsvorsitzende, dann beide Parteivorsitzenden, dann der Bundeskanzler. Das dauert schon mal eineinhalb Stunden. Das Schlimme daran: Alle sagen dasselbe, die Jusos kennen die Formulierungen längst aus den Pressekonferenzen. «Die hämmern uns in Endlosschleife die gleichen Botschaften in den Kopf», empört sich einer. «Dabei können wir doch selber denken!»

Ist das vielleicht gar nicht erwünscht? Sobald Fragen kommen, heißt es: Erinnert euch, wo wir vor einem Jahr standen. Jetzt sind wir in der Regierung und stellen den Kanzler. «Die trichtern uns das Wording ein, damit keiner so doof ist, was anderes zu erzählen.»

Ein Älterer nimmt die Sitzungen entschieden anders wahr: Der Kanzler und die Fraktionsführung legten eben nochmal für alle dar, was sie für richtig und sinnvoll halten. Die Jungen hätten sich ja noch nie mit den hochkomplexen Fragen beschäftigt, die da verhandelt werden. Sie könnten also froh sein, dass man es ihnen erkläre.

So oder so: Unmerklich beginnen die neuen Abgeordneten, die Erklärungen zu übernehmen und zu Hause im Wahlkreis zu vertreten. Sie sind schließlich Teil einer Regierungsfraktion. Und sie wollen ja auch wiedergewählt werden. Das ändert die Perspektive.

Der Erfolg des Kanzlers wird plötzlich zu einem wichtigen Kriterium für ihre Karriere.

Ein privates, sehr politisches Problem

Auf beigen Pumps hetzt Christina Stumpp in ihren schwarzen Audi Q3, pfeffert die Ledertasche auf die Rückbank, wirft den Motor an. Die Zeit ist knapp, wie immer im Leben einer berufstätigen Mutter. Eben hat sie den Sohn in der Kita abgegeben, zuvor hat sie Frühstück gemacht, die Wäsche aufgehängt, auf dem Weg von Waiblingen nach Stuttgart ein paar wichtige Telefonate geführt, die Journalistin, also mich, vom Bahnhof abgeholt, und jetzt geht der Tag überhaupt erst los.

«Man muss es gut organisieren», sagt Stumpp leichthin, als sei das nicht weiter der Rede wert. Gehe schließlich Tausenden Müttern so. Naja, wende ich ein, die sind aber keine Spitzenpolitikerinnen. Immerhin ist Stumpp nicht nur Bundestagsabgeordnete, sondern auch stellvertretende CDU-Generalsekretärin und somit die Frau hinter Friedrich Merz und seinem Generalsekretär Mario Czaja.

Entrüstet, als sei das etwas Unanständiges: «Ich bin doch keine Spitzenpolitikerin!» Und das ist schon mal der erste kleine Unterschied zu ihren männlichen Kollegen. Von denen hätte mich wahrscheinlich keiner korrigiert.

Der zweite: Die meisten von ihnen haben Frauen, die ihnen den Rücken freihalten. Stumpps Mann hingegen ist Rechtsanwalt und arbeitet bis spät in den Abend in seiner Kanzlei. Es klingt nicht so, als trete er jetzt kürzer, da er ein kleines Kind zu Hause hat und eine Frau, die gerade die Karriere ihres Lebens macht. Deshalb macht sie einfach alles gleichzeitig.

Es ist Stumpps privates, sehr politisches Problem. Die geradezu unlösbare Aufgabe, mit einem kleinen Kind zwei Vollzeitjobs zu absolvieren, soll sie nämlich ganz nebenbei auch noch für die gesamte Partei lösen. Als stellvertretende Generalsekretärin ist es ihre Aufgabe, die CDU für Frauen attraktiver zu machen. Und gerade für die Mütter unter ihnen soll sie dafür sorgen, dass sich Politik besser mit der Familie vereinbaren lässt.

Das Ganze war die Idee von Friedrich Merz, dem neuen Parteichef. Der Mann, der vor zwei Jahren mit Blick auf Annegret Kramp-Karrenbauer noch darüber sinnierte, es könne doch kein Zufall sein, dass alle Sturmtiefs Frauennamen trügen, möchte jetzt die Herzen der Frauen gewinnen. Oder besser gesagt: deren politisches Kapital. Es hat sich gezeigt, dass man mit Altherrenwitzen auf Dauer keine Wahlen gewinnt.

Deshalb braucht der ältere Herr Merz eine junge Frau an seiner Seite. Und sein Auge fiel gleich nach der Bundestagswahl auf Christina Stumpp. Die ist schließlich nicht nur jung und weiblich, sondern auch noch eine echte, konservative Schwäbin. Und die Schwaben haben Merz immer besonders enthusiastisch unterstützt.

Stumpps Wochen in Berlin sehen so aus: montags samt Baby, Kinderwagen und Wickeltasche nach Berlin, die Wohnung putzen, einkaufen, dann zur Landesgruppe, am nächsten Morgen zum Pressefrühstück, zum Termin ins Konrad-Adenauer-Haus, ins Kommunalbüro, zur Fraktionssitzung, zur Teambesprechung ins Bundestagsbüro, in den Ausschuss, ins Plenum, zum parlamentarischen Abend. Tagsüber kann der Kleine in die Bundestagskita gehen, nachmittags versucht sie es so einzurichten, dass sie ein paar Stunden mit ihm hat, bevor der Babysitter kommt und es zu den Abendterminen geht.

Ich habe darüber mal mit Ronja Kemmer aus dem CDU-Präsidium gesprochen. Kemmer ist schon länger Bundestagsabgeordnete und hat gerade ihr zweites Kind bekommen. Stumpp und sie kennen sich gut, beide kommen aus Baden-Württemberg, und als Stumpp überlegte, für den Bundestag zu kandidieren, fragte sie Kemmer um Rat. Wie sie das bloß mache, wollte Stumpp wissen, mit Baby im Bundestag. Kemmer machte ihr Mut. Aber sie wollte die Probleme auch nicht verschweigen. Es sei schon ein ganz schöner Stress.

Kemmer sagt: «Der große Unterschied ist, dass viele Partnerinnen meiner Kollegen nach dem ersten Kind beruflich kürzer treten, während die Partner meist voll berufstätig bleiben.» Die Männer können sich also ungestört auf ihre Karriere in der Politik konzentrieren, während die Frauen sich abstrampeln, um Familie, Haushalt und Politik unter einen Hut zu kriegen.

Und Stumpp? Muss jetzt erst mal gegen die Zeit kämpfen und dann auch noch einen neuen Weg finden. Ankunft 9:37 Uhr, meldet das Navi. Oh je, da muss sie jetzt mal den Landtagskollegen anrufen und sagen, dass wir etwas später kommen. Mit dem wollen wir gleich dem wichtigsten Arbeitgeber im Wahlkreis einen Besuch abstatten: dem Automobilzulieferer ZF, Standort Alfdorf im Rems-Murr-Kreis. Das ist ziemlich weit ab vom Schuss, weshalb Stumpp jetzt mal einen Gang höher schaltet.

Der Kollege warnt uns durch die Freisprechanlage, dass wir auch noch einen Coronatest machen müssen. «Ach Gott», sagt Stumpp, aber natürlich ist sie für alle Eventualitäten gewappnet. Von der Rückbank fischt sie zwei Lolli-Tests. «Links abbiegen», sagt das Navi. Aber da, wo es nach links geht, ist die Straße gesperrt. Wir navigieren parallel mit Google, den Lollitest im Mund, und fahren im Kreis. Wo es nach Alfdorf gehen soll, ist das Schild ziemlich eindeutig mit roten Klebestreifen durchgestrichen. Auch Google Maps hat Widersprüchliches zu berichten, streikt schließlich ganz. Stumpp seufzt. Endet hier unser Ausflug?

Weit gefehlt. Stumpp schaut kurz vom Handy zum Navi, anschließend auf Wald und Wiesen um uns herum. Dann rattert sie einfach querfeldein, über irgendeinen Schleichweg, der vielleicht für Traktoren gemacht ist, aber sicher nicht für ihren Q3. «Jetzt erleben Sie mit mir eine richtige Adventure Tour», ruft sie fröhlich, während wir über Stock und Stein holpern. Ob wir nicht stecken bleiben könnten?, frage ich besorgt. «Ich hab doch Allrad», beruhigt sie mich. Sie wirkt nicht ansatzweise gestresst.

Wer so Auto fährt, kann natürlich auch eine Partei managen, ein Bundestagsmandat ausüben und gleichzeitig ein Kind großziehen. Oder, wie Stumpp es selbst ausdrückt: «Ich habe drei Rollen, denen ich gerecht werden muss: Mutter, direkt gewählte Abgeordnete und stellvertretende Generalsekretärin.»

* * *

Als Christina Stumpp kurz nach der Bundestagswahl das erste Mal unter der Reichstagskuppel stand, zum ersten Mal mit den Händen die blauen Stühle des Plenarsaals streifte, war sie ergriffen. Es war das Gefühl, etwas Unwahrscheinliches geschafft zu haben – und hier, im Hohen Haus, ein ganz besonderes Kapitel ihres Lebens aufzuschlagen.

Dieses Gefühl prallte nun mit Karacho auf die Stimmung ihrer Fraktion. Und die war am Boden, nachdem die Union bei der Bundestagswahl das schlechteste Ergebnis ihrer Geschichte eingefahren hatte.

Für meine Zeitung habe ich mich damals in der Fraktion umgehört, um zu verstehen, was in dieser dramatischen Sitzung vor sich ging. Schon nach wenigen Telefonaten war klar: Die Abgeordneten waren stinksauer. «Laschet hat einfach nicht gezogen», wüteten sie.

Zur ersten Fraktionssitzung kommen immer auch jene, die nicht wiedergewählt wurden. Das waren diesmal eine ganze Menge. Wegen der Pandemie trafen sie sich im Plenarsaal, hier konnten die neuen und alten Abgeordneten Abstand halten. Nach Umarmungen war ihnen eh nicht zumute. Einige waren den Tränen nah. Andere saßen mit starrer Miene dabei. Wie sollte es denn jetzt weitergehen? Was sollten sie ihren Mitarbeiterinnen denn sagen? Die waren nun auch arbeitslos.

Und das kreideten sie dem glücklosen Laschet an. Die Sachsen hatten sich Söder als Kanzlerkandidaten gewünscht. Die Baden-Württemberger dagegen waren überzeugt: Mit Merz wäre es besser gelaufen, so auch die neu gewählte Abgeordnete Christina Stumpp. «Keiner wusste, wofür die CDU überhaupt steht», sagt sie. Die Grünen verband man mit Klimaschutz, die SPD mit dem Mindestlohn, die FDP mit ihrem Kurs gegen Steuererhöhungen. «Und uns?» Merz, sagt sie, hätte der CDU ein schärferes Profil geben können.

Laschet trat in dieser Sitzung entsprechend demütig auf. Ihm fehlten die Argumente. Eine Jamaika-Regierung schien immer unwahrscheinlicher. Markus Söder hörte auch nach der Niederlage nicht auf, ihm Knüppel zwischen die Beine zu werfen. Und dann war auch noch ein offener Machtkampf um den Fraktionsvorsitz entbrannt. Ralph Brinkhaus, Jens Spahn, Norbert Röttgen und Friedrich Merz brachten sich in Stellung.

Umso verzweifelter klammerte sich Laschet an die Hoffnung, irgendwie doch noch regieren zu können. Er stellte allerlei Rechnungen an, erinnerte daran, dass in der Geschichte auch schon mal die zweitstärkste Partei den Kanzler gestellt habe. Annegret Kramp-Karrenbauer, Julia Klöckner und Peter Altmaier sprangen ihm bei. Opposition sei doch Mist, sagten sie. Jetzt komme es auf Geschlossenheit an. Sie wären schließlich gern weiter Ministerinnen und Minister geblieben.

Kramp-Karrenbauer versuchte, die Lage mit aller Kraft positiv zu deuten. Weil die Umfragen zwischenzeitlich noch schlimmer ausgesehen hatten, sprach sie von einem «gelungenen Endspurt». Einige warfen sich irritierte Blicke zu. Das klang ja fast so, als hätte die Union die Wahl gewonnen.

Einigen einfachen Abgeordneten kam das grotesk vor. Die Wähler:innen hatten die Union abgestraft, und hier im Plenarsaal tat die Parteielite so, als könne sie einfach trotzdem an der Macht bleiben. «Wir leben in zwei Welten», schimpfte die ostfriesische Parlamentarierin Gitta Connemann. Hier werde von Regierungsaufträgen gesprochen, an der Basis frage man sich, ob die CDU überhaupt noch eine Volkspartei sei. Ganz unverhohlen forderte sie «personelle Konsequenzen». «Wer übernimmt wann Verantwortung?» Danach sei für einen Moment absolute Stille im Raum gewesen, erinnern sich meine Gesprächspartner:innen übereinstimmend.

Heute sind sowohl Laschet als auch Brinkhaus Männer der Vergangenheit. Friedrich Merz, der lange Zeit als Mann der Vergangenheit gegolten hatte, ist hingegen das neue Gravitationszentrum der Partei. Und gar nicht weit entfernt vom hellsten Stern kreist Christina Stumpp im neuen Sonnensystem der CDU auf ihrer Umlaufbahn.

Und das kam so: Schon bald nach der dramatischen ersten Fraktionssitzung rief Merz bei ihr an. Der Politiker, zu dem sie so sehr aufsah, wollte ausgerechnet sie, die unbekannte Schwäbin Christina Stumpp, in seinem Team haben. Was für eine Ehre. Und was für ein Druck. Ein Angebot, das sie nicht ausschlagen konnte, oder doch?

Da fing die Sache mit der Vereinbarkeit der unterschiedlichen Welten schon an. Wie sollte sie das denn schaffen, mit einem kleinen Kind ständig zwischen Wahlkreis, Bundestag und Konrad-Adenauer-Haus zu pendeln? Aus Waiblingen dauert es sieben Stunden bis nach Berlin. Die Sitzungswochen waren schon Kraftakt genug. Sollte sie jetzt auch noch in den Wahlkreiswochen in den Flieger steigen, um im «Morgenmagazin» vorbeizuschauen oder in der «Berliner Runde»?

All das sagte sie auch Friedrich Merz. Und der hatte offenbar schon mit so etwas gerechnet. Denn er brachte sogleich die Idee mit der Stellvertreterin ins Spiel. Der Generalsekretär hieße dann Mario Czaja, und Stumpp käme gleich danach. Nicht gleich die ganz große Bühne, nicht gleich die allererste Reihe, aber doch Teil des Teams. Für Stumpp «wie gemacht», befand sie.

In der CDU rieben sie sich verdutzt die Augen, als Merz bei seinem ersten Auftritt die junge Christina Stumpp an seiner Seite vorstellte. Christina wer?, fragten sie. Kann die das überhaupt? Hat die schon mal außerhalb der schwäbischen Provinz auf einer Bühne gestanden? Schon je ein Fernsehstudio von innen gesehen?

Hat sie nicht, aber das schien der Basis egal zu sein. Nach zwei Niederlagen und zwei Jahrzehnten voller Verbitterung über Angela Merkel hatte es Friedrich Merz endlich geschafft: In einer Urabstimmung wählten ihn die Mitglieder der CDU zum neuen Parteivorsitzenden. Gleich im ersten Wahlgang setzte er sich gegen Norbert Röttgen und Helge Braun durch. Er war der neue Mann an der Spitze. Und Christina Stumpp war dabei.

Ihre Kollegin Kemmer freute sich sehr. Als junge Mutter verstand sie, dass Stumpp vor dem prominenten Posten des Generalsekretärs zurückschreckte. Aber sie sagt auch: Es sei schon typisch, dass Frauen sich dermaßen hart prüften. «Da fallen mir jedenfalls wenig männliche Kollegen ein, bei denen das der Fall wäre.»

* * *

«Das ist der schwäbische Wald hier!», verkündet Stumpp enthusiastisch. «Idyllisch, oder?» Wir fahren jetzt schon eine Stunde durch ihren Wahlkreis, und überall riecht es nach Gülle. Stumpp belustigt: «Das ist eben wirklich Land!»

Es ist auch der Geruch ihrer Kindheit. Christina Stumpp kommt vom Bauernhof. Jeden Tag ging sie nach der Schule in den Stall, fütterte die Schweine, flößte den Kälbern die Milch ein, kümmerte sich um die Schafe. Die Sommerferien verbrachte sie auf dem Feld und half den Eltern bei der Ernte, pflanzte Eichen im Wald. «Ich war immer draußen, habe immer angepackt», erzählt Stumpp.

Als Stadtkind staune ich ehrfürchtig. Mein Vater ist auf einem Bauernhof aufgewachsen und hat sich da den Rücken ruiniert. Wenn er erzählt, wie er als Kind Kartoffelsäcke schleppte, sind das für mich

Geschichten wie aus einer anderen Welt. Ob sie auch so hart arbeiten musste? Bei dieser Frage muss Stumpp herzlich lachen. «Ich bin ja eine andere Generation!», erklärt sie. Für die Kartoffeln gebe es mittlerweile den «Kartoffelvollernter», alles automatisiert.

Für Stumpp waren es einfach «21 Jahre meines Lebens Ferien auf dem Bauernhof», wie sie sagt. «Mit allen Vor- und Nachteilen». Der Vorteil: eine unbekümmerte Jugend inmitten von Tieren und Natur. Der Nachteil: Während ihre Mitschülerinnen verreisten und hinterher von Abenteuern berichteten, blieb Stumpp Sommer um Sommer zu Hause.

Sie träumte aber auch gar nicht von der großen Welt. Höchstens Mal von Stuttgart. Mit 16 machte sie einen Rollerführerschein, um am Wochenende etwas Großstadtluft zu schnuppern.

Trotzdem war sie dann froh, als ihr Bruder sich entschloss, den Betrieb weiterzuführen. So konnte sie stattdessen ihrer Leidenschaft nachgehen: Zahlen. Für eine Sechzehnjährige hegte sie einen eigenwilligen Wunsch: «Ich wollte unbedingt meine eigene Steuererklärung machen können.»

Also machte Stumpp eine Ausbildung zur Verwaltungswirtin, heuerte beim Finanzamt an und setzte noch ein berufsbegleitendes Studium in Steuerrecht drauf. 2011 bekam sie die Chance, im baden-württembergischen Finanzministerium anzufangen, damals noch unter dem SPD-Minister Nils Schmid. Sie sei dort «gut vorangekommen», wie sie in ihrer Bescheidenheit sagt, und als müsse sie sich dafür entschuldigen, setzt sie gleich hinterher: «Wenn's einem Spaß macht, muss man natürlich auch einen guten Einsatz bringen.» Jedenfalls ging es von dort immer weiter: ins Innenministerium, ins Kultusministerium, ins Landwirtschaftsministerium. Zuletzt arbeitete sie dort als persönliche Referentin des CDU-Ministers Peter Hauk.

Stumpp kennt also viele Ressorts von innen, mit der eigentlichen Politik hatte sie die ganze Zeit über aber nicht viel am Hut. Und das fand sie auch völlig in Ordnung.

Wenn es nach Stumpp gegangen wäre, hätte sie weiter Runde um Runde ihrer Beamtenlaufbahn drehen können, ohne dass in Deutschland irgendwer je ihren Namen gehört hätte. Aber es kam anders.

* * *

Als wir in Alfdorf ankommen, fühle ich mich ziemlich lädiert. Wir haben zwar nur eine Viertelstunde Verspätung, aber dafür ist mir speiübel nach diesem Gerumpel. Christina Stumpp hingegen ist das blühende Leben. «Ohh, der Landtagskollege hat ein Elektrofahrzeug!», frotzelt sie gleich zur Begrüßung.

Drinnen bei den Unternehmenschefs ist sie dann ganz ernst. Sie ruckelt die Brille auf der Nase zurecht und schlägt ihren beflissenen Politik-Ton an, was immer ein bisschen klingt, als absolviere sie ein Vorstellungsgespräch. «Christina Stumpp mein Name, 34 Jahre alt, seit September direkt gewählte Bundestagsabgeordnete für den wunderschönen Wahlkreis Waiblingen.» Genauso sagt sie das auch in jedem Interview: *für den wunderschönen Wahlkreis Waiblingen.*

Dann spricht sie vom ländlichen Raum, von den Arbeitsplätzen vor Ort, vom Transformationsprozess für die Automobilbranche. Sie sei sehr gespannt auf den Austausch. Und außerdem, erklärt sie, interessiere sie sich auch für das Thema Vereinbarkeit von Familie und Beruf. «Sie wissen, in meiner Position als stellvertretende Generalsekretärin besetze ich auch Themen über meinen Fachbereich hinaus», sagt sie ein wenig verlegen, als könne sie sich selbst nicht ganz glauben, dass sie wirklich stellvertretende Generalsekretärin ist.

In der Werkhalle führen ihr die Herren CEOs dann erst einmal stolz ihre Airbags und Sicherheitsgurte vor. An einem Modell-Auto mit vier lebensgroßen Puppen spielt der Standortleiter verschiedene Unfallszenarien durch, und in jedem dieser Szenarien bleiben die Puppen am Leben – dank ZF. «Jeder fünfte Airbag weltweit kommt aus Alfdorf», erklärt der Chef, und Stumpp nickt und lächelt.

Sie hat auch gleich eine Frage. Nämlich zu Kindersitzen. «Als frische Familienmama» habe sie festgestellt, dass die eine Wissenschaft für sich seien. Das Wort der Familienmama lässt den Herren ein Lächeln über die Gesichter gleiten. Sogleich gehen sie hinüber zu den Kindermodellpuppen und erläutern der Frau Abgeordneten die Feinheiten ihrer Sitze und Gurtsysteme für Kinder.

Die Vereinbarkeit von Familie und Autos ist schon mal geklärt. Aber zu den Arbeitsbedingungen von Frauen und Müttern im Unternehmen haben die Männer bisher nichts gesagt.

Hinter den Modellpuppen, im Fond der Halle, entdeckt Stumpp plötzlich eine Frau im Blaumann. Sie steht schon die ganze Zeit über unbemerkt da und verbindet allerlei Kabel. Stumpp geht sofort hin. Das sehe ja interessant aus! Was sie da mache? Wie sich ihr Job eigentlich nenne? Und ob es da viele Frauen gebe? «Industriemechanikerin», erwidert die junge Frau. Und nein, sie sei eine der wenigen Frauen in dem Bereich.

Daraufhin wendet sich Stumpp wieder an die Männer. Sie frage sich das wirklich schon länger: «Wie kriegt man Frauen in technische Berufe? Wie sind da Ihre Erfahrungen?»

Die schauen ratlos. Das wissen sie auch nicht. Aber so schnell gibt sich Stumpp nicht zufrieden. Vielleicht habe das ja strukturelle Gründe. «Wie lief das denn zum Beispiel mit der Vereinbarkeit von Familie und Beruf während der Corona-Zeit?»

Die Firmenchefs reden daraufhin viel über Corona und Home-Office, allerdings mit keinem Wort über Frauen und Familie. Vom Home-Office-Gesetz halten sie jedenfalls nicht viel, «das können wir selbst regeln». Und überhaupt diese Bürokratie in Deutschland. In China kriege er als Unternehmer die Fabrik bezahlt, erzählt der eine. Der andere nutzt die Gelegenheit, nun alle sonstigen Sorgen und Nöte des Unternehmens anzusprechen: Chip-Krise, Corona-Krise, Ukraine-Krise. Hohe Inflation, hohe Preise, niedrige Wirtschaftskraft. Und dann erwarte man von der Automobilindustrie auch noch, alles auf einmal zu machen: neue Elektronik, E-Mobilität, autonomes Fahren. Wie solle das gehen?

Stumpp schaut durch ihre schwarze Rahmenbrille und setzt ihr verbindliches Lächeln auf: «Ich nehme die Themen mit», sagt sie und nickt den Herren zu. Sie hat es jetzt ein paar Mal versucht mit den Frauen. Aber da kam nichts. Sie macht mal einen Haken dran.

Statt einer Antwort auf ihre Frage kriegt Stumpp zum Abschied noch eine einigermaßen aparte Umhängetasche aus Sicherheitsgurten geschenkt. Ich frage mich, was die Bundestagsabgeordneten eigentlich mit den ganzen Geschenken machen, die man ihnen jeden Tag überreicht. Am Ende einer Legislatur müssen sie einen ganzen Dachboden ausfüllen.

Als wir gerade ins Auto steigen, rennt uns der Pressesprecher hinterher. Fast hätte er das Wichtigste vergessen: Der CEO komme Ende des Monats nach Berlin. Ob es da vielleicht «Möglichkeiten» gebe, im Konrad-Adenauer-Haus einen Termin zu bekommen, bei Herrn Merz oder Herrn Czaja?

Der Big Boss von ZF war an diesem Tag nämlich nicht dabei, er redet wohl lieber direkt mit der obersten (männlichen) Führungsriege. Stumpp guckt ein kleines bisschen gequält. Dann hat sie gleich wieder ihr Lächeln parat: Nun, der Herr Merz habe natürlich viel zu tun, aber wer weiß, die Karte könne sie ja mal mitnehmen.

Stumpp hat einiges gelernt über Kabelbäume und Zulieferprobleme, über Standorte und Produktionsbedingungen. Aber haben die Männer auch was gelernt?

Viel zu oft wird so getan, als genüge es, irgendjemanden pro forma zu beauftragen. Da wird dann eine Frau zur Familienministerin gemacht, die sich mal um den ganzen Krempel kümmern soll, um Familie, Frauen und «Gedöns», wie Gerhard Schröder sagte. Ansonsten möchten die Männer nicht weiter damit behelligt werden und sich lieber auf die wichtigen Dinge konzentrieren.

Unternehmen haben sich angewöhnt, einen oder eine Diversity-

Beauftragte einzustellen. Das klingt gut, kostet wenig Geld und ist praktisch, weil sie ansonsten gar nicht so viel ändern müssen. Der oder die Diversity-Beauftragte kann sich dann bei den Formulierungen der Stellenausschreibungen austoben und die Website in Regenbogenfarben anstreichen, während die Chefs für schwarze Zahlen sorgen.

Einiges ändert sich. Aber es ändert sich unterschiedlich schnell. Manche Unternehmen tun sich leichter als andere, manche Parteien sind weiter als andere.

Will Friedrich Merz mehr Frauen in der CDU haben – oder sagt er es nur, um die Kritikerinnen zufriedenzustellen? Hat er Christina Stumpp gefördert, damit sie etwas bewegt in der Partei, oder ist sie nur sein Alibi dafür, nichts zu tun? Das ist noch nicht so richtig klar.

Als Merz' Kinder noch klein waren, übernahm seine Frau die Erziehung. Die hatte als Richterin zwar selbst einen überaus fordernden Job, aber Merz war als Europaparlamentarier eben nur am Wochenende zu Hause. Also steckte sie zurück. Wenn sie dann 20 Jahre später der BUNTEN erzählt, dass Merz kochen und bügeln könne, klingt das schon ein wenig so, als sei die Küche nach wie vor ein exotischer Ort für einen Mann.

Merz machte sich als Politiker immer für das traditionelle Familienmodell stark. Auch als er kein aktiver Politiker mehr war, wehrte er sich öffentlich gegen eine «Kehrtwende um 180 Grad» in der Familienpolitik. Die unterstellte er seiner Parteikollegin und Familienministerin Ursula von der Leyen, weil sie die Betreuungsmöglichkeiten für Kinder verbessern wollte. Dass zwei berufstätige Eltern ihre Kinder «so früh wie möglich in staatliche Obhut geben», könne nicht richtig sein, schrieb er in einem Zeitungsbeitrag im Jahr 2007. «Besser wäre es daher gewesen, zunächst klar und deutlich zu sagen: Kinder werden grundsätzlich am besten von ihren Eltern erzogen.» Wohlweislich sprach er von Eltern, ganz genderneutral. Seinem eigenen Lebensmodell und dem der großen Mehrheit der Gesellschaft

nach zu urteilen, dürfte aber klar sein, wen er eigentlich in der Verantwortung sah: die Mütter.

Nun will derselbe Friedrich Merz plötzlich die Arbeitsbedingungen
für Mütter verbessern. Er spricht davon, dass es möglich sein müsse,
Politik und Kinder unter einen Hut zu bringen. Er will den Bundestag
und die Partei familienfreundlicher machen. Er will die Sitzungen
und Abstimmungen flexibler gestalten und Betreuungsangebote für
Kinder schaffen. «Ein Merz für Kinder», titelte die Bild-Zeitung.

Hat er sich verändert? Oder merkt er nur, dass er mit seinen alten
Überzeugungen nicht mehr durchdringt?

Sogar bei der Frauenquote ist was in Bewegung. Lange hat Merz
die Quote als «zweitbeste Lösung» bezeichnet. Das klang ein wenig
so, als seien Frauen auch nur das zweitwichtigste Problem der CDU,
und wer weiß, unkten manche, vielleicht sehe er sie ja auch nur als
das zweitwichtigste Geschlecht.

Inzwischen bekennt Merz, dass ihm keine bessere Lösung einge-
fallen sei. Gegen den Widerstand konservativer Kräfte macht er sich
nun tatsächlich für eine Frauenquote stark – mit Erfolg, wie sich später noch zeigen wird.

* * *

Es gibt Männer, denen dieser neue Merz Angst macht. Dem Bürgermeister aus der kleinen schwäbischen Gemeinde zum Beispiel, mit
dem Stumpp und ich uns später noch gemeinsam mit dem Landtagskollegen zum Mittagessen treffen. Er sieht das klassische Familienmodell von dieser neuen CDU bedroht.

Auch hier gibt es Männer, die kochen, und Frauen, die das für etwas Besonderes halten. Der Kollege aus dem Landtag hat kürzlich
selber Maultaschen gemacht, Stumpp hat es auf Instagram gesehen
und war schwer beeindruckt. «Aber lass mich raten: Deine Frau hat
alles vorbereitet», frotzelt sie. Entrüstet streitet er ab. Dass Merz

kocht, war eine Agenturmeldung wert. Dass der schwäbische Parlamentarier Maultaschen brät, ist immerhin ein Tischgespräch.

Früher habe sie sowas auch gemacht, erzählt Stumpp. Sie habe Fotos vom Backen und Kochen auf Instagram gestellt. Aber wenn sie das jetzt als Bundestagsabgeordnete mache, kämen direkt blöde Sprüche. «Typisch Hausfrau», heiße es dann.

Diese Bemerkung ruft den Bürgermeister auf den Plan, der sich davon gleich mit angegriffen fühlt: «Allein die Begrifflichkeit!», echauffiert er sich. Da fehle die Wertschätzung für jene Mütter, die zu Hause blieben. Stumpp gibt ihm recht: Diese Frauen leisteten Enormes.

Stumpp kennt ihre Heimat. Sie weiß, wie dort gedacht wird. Ein wenig denkt sie natürlich auch selber so, und das ist dann manchmal verwirrend, weil sie ja anders lebt, als sie denkt.

«Was soll's zum Essen sein?», fragt die Kellnerin, und alle bestellen Schnitzel mit Pommes, «aber ne kleine Portion Pommes», sagt Stumpp, «für d'Figur. Se wisset.» Da brechen die Männer in Lachen aus. Es ist ja auch irgendwie beruhigend, wenn Frauen wie Frauen reden. In Mundart noch dazu.

«Sie ist eben eine richtige Baden-Württembergerin», hat mir ihr Bundestagskollege Christian von Stetten mal erklärt. Es klang nach der höchsten Auszeichnung, die einer wie er so vergeben kann. «Keine Theoretikerin, die sich von morgens bis abends bei der Konrad-Adenauer-Stiftung in intellektuellen Ergüssen ergeht», präzisierte er. «Sondern eine, die auch mal auf ein Weinfest geht, eine aus dem richtigen Leben.»

Wie im richtigen Leben geht es auch in der schwäbischen Gaststätte zu. Nebenan tafelt ein Dutzend Seniorinnen, ein 80. Geburtstag. Da gratuliert Stumpp natürlich gleich und verfällt in ihren schwäbischen Schäker-Ton. Die Damen sind höchst angetan, so wie eigentlich alle Menschen, denen sie begegnet. Stumpp hört zu, geht auf sie ein, lacht mit. Kein Wunder, dass es drei Stunden dauert, wenn sie in Waiblingen über den Marktplatz spaziert.

Dann wird es «geschäftlich». Der Bürgermeister erzählt von den Problemen, die sie hier so haben. Zum Beispiel die Biber. Die bauen unentwegt kleine Dämme und überfluten die Äcker. Die Jäger, von denen es hier viele gibt, dürfen allerdings nicht auf sie schießen. Für den Bürgermeister unverständlich: «Die sind doch alles andere als vom Aussterben bedroht. Die vermehren sich wie die Karnickel!»

Weitere polarisierende Themen im Ort: der Fußgängerüberweg über die Landstraße und die fehlenden Sirenen für den Notfall. Stumpp holt ihre Mappe hervor. Dazu ist sie schon «intensiv in Gespräche gegangen», habe «den aktuellen Haushalt von der Ampel auseinandergenommen». Stumpp redet nämlich nicht nur, sie hält auch, was sie verspricht.

Der Bürgermeister nickt zufrieden, doch das Hauptthema hat er noch gar nicht angesprochen: die Sache mit der Ganztagsbetreuung.

Ab 2026 sollen Eltern einen Anspruch darauf haben, dass ihr Schulkind am Nachmittag betreut wird. Das ist vor allem für Mütter eine gute Nachricht. Denn die schließen auch noch im Jahr 2022 meistens die Betreuungslücke, während die Männer Karriere machen. Mit den bekannten Folgen: Frauen verdienen weniger Geld, zahlen weniger in ihre Rente ein und sind im Alter öfter von Armut betroffen.

Dem Bürgermeister ist das Projekt allerdings ein Dorn im Auge: Wie soll er das denn umsetzen? Es gibt zwei Grundschulen hier, aber da gibt es keine Mensa und auch nicht genug Aufenthaltsräume für den Nachmittag. Das müsse alles erst gebaut werden. Ganz zu schweigen von den Pädagoginnen und Hilfskräften, die man zusätzlich brauche.

Stumpp hört sich das Ganze mit verständnisvollen Augen an. Dann legt sie ihre Sicht der Dinge dar. Für die Familien sei es nämlich so: Die hätten in den Kitas eine tolle Betreuung bis 17 Uhr. «Dann kommen die Kinder in die Grundschule und stehen plötzlich

um 13 Uhr auf der Matte.» Für alle berufstätigen Eltern ein Riesen-
problem. Deshalb steht Stumpp voll und ganz hinter dem Gesetz,
das noch die Große Koalition verabschiedet hat.

Der Bürgermeister ist nicht überzeugt. Was ihm stinkt: «Bund be-
schließt, Land winkt durch, und wir als Kommune müssen's umsetzen.» Aber es ist nicht nur das. Ihm erschließt sich auch der Sinn
nicht so recht. Die Mütter hier kümmerten sich doch gern um ihre
Kinder. Hier oben gebe es eben noch das klassische Modell, dass die
Frau nicht arbeite, sondern sich um die Familie kümmere.

«Naja», entgegne ich, «das würden die Frauen hier ja vielleicht ändern, wenn sie könnten.» Der Landtagskollege, ebenfalls Vater von
kleinen Kindern, pflichtet bei: «Für Gleichberechtigung muss man
eben eine Infrastruktur schaffen, damit die Familien auch am öffentlichen Leben teilhaben können.»

Zum Glück kommt in diesem Moment das Essen und ebnet alle
Differenzen sofort ein: Euphorisch werden die pfannkuchengroßen
Schnitzel entgegengenommen. «Mensch, großartig, das sieht aber
gut aus!» Verschwörerisch stößt Christina Stumpp mich in die Seite.
«Wir müssen wiederkommen, Frau Gerster!» Sich an der Bratensoße
bedienend, die es hier zum Schnitzel gibt: «Wenn Sie dann das Buch
über die ältesten Abgeordneten schreiben, so in 30 oder 40 Jahren ...»
Gelächter. So kommen wir darauf, wie schnell die Zeit vergeht. Die
Männer erzählen von ihren Kindern. Eben noch klitzeklein, plötzlich
schon in der Schule. Und da sind sie dann wieder ganz nah beisam-
men, der Bürgermeister, der Landtagsabgeordnete und die Frau aus
dem Konrad-Adenauer-Haus.

Das währt allerdings nur bis zur nächsten Station. Im örtlichen
Kindergarten, den Stumpp noch gemeinsam mit dem Bürgermeister
besichtigt, treten die Differenzen doch wieder deutlich zu Tage.

Die junge Erzieherin führt stolz durch die Räume, vorbei an liebevoll bekritzelten Miniaturmöbeln bis hinaus zu den Beeten, die sie
und die Kinder zusammen pflegen, wenn sie nicht gerade schlafen,

singen oder beten. «Oh, wie schön!», ruft Stumpp bei jeder Station aus, «das ist ja ein Traumkindergarten!»

50 Kinder betreuen sie hier, ab drei Jahren. Damit waren lange alle zufrieden, aber in letzter Zeit riefen immer mehr Mütter an und fragten nach Krippenplätzen für ihre Ein- und Zweijährigen.

Stumpp, scherzend an den Bürgermeister: «Hast du's notiert?» Der winkt ab: Wisse er doch, sei ja auch wichtig, er persönlich wehre sich nur gegen das Modell: Kinder morgens abgeben, abends abholen. «Da blutet mir das Herz als Vater!» Das sei nämlich Stress für die Kinder, das hätten Studien gezeigt. Und überhaupt, redet er sich jetzt in Rage, diese ganze Mentalität: «Kind gebären und dann ab in die Vollzeit – damit tu ich mich echt schwer!»

Betretenes Schweigen unter den Frauen, alle Augen auf Stumpp. Es ist immerhin ihr Lebensmodell, das der Bürgermeister da gerade so scharf kritisiert. Sie sagt mit fester, freundlicher Stimme: «Ich seh's so: Man muss die Rahmenbedingungen schaffen, dass jede Familie das für sich entscheiden kann.» Und weil der Bürgermeister recht unzufrieden schaut, kommt sie ihm nochmal ein ganzes Stück entgegen: Es müssten ja nicht immer gleich 100 Prozent sein. Vielen Frauen wäre schon geholfen, wenn sie 30 oder 40 Prozent arbeiten könnten.

Aber arbeitet Stumpp nicht selbst 200 Prozent? Und überhaupt: «Gebären und dann in die Vollzeit»: Wenn dem Vater das gegen den Strich geht, kann der ja zu Hause bleiben!

Stumpp weiß allerdings, dass man so als Politikerin nicht weiterkommt. Deshalb beschwichtigt sie erstmal: Wer als Mutter zu Hause bleibe, verdiene alle Anerkennung der Welt. Aber, ergänzt sie nun vorsichtig: «Ich glaube, heute ist das anders als früher. Die Frauen möchten beides hinkriegen.»

*　*　*

Auf der Rückfahrt bereiten wir die Szene nach. Stumpp glaubt, dass der Bürgermeister sich beim Thema Hausfrau wohl persönlich «angesprochen gefühlt» habe. Sie seufzt. Ihr Modell sei eben nicht für jeden passend, «dessen bin ich mir auch bewusst».

Und dann bricht sich der ganze Gewissenskonflikt Bahn, der die junge Frau mit den drei Rollen plagt. Manchmal zweifelt sie, ob das wirklich alles richtig ist, was sie da macht. Ob es gut ist für ihren Sohn. Der Bürgermeister habe ja nicht ganz unrecht, findet sie. Andererseits: In der Kita lernten die Kleinen ja auch Vieles.

Während wir zwischen Äckern hindurch fahren, denke ich, dass diese Welt hier schon eine andere ist als meine in der Großstadt. Die jungen Mütter unter meinen Freundinnen haben jedenfalls kein schlechtes Gewissen, wenn sie ihr Kind mit einem Jahr in die Kita geben. Keine von ihnen hat ihren Beruf aufgegeben.

Das ist bei Stumpps Freundinnen auf dem Land anders. Da seien einige «ganz überzeugte Hausfrauen», wie sie erzählt. Stumpp findet das toll, aber für sie wäre das nichts: «Ich freue mich jeden Abend auf meinen Sohn. Aber ich bin auch froh, dass ich mich tagsüber mit andern Sachen beschäftigen kann als nur mit Babybrei und Windeln.»

Wie kritisch diese private Entscheidung von vielen in ihrer Heimat gesehen wird, weiß Stumpp. Das hat sie bei ihrer Niederlage für die Landtagsnominierung bitter erfahren müssen.

Vor zwei Jahren hat Stumpp es nämlich schon mal mit einem Mandat probiert. Der örtliche Landtagsabgeordnete entschied sich nach vier Legislaturperioden überraschend gegen eine erneute Kandidatur. Stumpp war zwar gerade schwanger, aber weil Backnang ihre Heimat ist und die Frauenunion sie fragte, versuchte sie es eben.

An einem heißen Sommertag im Juli 2020 stand sie dann hochschwanger auf der Bühne der Weissacher Seeguthalle und versuchte, die örtliche CDU von sich zu überzeugen. Die Leute im Publikum lächelten nett – und schauten sehr kritisch auf ihren Bauch. «Einige dachten: Die kriegt ein Kind, die soll mal lieber zu Hause bleiben», erinnert sich Stumpp. Am Ende machte ein Mann das Rennen.

Kürzlich sagte ihr eine Backnangerin, dass die örtliche CDU das inzwischen bereue. Denn bei der Landtagswahl verlor die Partei das Direktmandat. Und Stumpps Erfolg im Nachbarwahlkreis sehen sie ja.

Das sind die Erlebnisse, die Stumpp wieder bestärken. Wie auch die Frau aus dem Baby-Yoga-Kurs, die ihr gesagt habe: «Super, dass du die Fahne hochhältst für die berufstätigen Mütter!» Oder die Vorzimmerdame des Lokalpolitikers neulich, die sagte: «Meine vierzehnjährige Tochter ist voll begeistert von Ihnen!»

Dann erzählt Stumpp von den vielen fleißigen Frauen in der Kommunalpolitik, die arbeiten gehen, sich um die Kinder kümmern und sich nebenher noch im Ortsverein engagieren. «Denen will ich eine Stimme verleihen.»

Über die Lautsprecheranlage ruft gerade die Patentante an. Die holt Stumpps Sohn gleich von der Kita ab, eine der vielen kleinen Notlösungen, die Stumpp neben ihren vielen Aufgaben organisiert hat. Stumpp muss nämlich sofort weiter zur Regionalversammlung. Ob ich da noch mitkommen wolle?

Nein danke, winke ich ab. Wir sind jetzt seit acht Stunden unterwegs, und ich kann nicht mehr. Wie macht Stumpp das bloß?

Beim Aussteigen halte ich kurz ihre Tasche. Sie fühlt sich an, als wäre sie voller Wackersteine.

* * *

Im Zug zurück nach Frankfurt wundere ich mich. Hat sich denn gar nichts geändert in den letzten Jahrzehnten?

Schon in den 80er Jahren fragte ein Journalist die FDP-Politikerin Carola von Braun: «Familie und Beruf: Wie wollen Sie das unter einen Hut bekommen?» Und nun stelle ich 40 Jahre später immer noch dieselbe Frage.

Ich würde sie gern wenigstens genauso oft den Männern stellen, aber die kennen das Problem der Doppelrolle meist gar nicht. Entsprechend schnell ist das Thema dann abgehakt.

Die Doppelbelastung trifft auch in diesem 20. Bundestag wieder wesentlich öfter die Frauen als die Männer. Die Frauen haben deshalb auch ein größeres Bedürfnis, darüber zu reden. Und deshalb werden sie auch öfter danach gefragt – ein Teufelskreis.

Nachdem die grüne Familienministerin Anne Spiegel zurücktreten musste, weil sie sich in Falschaussagen über ihren Familienurlaub während der Ahrtal-Katastrophe verstrickt hatte, sprach ich mit jungen Frauen im Bundestag über den Fall. Und merkte: Da gibt es Redebedarf.

Wie viel Spiegels Scheitern mit ihrer Rolle als Mutter zu tun hatte, da waren die Frauen unterschiedlicher Meinung. Worin sie sich aber einig waren: Besonders familienfreundlich ist der Job als Politikerin nicht.

Gyde Jensen von der FDP etwa berichtete mir vom Leben «mit zwei Vollzeit-Jobs»: Ein schlechtes Gewissen und die verzweifelte Suche nach einem Babysitter seien ihre ständigen Begleiter.

Sie sitzt für die FDP im Bundestag, ihr Mann ist Landtagsabgeordneter in Schleswig-Holstein. Wenn beide Sitzungswochen haben, wird es kompliziert. Wer holt wen wann ab? Ist noch genügend Milch eingefroren? Das sind so die Fragen, die sie sich dann zurufen. «Es geht immer was schief, jeden Tag», sagt Jensen. Kürzlich war wieder so ein Tag. Jensen war in Berlin, ihr Mann im Wahlkampf in Schleswig-Holstein, und dann hatte die Kita wegen Coronafällen zu. «Manchmal zerreißt man sich», sagt Jensen. Und sie findet, auch diese Geschichten gehören dazu, wenn man offen und ehrlich über Familie und Politik sprechen will.

Das wünscht sich auch die junge SPD-Politikerin Nadja Sthamer. Bilderbuchfamilien würden immer gern hergezeigt, sagt sie, aber über die Herausforderungen werde geschwiegen.

Sthamer spricht, so wie ihre FDP-Kollegin, ganz offen von diesen Schwierigkeiten. Zum Beispiel wenn die Plenarsitzung einfach zwei Stunden nach hinten verlegt wird und Sthamer erst um Mitternacht aus dem Bundestag kommt – und es keinen Zug mehr nach Leipzig gibt, wo ihre Familie wartet.

Neulich hatte sie die Kinder im Bundestag dabei, weil es nicht anders ging. Da lernte sie dann, dass Kinder im Plenarsaal nicht erlaubt sind. Sie wollte eigentlich nur schnell rein zur Abstimmung, doch die Saaldiener hielten die Frau mit dem Baby auf dem Arm und dem Kleinkind an der Hand zurück. Anschließend musste sie erst mal jemanden finden, der auf die beiden aufpasste.

Immerhin gibt es inzwischen ein Spielzimmer neben dem Plenarsaal und Wickeltische auf den Toiletten. Das ist zum Beispiel Franziska Brantner zu verdanken, die zehn Jahre älter ist als Sthamer und als junge Mutter noch vor ganz anderen Herausforderungen im Bundestag stand.

Im Europaparlament erlebte Brantner, wie es auch gehen kann: Dort fanden die Abstimmungen mittags statt, danach traf man sich beim Lunch zum Netzwerken. Abends waren die Abgeordneten ganz selbstverständlich bei ihren Familien. Kinder gehörten in Brüssel eben einfach dazu, sagt Brantner.

Ganz anders in Berlin.

Denn dort netzwerkte man beim parlamentarischen Abend, während Brantner ihre Tochter ins Bett brachte. Als alleinerziehende Mutter im Bundestag fühlte sie sich plötzlich vollkommen abgeschnitten vom Geschehen.

Als sie in Medienberichten gemeinsam mit Frauen wie Kristina Schröder von der CDU, Katja Kipping von den Linken und Dagmar Schmidt von der SPD zu den «faulsten Abgeordneten» gezählt wurde, reichte es Brantner endgültig. Man könne ja vieles über diese Frauen sagen. «Aber wir sind bestimmt nicht faul.» Sie hatten allerdings aufgrund ihrer Schwanger- und Mutterschaft ein paar namentliche Abstimmungen verpasst. Die vier schlossen sich daraufhin zusammen und gründeten eine Initiative für Eltern im Bundestag.

Für einen Zeitungsartikel wollte ich eigentlich auch unbedingt mit Vätern in der Politik reden. Nur: Es war gar nicht so einfach, herauszufinden, wer von den Männern überhaupt Kinder hat. Hubertus Heil hat welche, aber er sagte mir ab. Andere haben auch welche, aber reden einfach nicht darüber. Auch Nadja Sthamer hat das beobachtet. Manchmal sagten Männer in ihrer Vorstellung so was wie: «Ich bin übrigens verheiratet und habe zwei Kinder.» Aber mehr komme da nicht. «Es wird als Status proklamiert, das ganze Drumherum wird nicht erwähnt.»

Hätte ein junger Vater wohl an Stumpps Stelle den Posten des Generalsekretärs abgelehnt? Es ist eine hypothetische Frage, aber mir fällt zumindest kein Politiker ein, der mit Verweis auf seine Kinder auf einen solchen Karriereschritt verzichtet hat.

Ich habe allerdings gemerkt, dass man aus ihrem Fall ganz unterschiedliche Schlüsse ziehen kann. Für mich zeigt Stumpps Beispiel, dass Kinder in unserer Gesellschaft weiterhin als Aufgabe der Frauen wahrgenommen werden. Als ich mit einem Kollegen darüber sprach, verortete der das Problem allerdings bei den Frauen selbst: Da sehe man doch, warum es so wenige Frauen in Spitzenpositionen gebe, sagte er. Die seien einfach nicht ehrgeizig genug!

Ich glaube nicht, dass man Christina Stumpp mangelnden Ehrgeiz unterstellen kann. Ihr Ehrgeiz bezieht sich allerdings nicht nur auf die Politik allein, sondern auch auf ihr Privatleben. Genau genommen kenne ich wenige, die so ehrgeizig darin sind, sowohl in der Familie als auch im Beruf perfekt zu performen.

Woher also kommt es, dass Männer sich oft erst gar nicht die Frage stellen, ob ihr Job mit der Familie vereinbar ist? Wieso beziehen 98 Prozent der Mütter Elterngeld, aber nur 40 Prozent der Väter? Wieso arbeiten bei 70 Prozent der Paare die Mütter in Teilzeit und wieso ist es nur bei 2 Prozent der Paare umgekehrt?

Seit Jahrzehnten reden wir von Gleichberechtigung – und doch ändert sich wenig. Mal machen wir einen Schritt nach vorn, dann wieder einen zurück. In der Coronakrise verschwanden die Frauen plötzlich wieder zu Hause. Als Kitas und Schulen geschlossen wurden, waren sie es, die ganz selbstverständlich einsprangen und die Betreuungslücke füllten.

Am Frauentag im Jahr 2022 saß ich bei einer Veranstaltung und redete mit Jutta Allmendinger, Rita Süßmuth und Julia Jäkel über diesen Rückfall in vergangene Zeiten. Die Unternehmerin Jäkel stellte fest, dass sie plötzlich in sämtlichen Runden die einzige Frau war. Die Wissenschaftlerin Allmendinger hörte plötzlich wieder das alte Wort von der «Rabenmutter». Die Politikerin Süßmuth warnte vor der Home-Office-Falle und dem Rückzug ins Private.

Alle drei Frauen wurden ihr Leben lang als «Karrierefrauen» beschrieben, obwohl sie einfach nur das lebten, was für Männer selbstverständlich war: trotz kleiner Kinder im Beruf aufzusteigen. Auch die Mütter Ursula von der Leyen, Annegret Kramp-Karrenbauer und Manuela Schwesig galten als «Karrierefrauen». Die Väter Friedrich Merz, Sigmar Gabriel oder Horst Seehofer als «Karrieremänner» zu bezeichnen, fiel freilich niemandem ein.

Als ich geboren wurde, hat mein Vater seinen Job gekündigt und sich um mich gekümmert, während meine Mutter weiter das Frauenmagazin «Mona Lisa» moderierte. Zum Stillen fuhr mich mein Vater in den Sender, wo alle ziemlich verdutzt schauten. Auch auf dem Spielplatz bekam er von den anderen Müttern mitleidige Blicke zugeworfen.

Als die Kindergärtnerin mich einmal fragte, was meine Eltern beruflich machten, sagte ich ganz arglos: «Die Mama arbeitet, und der Papa kocht und spielt auf dem Computer.» Ich wusste ja nicht, dass er auf diesem Computer Bücher schrieb. Aber am Blick der Erzieherin merkte ich, dass sie das für ein sehr exotisches Familienmodell hielt.

Heute sind Väter auf den Spielplätzen keine Außerirdischen mehr, aber die Hälfte der Verantwortung für Kinder und Familie tragen sie noch lange nicht. Die Erwartungen an Mütter und Väter sind weiterhin sehr unterschiedlich.

Wenn Väter in Elternzeit gehen, wird in Unternehmen oft gemurrt: «So lang?» Denn natürlich gibt es für die übrigen mehr Arbeit, wenn einer ausfällt. Wenn aber Mütter vier oder fünf Monate nach der Geburt ihres Kindes wieder arbeiten wollen, dann heißt es schon mal: «So früh? Gönnen Sie sich doch etwas mehr Zeit.»

Jahrtausendelang währte das Patriarchat. Dagegen sind ein paar Jahrzehnte natürlich ein Witz. Beziehungsweise: Gemessen an den Tausenden Jahren ist der Wandel in den letzten Jahren geradezu revolutionär.

Wie viel passiert ist, wird einem bewusst, wenn man sich an eine junge Politikerin namens Katharina Reiche erinnert. Diese Geschichte ist gerade mal 20 Jahre her.

Damals hieß der Kanzlerkandidat der Union Edmund Stoiber, und der hatte jene Katharina Reiche in sein Schattenkabinett berufen. Im Fall seiner Wahl zum Kanzler sollte sie Familienministerin werden. Das fand die katholische Kirche allerdings skandalös. Denn Reiche erwartete als unverheiratete Mutter gerade ihr zweites Kind.

Die Kirche lamentierte nicht nur, nein, sie nutzte ihre ganze, damals noch größere Macht, um die 28 Jahre alte Politikerin zu beschädigen. Kardinal Meisner nannte Stoibers Wahl «nicht hinnehmbar», die Bischofskonferenz drohte mit einem «Hirtenbrief» kurz vor der Wahl, und der Direktor der Caritas fragte, wer eigentlich an Frau Reiches Kinder denke. Es genüge eben nicht, «dass die Ministerin abends um 19 Uhr von einem wichtigen Termin aus zu Hause anruft und ihrem Kind gute Nacht wünscht», sagte er. Zum Schluss knickte Stoiber ein und degradierte Reiche.

Das wäre heute nicht mehr vorstellbar. Aber die Ressentiments wirken fort.

Wenn man sich den wunderbaren Film «Die Unbeugsamen» von Torsten Körner ansieht, über die Pionierinnen aus 70 Jahren Bundestagsgeschichte, bekommt man eine Idee davon, an welchem Punkt des Weges zur Gleichberechtigung wir stehen. Spoiler: Noch lange nicht am Ende.

Die ehemaligen Politikerinnen erzählen darin von der Bonner Republik und den Sätzen, die man ihnen damals sagte: «Politik ist unweiblich.» Oder: «Du bist doch gar nicht so hässlich, du findest schon noch einen.» Oder: «Irgendwann heiratet sie ja doch noch.»

Bei Parteitagen schlossen die männlichen Abgeordneten Wetten darüber ab, ob eine Kollegin nun einen Büstenhalter trage oder nicht. Das erfuhr zum Beispiel die FDP-Politikerin Helga Schuchardt, als einer vorgeschickt wurde, um es zu überprüfen: tastend.

Als die Grünen einen «Busengrapscher» aus ihren Reihen ausschließen wollten, fragte ein Fernsehmoderator die Fraktionssprecherin pikiert: «Könnte man das nicht anders lösen, als gleich die politische Keule zu schwingen?»

Insofern ist in den letzten 40 Jahren doch etwas passiert. Und in den letzten 70 Jahren noch mehr, wenn man an den Spruch des CSU-Politikers Michael Horlacher denkt, den er in den 50er Jahren wahrscheinlich für sehr originell hielt: «Als einzelne wirkt die Frau wie eine Blume im Parlament, aber in der Masse wie Unkraut.»

Schon damals gab es nicht nur Männer wie Michael Horlacher, sondern auch Frauen wie Marie-Elisabeth Lüders. Die Frauenrechtlerin Lüders saß schon in der Weimarer Republik im Reichstag. In der Nazizeit wurde sie von der Gestapo inhaftiert, nach dem Krieg stritt sie im neuen Deutschen Bundestag in der Fraktion der FDP für Frauenrechte.

Im Jahr 1958 zog sie, am Stock gehend, Bilanz. Einiges sei erreicht worden, vieles noch nicht. Wenn die Frauen nun aber nicht weiterkämpften, «werden sie das, was sie haben, wieder verlieren».

Krasser Content

Eigentlich dürfen im Plenarsaal keine Fotos gemacht werden. Es ist eine Regel, die ein bisschen so wirkt, als sei sie dazu erfunden worden, Millennials zu foltern. Wie sollen die jungen Leute im Bundestag mehrere Stunden am Stück überstehen, ohne die Kamera-App ihres Smartphones zu öffnen?

Wir müssen alles filmen und fotografieren: den Sonnenaufgang, die Avocado Bowl, das eigene Spiegelbild. Jeder Schritt, jeder Handgriff und jede Begegnung muss festgehalten werden, denn alles im Leben eines Millennials hat Bedeutung. Was wir essen, trinken, lesen, anziehen. Wir sind immer auf Sendung, immer live, immer sichtbar.

Wenn wir morgens aus dem Haus gehen, gehen wir nicht einfach nur aus dem Haus. Wir filmen erstmal, wie der Kaffee durch den Siebträger in unsere Tasse fließt, wie das für diesen Tag gewählte Wams am Kleiderbügel vor der weißen Kassettentür hängt, wie wir es schließlich samt Mantel und Sonnenbrille am Leib tragen und noch einen Fotoblick in den Spiegel werfen, wie unsere Füße das Treppenhaus hinuntertrippeln. Wir haben dabei natürlich unfassbar geile Schuhe an, und oben rechts im Bild setzen wir groß die Uhrzeit hinzu: 8 Uhr 15, damit die Followerschaft informiert ist, wie achtsam, ästhetisch und pünktlich wir diesen Tag begonnen haben. Jeder Tag in unserem Leben ist ein Kunstwerk, so wie wir.

Es ist also gerade mal 8:15 Uhr, und wir haben schon vier Slides in der Instagram-Story, und für jeden dieser Schnipsel haben wir Flammen-Emojis eingeheimst, ein «100%» oder rote Herzen. Damit das so weitergeht, erledigen wir nun unsere Pflicht, markieren jede einzelne Reaktion mit einem Herz, denn jeder Follower ist wertvoll und hat ein Recht auf Anerkennung.

Sodann durchforsten wir im Schnelldurchgang die Storys der anderen, tippen und wischen mit dem gestählten Insta-Daumen, senden unsererseits Flammen, Herzen und lachende Gesichter. Eigentlich schauen wir nicht so genau hin, denn wir interessieren uns mehr für uns selbst als für die anderen, aber es ist nun mal ein Geben und Nehmen. Wer gefeiert werden will, muss auch die anderen abfeiern. Und wir wollen gefeiert werden, oh ja.

Der Plenarsaal des Deutschen Bundestags ist auf jeden Fall krasser Content für einen Millennial, der es dort hineingeschafft hat. Können die Boomer das wirklich ernst meinen mit ihrem Fotoverbot?

Die neu gewählten Abgeordneten wollen das nicht so recht glauben. Sie interpretieren die Regel erstmal großzügig im Sinne der Zeit.

Sie nehmen ihre Follower also mit auf den Weg zur Fraktionssitzung, man ist live dabei, wenn die Lobby-Post im Büro gesichtet oder die erste Rede im Bundestag vorbereitet wird. Wir sehen, wie die MdBs das erste Mal auf einem der blauen Stühle Platz nehmen und wie sie unter ihrem Tisch eine Schublade entdecken, darin das Grundgesetz. Natürlich halten sie auch gegenseitig ihre ersten Reden fest, denn wer schaut schon phoenix? Nein, da kommen die Neulinge gar nicht richtig zur Geltung, die Kamera muss schon unmittelbar dabei sein, die Perspektive subjektiv, die Geschichte samt Auf- und Abgang erzählt.

Einer fotografiert sein Redemanuskript auf dem Pult, wilde Kugelschreiber-Notizen auf einem abgerockten Stück Papier, im Hintergrund die Tafel mit der Rednerliste. «Gleich startet meine Rede», schreibt er dazu. Andere feixen in ihrer ersten Nachtsitzung, ein Selfie mit Kollegen, dazu das Peace-Hand-Emoji und die Uhrzeit, «beste Grüße aus der Spätschicht».

Sie sind jetzt da, und es ist alles irgendwie ein großes, aufregendes Spiel. Erste Abstimmungen, erste Flurpartys, erste Reden. Klar, sie sind hier, um zu arbeiten, um etwas zu lernen, aber es ist auch ein großes Gemeinschaftserlebnis.

«Manchmal ist das hier wie in der Schule», sagt Bärbel Bas, die Bundestagspräsidentin. Sie sagt es seufzend, denn die Rolle der Lehrerin ist auch nicht immer einfach. Sie thront hinter dem Pult, ruft die Redner:innen auf und beaufsichtigt die quassel- und geltungssüchtige Schülerschaft.

Einer der Jusos im Plenum fotografiert dann auch sehnsüchtig den blauen Himmel hinter der gläsernen Kuppel, dazu die Worte: «Können wir den Unterricht nach draußen verlegen? Es ist so schönes Wetter!»

Manche Sitten sind lockerer als in der Schule, zum Beispiel darf man während der Sitzung kommen und gehen. Das heißt allerdings nicht, dass man dabei auch quatschen darf. Da sind die Älteren auch nicht besser als die Jungen.

«Ich bitte alle Kolleginnen und Kollegen, die noch hinter den Fraktionsreihen stehen, Platz zu nehmen», mahnt dann die Bundestagspräsidentin, in diesem Fall ihre Stellvertreterin Petra Pau. Hilft das nicht, probiert sie es mit einem traurigen Gesicht, wie damals die Sozialkundelehrerin. «Es betrübt mich wirklich sehr, dass sowohl hinter der FDP-Fraktion als auch hinter der Fraktion Die Linke noch immer Kolleginnen und Kollegen stehen.»

Da rufen dann die Linken von der Seite herein: «Das sind gar keine Linken!» Und Pau seufzt. «Auch wenn Kollegen der SPD hinter den Linken stehen: Für jedes Mitglied des Hauses ist ein Sitzplatz vorhanden.»

Wie in jeder Schulklasse ist auch Lärm ein großes Problem. Auch da gibt es unterschiedliche Methoden und unterschiedliche Eskalationsstufen. Freundlich: «Es wäre schön, wenn Sie den Geräuschpegel hier im Saal etwas herunterfahren könnten.» Genervt: «Es ist eine sehr große Unruhe im Saal, ich bitte Sie, die Unterhaltungen einzustellen.» Strapaziert: «Das hat ja super geklappt.» Die Geduld verlierend: «Ich bitte um Ruhe!» An diesem Punkt kommt dann auch mal die Glocke zum Einsatz.

Manches ist aber auch strenger als in der Schule, etwa die Form der Rede. Einmal stürzt Otto Fricke von der FDP ans Pult und spricht im Eifer des Gefechts gleich seine Vorrednerin an. Da unterbricht ihn Vizepräsidentin Aydan Özoğuz: «Herr Fricke, eine Anrede wäre noch gut.» Und Fricke wirbelt herum: «Frau Präsidentin!», ruft er erschrocken aus und verbeugt sich gleich mehrmals galant vor der erhaben über ihm thronenden Özoguz: «Ich bitte vielmals um Entschuldigung und bedanke mich ganz besonders, dass ich unter Ihrer Obhut reden darf!»

Auch die Regel mit dem Fotografieren meint das Bundestagspräsidium durchaus ernst. Bärbel Bas probiert es zu Beginn freundlich, doch das hilft wenig. Ihre Stellvertreterin Petra Pau hat da weniger Hemmungen. Sie macht diesen Job jetzt seit 15 Jahren, aber so viele Handys hat sie wohl noch nie in der Luft gesehen wie in dieser Legislatur. Sie behalte sich vor, droht sie deshalb ungefähr in jeder zweiten Sitzung, «sollte eines dieser Fotos in den Netzwerken oder anderswo auftauchen, entsprechende Ordnungsmaßnahmen zu ergreifen».

Konsequenzen gibt es allerdings selten. Bärbel Bas erklärte mir mal, wie schwer es ist, das Fotografieren zu kontrollieren. «Wenn ich jedes Foto ahnden wollte, müsste ich mich ganz schön ranhalten. Ich kann ja schlecht während der Sitzung schauen, was auf Instagram los ist.» Da müsste sie schon eine ganze Abteilung damit beauftragen, um alle 736 Social-Media-Kanäle zu scannen.

Einmal macht sie dann allerdings eine Ausnahme. Als Olaf Scholz am 8. Dezember 2021 zum Kanzler gewählt wird, hebt die Bundestagspräsidentin das Fotoverbot auf. Denn es sei ja ein «besonderer Tag», und sie habe auch nicht so Lust, «736 Ordnungsrufe» zu erteilen. Da gibt es kein Halten mehr.

An die 100 Millennials stellen sich an, um ein Selfie mit dem neuen Kanzler zu ergattern. «Gänsehaut», schreibt der Juso Adis Ahmetovic zu seinem Foto. Muhanad Al-Halak von der FDP hat mit seinem Sel-fie-Arm gleich zum Doppelschlag mit Scholz und Gesundheitsminis-ter Lauterbach ausgeholt. Und der Grüne Kassem Taher Saleh hat den Moment filmen lassen, in dem er dem neuen Kanzler die Coro-nafaust gibt.

Die Jusos schicken sich gegenseitig Memes, zum Beispiel vom grin-senden Scholz mit montierter Schlumpf-Mütze: «Wer zuletzt schlumpft, schlumpft am besten!» Die Julis wiederum versenden Memes von einem triumphierenden Lindner vorm Weihnachtsbaum: «Wenn du zu Weihnachten das ganze Finanzamt geschenkt bekommst.»

Memes sind längst zu einem festen Bestandteil der politischen Kommunikation geworden. Fast jeder Sachverhalt lässt sich auf ein solches Bild herunterbrechen, zum Beispiel auf das «Drake-Meme», das den Rapper Drake in zwei Posen zeigt: einmal genervt abweh-rend, einmal grinsend und mit gerecktem Daumen.

So erklären junge Leute die Coronaregeln: «Asozial sein» (Drake geht in Deckung) und «Soziale Distanz halten» (Drake grinst). Oder auch umgekehrt: «Entlastungspaket» (Drake reckt den Daumen) versus «Ampel vergisst Studierende und Rentner:innen» (Drake wen-det sich angewidert ab).

Überhaupt gibt es ein paar Formeln, auf die sich in den sozialen Medien fast alles bringen lässt. «How it started – how it's going» etwa ist so eine Formel. Da sieht man dann einen tatkräftig lächelnden Habeck zu Beginn der Legislatur (how it started) und einen völlig zer-zausten und abgekämpft dreinblickenden Vizekanzler sechs Monate später (how it's going). «Cringe» ist alles, was Millennials zum Fremd-schämen finden: die Boomer-Moves von Friedrich Merz auf der Tanz-fläche oder die Erläuterungen von Winfried Kretschmann, wie man sich mit einem Waschlappen die warme Dusche spart.

Oder auch: «Schlecht gealtert». Das könnte zum Beispiel über einem Tweet aus dem Jahr 2021 stehen, in dem Olaf Scholz eine all-gemeine Impfpflicht für Unfug erklärt. Oder über der Aussage Sahra

Wagenknechts vier Tage vor dem russischen Überfall auf die Ukraine, Russland habe «faktisch kein Interesse, in die Ukraine einzumarschieren».

Viele ältere Politiker:innen halten das für platt und gefährlich, viele Jüngere hingegen für essenziell, um abstrakte Diskussionen zu vereinfachen und Politik unterhaltsam und begreiflich zu machen. Sie haben kein Problem damit, albern zu sein. Erst recht nicht am Tag der Kanzlerwahl.

Die Presseleute der FDP-Fraktion fotografieren die unleserliche Unterschrift des Kanzlers auf dem Koalitionsvertrag und schreiben: «Wir wählen gleich ‹O in› zum Kanzler. Bei euch so?» Die SPD-Fraktion antwortet mit dem Foto von Lindners Signatur: «Wir würden im Gegenzug ‹CM FM› als Finanzminister akzeptieren. Deal?»

Es ist nicht nur der jüngste Bundestag aller Zeiten, sondern auch der kindischste. Emojis und Filter verleiten ja auch zum Kindischsein. Und die Nachfrage nach Bildern verleitet zur ständigen Selbstinszenierung. Auch die Älteren.

Im Kabinett sind es die 40- und 50-Jährigen, die sich daran munter beteiligen. Sie sind zwar keine Millennials mehr, aber dafür auch noch lange nicht so alt wie der Boomer im Kanzleramt.

Robert Habeck hat die Selbstvermarktung etwas heruntergefahren, seit er Vizekanzler ist. Davor sahen wir ihn ständig barfuß am Nordseestrand oder im Gras liegend unter Pferden. Dazu schrieb er dann: «Wenn man eine Herde Koniks trifft und sich still auf den Boden legt, dann kommen sie manchmal und schnuppern an einem. Das ist so dicht an Magie, wie man kommen kann.»

Auch die Ampelregierung begann mit einem Selfie. Baerbock, Lindner, Habeck und Wissing stecken da ganz Millennial-mäßig die Köpfe zusammen, linsen cool in die Kamera und legen anschließend einen Filter drüber. Aber am Ende sind sie eben doch keine Millennials, sondern ein bisschen wie jene Eltern, die versuchen, ihre Kinder zu imitieren.

Manche haben deshalb auch gleich schon den Whatsapp-Text von den Eltern Baerbock und Habeck vor Augen: «Ihr Lieben, Papa und Mama sind gut auf Sizilien angekommen. Am Hotelempfang haben wir direkt ein nettes Paar aus Berlin kennengelernt – zwei Männer!! Ist ja heute zum Glück normal. *Regenbogen-Emoji* Gleich gehen wir gemeinsam zum Krimidinner. Deswegen so schick. *Zwinker-Smiley*»

Andere fühlen sich an TKKG erinnert. Und einer animiert die Köpfe so, dass sie «We are Family» singen – denn das wollen die Vier mit diesem Selfie ja sagen: FDP und Grüne, das ist ab jetzt kein Widerspruch mehr. Auch wenn die grün-gelbe Harmonie nicht lang hält.

Auch drei junge grüne Frauen nutzen den Tag der Kanzlerwahl für ein bisschen Spaß. Im Paul-Löbe-Haus nehmen die Parlamentarierinnen Emilia Fester und Saskia Weishaupt zusammen mit der Grüne-Jugend-Chefin Sarah-Lee Heinrich einen «spontanen Freudentanz» auf. «Jetzt geht es endlich richtig los!», steht über ihren Köpfen. Sie drehen sich zu Latino-Swing und schwingen die Beine, Fester vorn, die anderen beiden hinter ihr. «Jetzt beginnt der Aufbruch und wir sind mittendrin», schreiben sie dazu.

Hat das wirklich was mit Politik zu tun?

Fester findet: ja. Denn es bringe neben dem Spaß auch die Botschaft rüber: «Hey Leute, wir haben heute einen Kanzler gewählt.»

Manche finden das peinlich. «Ich hätte mich geweigert, das zu filmen», schreibt eine Mitarbeiterin der CDU. Aber Fester zuckt nur mit den Schultern. «Ich bin ja nicht angetreten, um die Dinge weiter so zu machen, wie sie waren. Wenn die CDU das stört, dann machen wir wohl was richtig.»

Man könnte auch sagen: Es geht um das sehr politische Thema Repräsentation. Der neue Bundestag ist jünger, weiblicher, bunter. Das stand nach der Wahl in den Zeitungen. Dieses Video zeigt es.

Instagram müsse eben «joyful» sein, erklärt Fester, als ich sie für einen Artikel interviewe. Die Beiträge müssten Freude machen.

«Gleichzeitig ist klar: Wir sind keine Modeinfluencer:innen, sondern wir wollen Politik erklären.» Ein Spagat.

Es ist gar nicht so leicht, Politik «joyful» aufzubereiten. Die Kulissen sind oft trostlos. Ausschussvorlagen, Maßgabebeschlüsse und Berichterstattergespräche sind nicht gerade attraktiver Content. Manchmal wirkt es skurril, wenn man die Abgeordneten mit fahlen Gesichtern im Fahrstuhl sieht und dazu dann irgendein Hit von Beyoncé losbricht. Wie eine Bild-Ton-Schere.

Was bei vielen bemüht wirkt, ist bei Fester immer perfekt komponiert: Bild, Ton, Schrift, Schnitt. «Die ersten drei Sekunden sind entscheidend», sagt sie. Instagram hat keine Geduld. Die Schnitte müssen so schnell sein, dass man die einzelnen Bilder gar nicht richtig erfassen kann. Sie müssen einen überwältigen.

Keiner auf Instagram will einen Vortrag über einen Gesetzentwurf anhören. Aber wenn Fester mit Sonnenbrille in ihrer Dusche steht und zu Diskolicht in ihren Duschkopf singt, um gegen das Tanzverbot am Karfreitag zu protestieren, schaut man hin.

Doch es ist ein schmaler Grat zwischen lustig und peinlich. Politik ist nun mal ein ernsthaftes Geschäft. Was manche charmant finden, kommt anderen unseriös vor. Auch unter Festers Videos finden sich jede Menge solcher Kommentare. Tenor: Was soll der Kindergarten, wir haben dich gewählt, damit du Gesetze machst, nicht hier rumhampelst. Auch jede Menge Hass ist dabei. Kotz-Emojis und unflätige, frauenfeindliche Kommentare.

Aus der Grünen-Fraktion bekommt Fester dafür viel Zuspruch. «Die verstehen, dass ich als jüngste Bundestagsabgeordnete die Aufgabe habe, mit der jüngeren Generation zu kommunizieren.» Und die Jugend zu vertreten, das sieht Fester als eine doppelte Aufgabe. Einerseits will sie im Bundestag für ihre Belange streiten, andererseits will sie die Politik in die Lebenswelt der Jungen bringen, direkt aufs Smartphone.

Ihre Follower seien vor allem junge Frauen unter 27, sagt Fester.

Das hat sie mit ihrem Mitarbeiter ausgewertet. Für die nimmt sie sich abends schon mal eine halbe Stunde Zeit, um Nachrichten zu beantworten. Denn wer nur sendet, gilt schnell als überheblich. Man muss mit der Community interagieren.

Auch ältere Politikerinnen und Politiker haben längst eingesehen, dass es ohne soziale Medien nicht mehr geht. Aber während ihre Beiträge oft pflichtschuldig daherkommen, zu glatt poliert von extra angestellten Social-Media-Managern, wollen die Jüngeren auf den Plattformen ihre eigene politische Sprache sprechen.

Es genügt nicht, ein Wahlplakat zu teilen oder eine Presseerklärung in Slides aufzubereiten. Es genügt auch nicht, irgendein Gruppenfoto vom Wahlkreis-Stammtisch einzustellen und seinen Politikersermon dazuzuschreiben. Auf Instagram braucht es Menschen, die Inhalte transportieren, direkt und unmittelbar an die Follower gerichtet.

Deshalb hält Fester immer ihr Gesicht in die Kamera und redet so, wie man sie eben von Instagram kennt. Mit viel Emotion und Ausdruck. Ihre Eltern sind Schauspieler, das Talent zur Show wurde ihr in die Wiege gelegt.

Aber funktioniert das auch noch, wenn es ernst wird? Als der Krieg ausbricht, muss Fester sofort reagieren. Sie hat sogleich fünf Tipps für ihre Follower parat, die sie zu Tom Walkers Chart-Schnulze «Leave a light on» in einem Video präsentiert. Zum Beispiel: «Sei rücksichtsvoll, unterstütze Freund:innen, denen es nicht gut geht.» Dazu formt sie mit den Händen ein Herz und blinzelt mit schräg gelegtem Kopf in die Kamera.

Alle müssen immer sofort reagieren, denn «Instagram straft hart ab, wenn man mal einen Tag lang nichts macht», wie mir Festers Pressesprecher erklärt. Es muss immer frischer Content da sein, der aufblinkt, sonst schiebt der Algorithmus einen nach hinten und man wird unsichtbar.

Das männliche Gegenstück zu dieser Inszenierung liefert Takis

Mehmet Ali von der SPD, der mit verwuscheltem Haarschopf und zerfurchter Stirn wie ein Netflix-Held in die Kamera blickt, dazu der Schriftzug: «Jetzt verstehe ich, was es bedeutet, globale Verantwortung übernehmen zu müssen.»

Ist die Präsentation von Politik dieser Generation vielleicht wichtiger als die Politik selbst? Wird die Kommunikation hier zum Selbstzweck?

Als Emilia Fester am 17. März 2022 ans Rednerpult tritt, hört Deutschland eine Rede, wie es sie zuvor noch nicht gehört hat.

Es ist ihre erste Rede, Fester hat alles minutiös eingeübt. Sie hat die Namen der Fraktionen auf grüne Zettel geschrieben und sie im Halbkreis des Plenums auf ihrem Bürotisch verteilt. So weiß sie genau, in welche Richtung sie gucken muss, wenn sie die AfD und die FDP anspricht. Immer wieder hat sie ihre Rede vor ihren Mitbewohnerinnen gehalten, und die haben dabei die Abgeordneten gespielt und Zwischenrufe simuliert.

Fester ist vorbereitet. Sicheren Schrittes durchmisst die jüngste Abgeordnete nun das Plenum, schwarze Lederjacke, enge Jeans. Sammelt sich.

«Als die Pandemie begonnen hatte, war ich 21 Jahre alt», beginnt sie leise. «Wissen Sie noch, was Sie gemacht haben, als Sie 21 waren?» Fester hält gekonnt inne, dann zählt sie auf, worauf sie alles verzichtet habe: «Ich war nicht in der Uni. Ich war nicht im Ausland. Ich habe kein Museum und auch kein Festival besucht. Ich habe nicht mal eine Person, die ich noch nicht kannte, geküsst.»

Sie sagt das nicht einfach nur, sie spielt es. Sie lacht, sie seufzt, tieftraurig überfliegt sie die Reihen. Anklagend und aufgewühlt. Sie setzt Akzente und Pausen, sie spricht mit Rhythmus. Ein Poetry Slam.

«Das mag Ihnen jetzt vielleicht lächerlich vorkommen. Aber wissen Sie, was wirklich lächerlich ist?» Fester wird nun laut, ihre Stimme rutscht einige Töne nach oben, sie wendet sich nach rechts.

«Wenn Sie und Ihre Freund:innen der Freiheit sich einfach hätten impfen lassen», ruft sie und rudert mit ihrem Arm durch die Luft. Ihre Stimme überschlägt sich. «Dann wäre ich jetzt wieder frei!» Ein Wutausbruch.

Fester spuckt ihre Worte in die Reihen, sie schleudert ihre Notizblätter aufs Pult, sie breitet die Arme aus. «Ich fordere jetzt den Payback», ruft sie mit wutverzerrtem Gesicht. «Wir haben nämlich was gefunden, das uns schützen kann. Deshalb will ich meine Freiheit zurück», sie schlägt mit der Faust aufs Pult, und vielleicht stampft sie hinter dem Pult auch mit dem Fuß auf. «Ich will sie zurück!»

Ein Ausschnitt ihrer Rede, die Stelle, an der sich ihre Stimme überschlägt, schafft es an diesem Abend in die Tagesschau. Das ist schon was.

Nun wird allerdings auch die BILD-Zeitung auf sie aufmerksam. Und alle möglichen anderen. Ein Shitstorm bricht über Fester herein. Unreif, hysterisch, kindisch, so der Tenor. Der Hashtag «Göre» trendet. Die AfD stürzt sich nur so auf Fester.

Rainer Wendt, der Vorsitzende der Deutschen Polizeigewerkschaft, schreibt auf Facebook: «Ich ich ich ich – glücklicherweise ist diese Ich-Göre nicht stellvertretend für ihre Generation. Dieser Rotzlöffel ist auch keine Volksvertreterin, sie ist einfach nur eine lächerliche Ich-Vertreterin. Kein Wunder, dass die Welt über Deutschland lacht, das sich solche lächerlichen Kindchen ins Parlament holt.»

Dieser hysterische Beitrag ruft den grünen Parteivorsitzenden auf den Plan. «Komplett daneben», findet Omid Nouripour die Einlassung und fordert eine Entschuldigung von Wendt. Fester habe für ihre Generation gesprochen und könne sich der Solidarität der Partei sicher sein.

Und Fester? Die ist zufrieden. Sie wollte ja auffallen. Das hat sie geschafft. Shitstorms verbitterter alter Männer heften sich junge Frauen heutzutage stolz ans Revers.

Blöd ist nur, dass ihre Feinde bald einen Instagram-Post finden, in dem Fester von ihrem Dänemark-Urlaub schwärmt. Von wegen, sie sei zwei Jahre nicht im Ausland gewesen. «Hat sie beim Urlaub geflunkert?», fragt die BILD-Zeitung.

Aber davon lässt sich Fester nicht weiter stören. Es sei doch um all die Reisen gegangen, die sie nicht habe machen können, wischt sie die Kritik mal eben beiseite. «Ich wollte die Welt kennenlernen und nicht den Urlaubsort, an dem ich schon 20 Mal war.» Es klingt genervt. Und einigermaßen privilegiert. Selbstkritik passt jetzt nicht so gut zu ihrer Erzählung von der angefeindeten jungen Frau, die sich nicht unterkriegen lässt.

Diese Erzählung verbreitet sie auf allen Kanälen, empört sich über «Ageismus», weist die Hetzer in die Schranken und bedankt sich bei ihren Followern: «Ihr habt mich durch diesen Shitstorm getragen!» Grünes Herz. Mucki-Arm. Ihre Rede unterlegt sie mit dem Lied «Unstoppable», denn so fühlt sie sich jetzt: unaufhaltsam.

Auch eine Presseschau stellt sie zusammen, arrangiert die Schlagzeilen der Zeitungen, die ihre Rede und den Shitstorm aufgegriffen haben. «In der Tagesschau, in der heuteshow und bei funk» sei sie vorgekommen, brüstet sie sich.

Und für die Trolle hat sie sich etwas ganz besonderes einfallen lassen: Ein Video, in dem sie die Beleidigungen einfach weg tanzt. Fester steht draußen in der Sonne, und Taylor Swift singt: «haters gonna hate, hate, hate, hate, hate». Und Fester tippt zu jedem *hate* ein Wort in die Luft: «Rotzlöffel», «Göre», «dummes Mädchen». Swift singt: «I'm just gonna shake, shake, shake, shake, shake.» Und Fester setzt ein selbstbewusstes Lächeln auf, schüttelt ihre Schultern und wischt den Hass kopfüber weg. Mit Attitüde, versteht sich. «Shake it off!»

Kein Zweifel: Emilia Fester geht als Gewinnerin vom Platz.

Dafür müssen ihr sogar die jungen Liberalen Respekt zollen. «Schrecklich» fand Jens Teutrine die Rede, wie er lachend bekennt. Erstens ist er gegen die Impfpflicht, und zweitens fand er es total anmaßend von Fester, für *die* Jugend sprechen zu wollen. Und trotzdem muss er sie bewundern für ihren mitreißenden Auftritt, für die Chuzpe mit dem Tanz-Reel. Damit habe sie sich nicht nur eine neue Zielgruppe erschlossen, sondern auch eine Debatte angestoßen. «Respekt.»

Andere sind kritischer. «Die Rede war doch gar nicht fürs Plenum, sondern nur für Instagram», sagt Teutrines Fraktionskollege Mordhorst. Ihn nerven diese perfekt inszenierten Auftritte, minutiös durchgeplant, undurchlässig für Stimmung und Reaktionen im Saal. Mordhorst hält seine Reden alle frei. So hat es ihm Wolfgang Kubicki beigebracht. So bleibt er flexibel und offen für die Diskussion.

Auch Mordhorst stellt allerdings seine Redeschnipsel ins Netz – so wie alle Jungen. Wer guckt sich schon eine Plenardebatte im Fernsehen an? Die Videoschnipsel sind es doch, mit denen Abgeordnete die Unsichtbarkeit durchbrechen können.

Die schwirren dann im Netz herum, aus dem Kontext gerissen, ins Unermessliche vervielfältigt. Was im Plenum ungewöhnlich schrill wirkt, trifft in den sozialen Medien den Ton. Wut kommt an. Alles andere geht unter. Da lässt es sich nicht vermeiden, dass die Jungen schon beim Schreiben ihrer Reden mehr an die eigene Followerschaft denken als ans Parlament.

Manche sehen darin eine Gefahr. Sie sprechen von der «Tiktokisierung des Parlaments» und verweisen als abschreckendes Beispiel auf Amerika. Da sei alles nur noch Show, auf Kosten der Demokratie.

Einige finden Festers Rede sogar «unparlamentarisch». Sie reden von der Würde des Hauses. Sie sagen: Abgeordnete haben die wichtigste demokratische Bühne des Landes zur Verfügung, um ihren Worten Gehör zu verleihen, da muss man doch nicht schreien. Das Parlament will doch ein Beispiel geben, wie man diskutiert, ganz ohne Retweets und Empörung.

Es ist nur die Frage, worin die Würde des Hauses eigentlich besteht. Am selben Tag, an dem Fester ihre Corona-Wutrede hält, spricht morgens der ukrainische Präsident zum Deutschen Bundestag – zugeschaltet aus Kiew, mit einer wackligen Leitung, denn in Selenskyjs Nähe hat es gerade einen Anschlag gegeben.

«Lieber Herr Bundeskanzler Scholz», sagt Wolodymyr Selenskyj mit dunklen Ringen unter den Augen. «Geben Sie Deutschland die Führungsrolle, die es verdient.» Der Kanzler sitzt auf seinem umgedrehten Stuhl und schaut hinauf zur Video-Leinwand. Nur sein Hinterkopf ist zu sehen, umrahmt von schwarzen Kopfhörern, aus denen die Stimme der Dolmetscherin spricht.

«Was ist denn 80 Jahre später mit der historischen Verantwortung?», fragt der Ukrainer die Deutschen. Millionen Menschen hat die Wehrmacht im Zweiten Weltkrieg in seinem Land ermordet. Nun will Selenskyj wissen, ob die Deutschen es ernst meinen mit ihrem «Nie wieder» oder ob sie wieder nur an Handel mit Moskau denken. «Wirtschaft, Wirtschaft, Wirtschaft», sagt der Ukrainer bitter.

Dann wird der Bildschirm schwarz, Scholz schweigt, und die Bundestagsvizepräsidentin geht zur Tagesordnung über. Keine Aussprache vorgesehen. Katrin Göring-Eckardt gratuliert zwei Parlamentariern zu ihren 60. Geburtstagen. Als ob nichts wäre.

«Das war heute der würdeloseste Moment im Bundestag, den ich je erlebt habe», schimpft der CDU-Außenpolitiker Nobert Röttgen hinterher. Und auch Mitglieder der Ampelregierung geben sich zerknirscht. Das sei blöd gelaufen.

War das nicht viel unwürdiger als Festers Rede?

Manchmal ist es wohl schlimmer, sich an die parlamentarische Ordnung zu halten, als einfach mal auf den Tisch zu hauen.

* * *

Die neuen Mächtigen duzen und feiern wie in einer frisch gegründeten WG. «Hey, wie geht's?» «Na, ihr?» «Geht's dir gut, Ricarda, alles fein?» Die Mitbewohner sind die neuen Tonangeber der Regierungsparteien: der 42 Jahre alte Lars Klingbeil, Chef der Sozialdemokraten, die 28 Jahre alte Ricarda Lang, Parteivorsitzende der Grünen, und der 39 Jahre alte Johannes Vogel, erster parlamentarischer Geschäftsführer der FDP-Fraktion im Bundestag. Die drei haben sich Anfang Februar 2022 zu einem halbstündigen Live-Gespräch auf Instagram zusammengeschaltet.

Wer geht schon noch persönlich zu irgendwelchen gräulich-offiziösen Veranstaltungen, die sich Bürgerdialog oder politische Sprechstunde oder Podiumsdiskussion nennen? Nein, die Politik kommt direkt zu uns aufs Smartphone, auf dem Sofa, in der S-Bahn oder wo auch immer man gerade ist. Und sie kommt dabei ganz ohne Vermittler, Moderatorinnen, Interviewer und Kommentatorinnen aus. Die neuen Poltiker:innen sprechen direkt und ungefiltert mit den Menschen vor dem Handy. Das erzeugt dann jene WG-Atmosphäre, die bei diesem Ampel-Instagram-Plausch aufkommt.

Klingbeil, Lang und Vogel bereiten in diesem Live-Video eine Fernseh-Doku nach, die in der ARD-Mediathek zu sehen ist. «Die Gewählten» heißt sie und soll wohl sowas sein wie ein Verjüngungsprogramm des öffentlich-rechtlichen Politikjournalismus. Statt der üblichen Hauptstadt-Köpfe setzt die Redaktion junge Influencer auf die politische Elite an. Miriam Davoudvandi und Jan Kawelke beschäftigen sich sonst eher mit Rap als mit Politik – nun düsen sie auf Motorrollern und in Sharing-Autos durchs Regierungsviertel.

Die Politiker:innen machen das Ganze gerne mit. Sie duzen die Hosts, sprechen darüber, wie müde sie sind und wie hart sie arbeiten, und weil sie dabei manchmal verschwörerisch blinzeln, soll es so aussehen, als seien die Influencer hier ganz nah dran an der Macht.

Klar, dass den Politikern und Politikerinnen das gefällt: schöne, coole Bilder, ohne die üblichen nervigen Fragen nach Fehlern, Widersprüchen, Konsequenzen. Und weil Klingbeil, Lang und Vogel natürlich gleich erkennen, wie sehr ihnen das nutzt, setzen sie zu Vermarktungszwecken noch dieses Video drauf.

«Ich find die haben echt'n guten Job gemacht», lobt Johannes Vogel die Influencer. Die hätten Politik mal «nicht auf Kosten der Politik» vermittelt. Ricarda Lang stimmt ihm zu. «Das war ein ernsthaft interessierter Blick auf Politik.» Die hätten nicht den Anspruch gehabt: «Wir decken jetzt mal auf, was das alles für ein korrupter Haufen ist.» Und auch Klingbeil ist durch und durch zufrieden. «Für mich war auch klar, dass ich nicht zu viel Einblick geben kann und will.» Und so ging es dann auch auf.

Die Politiker:innen konnten die Influencer genau auf dem Abstand halten, der ihnen lieb war. Die Hosts wollten sich nämlich vor allem selber beim Journalistensein präsentieren. So inszenieren sich alle gemeinsam. Eine Win-Win-Situation.

* * *

Als die Bundesrepublik noch jung war, haben sich Journalistinnen und Journalisten noch nicht viel getraut. Die Politik war mächtig und hielt die Journaille am langen Arm. Adenauer suchte sich genau aus, wer mit ihm reden durfte. Öffentliche Pressekonferenzen gefielen dem Kanzler nicht. Er lud zum Tee und erwartete dafür freundliche Berichterstattung. Wer sich nicht an die «Vereinbarungen» hielt, bekam keine Einladung mehr. Und erfuhr auch nichts.

Verteidigungsminister Franz Josef Strauß ließ sich ebenfalls keine kritischen Artikel gefallen. Als SPIEGEL-Redakteure es wagten, über Interna seiner Rüstungspolitik zu schreiben, jagte er den Schreibern Ermittler auf den Hals. Der Vorwurf: Landesverrat. Ein Journalist wurde in seinem Spanien-Urlaub verhaftet, auf persönliches Geheiß von Strauß. Chefredakteur Augstein musste für 103 Tage in Haft.

Doch die Zeiten änderten sich gerade. Im ganzen Land protestierten Journalistinnen und Journalisten gegen diesen Angriff auf die Pressefreiheit. Wütende Studentinnen und Studenten gingen auf die Straße. Strauß trat zurück.

Helmut Schmidt schwang sich damals als Hamburger Bürger-meister zwar zum Verteidiger der Meinungsfreiheit auf, doch das Privatfernsehen verachtete er. Sein Versuch, einen fernsehfreien Tag einzuführen, scheiterte grandios.

Strauß nannte Journalist:innen «Ratten und Schmeißfliegen», Schmidt bezeichnete sie als «Wegelagerer». Helmut Kohl fragte: «Von welchem Sender sind Sie denn?» Und wenn der Journalist sich als NDR-Reporter zu erkennen gab, höhnte er: «So sehen Sie auch aus! Sie sind ein erbärmlicher Journalist.»

Wo auch immer Kohl stand, irgendein Journalist war schon da – und der Kanzler schleuderte ihm seine Verachtung ins Gesicht. Die hitzigen Wortgefechte zeigten, wie mächtig die Presse in der Zwischenzeit geworden war.

Kohl konnte nicht einfach jene Journalist:innen um sich scharen, die ihm genehm waren. Er konnte weder das kritische Fernsehen noch die linke Hamburger Presse ignorieren, auch wenn er es gern getan hätte.

Deutschland wurde zu einer «Mediokratie», wie die Wissenschaftler:innen es stirnrunzelnd nannten. Politiker:innen mussten vorkommen, sie mussten die Massenmedien bespielen, sie mussten gefallen, anders ließen sich keine Wahlen mehr gewinnen.

Gerhard Schröder liebte dieses Spiel. «Mit Bild, Bams und Glotze» gewann er die Wahl, und mit Kamera-Sprüchen wie «Hol mir mal ne Flasche Bier» gewann er die Herzen des Fernsehpublikums. Heute wäre das wohl ein Meme, damals machte immerhin Stefan Raab einen Song draus.

Doch die selbstbewussten Schreiberlinge wurden Schröder zunehmend unangenehm, ja, gefährlich. Alles durchleuchteten sie bis in den letzten Winkel, bis hin zur Haarfarbe, alles analysierten sie bis zum Erbrechen, jeden Fehler schlachteten sie erbarmungslos aus.

Wie Schröder groß wurde, so fiel er auch. Im Fernsehen. «Glauben

Sie im Ernst, dass meine Partei auf ein Gesprächsangebot von Frau Merkel bei dieser Sachlage einginge, indem sie sagt, sie möchte Bundeskanzlerin werden? Ich meine, wir müssen die Kirche doch mal im Dorf lassen!», polterte er. Dabei hatte er die Wahl verloren.

Die Deutschen hatten dieses Macho-Gebaren langsam satt. Merkel saß stumm und erstaunt neben dem Noch-Kanzler, und das schien den meisten viel angemessener als Schröders Grimassen. Er schimpfte: «Frau Merkel wird keine Koalition unter ihrer Führung mit meiner sozialdemokratischen Partei hinkriegen. Das ist eindeutig. Machen Sie sich da gar nichts vor!»

Dann schmiedete Merkel eine große Koalition unter ihrer Führung und blieb sechzehn Jahre im Amt.

Die Mediokratie hatte mit Merkel einen ganz neuen Politikertypus ins Amt gebracht: skandalfrei, bescheiden und ohne größeren Gestaltungsanspruch. Fehler vermeiden war die Devise. Angriffe ins Leere laufen lassen. Versuchungen widerstehen. Lob wie Verachtung achselzuckend zur Kenntnis nehmen und weitermachen. Ohne große Worte, ohne großes Bohei.

Denn in einer Welt, in der die Medien die Macht haben, gewinnt man nicht, indem man Punkte macht, sondern indem die anderen um einen herum scheitern.

Auch Olaf Scholz ist so Kanzler geworden. Doch er ist dabei ein bisschen wie der letzte seiner Art. Die Jüngeren sind anders, Robert Habeck etwa. Sie erklären ihre Politik, machen ihre Zweifel transparent. Wo Scholz schmallippig wird, macht Habeck ein Instagram-Video und erläutert, was gerade in ihm vorgeht.

Von «Massenmedien» kann nicht mehr die Rede sein, vielmehr ist die ganze Welt voller Medien. Alle senden und empfangen und kommentieren, wo sie gehen und stehen. Für Politiker:innen ist das eine Chance, aber auch eine große Gefahr.

Armin Laschet hat erlebt, wie ein Lacher ihn die Wahl kostete. Er stand zwischen den Schlammruinen im Ahrtal, als die Kamera einfing, wie er sich amüsierte – dabei sollte er doch betroffen sein. Eine Twitter-Userin zoomte ran, schnitt die Sekunden aus. Die SPD stürzte sich darauf. «Wir haben das dann alle retweetet, die Horde wild gewordener Sozen, die im Wahlkampf Blut geleckt hat», sagt ein Juso mit vielen Followern.

Es gibt bei der SPD ein paar reichweitenstarke Accounts, Mitarbeiter im Bundestag, die eigentlich keiner kennt, die spielen sich mit Kühnert und Klingbeil gegenseitig die Bälle zu. So dominiert die SPD schnell die Debatte.

Und weil Journalist:innen heute zuerst auf Twitter nachschauen, was los ist, bevor sie auf die Straße gehen, ist die Minidebatte aus der Twitter-Nische dann plötzlich in der Welt. So kann man mit Twitter echte Politik machen.

Zu Fernseh-Triellen bringen Parteien inzwischen gern ihre Multiplikatoren mit, sie umwerben Influencer und investieren, wo sie nur können, in die Diskursmacht der sozialen Medien. «Diana zur Löwen könnte jeden Tag einen MdB treffen», sagt der SPD-Twitterkönig Mattheus Berg. Zur Löwen ist 27 Jahre alt, hat eine Million Follower auf Instagram und unterhält diese mit Beauty- und Lifestyle-Content. Sie hat damit mehr Reichweite als die meisten Printmedien.

Auch Politiker:innen selbst arbeiten daran, sich diese Reichweiten aufzubauen. So machen sie sich immer unabhängiger vom klassischen Journalismus. Ricarda Lang hat auf Twitter 115 000 Follower, Kühnert hat 370 000.

In den USA hat Trump vorgemacht, wie man über Twitter regiert, und dabei fast die amerikanische Demokratie zerstört. Von links dominiert Alexandria Ocasio-Cortez das Politikspiel der sozialen Medien, eine Internetikone mit unfassbaren 13 Millionen Followern.

Die junge SPD-Abgeordnete Klose nennt AOC ihr Vorbild. Alle Neuen im Bundestag setzen auf die Macht der sozialen Medien. Es gibt keinen einzigen jungen Abgeordneten, der Instagram boykottiert. Sie müssen dort stattfinden, und sie wollen auch. Denn dort machen sie ihre eigenen News. Was könnte es Schöneres geben für einen Politiker?

Sie können dort zu 100 Prozent ihre Sicht der Dinge verkünden, so passgenau wie es nicht mal der freundlichste Hofberichterstatter könnte. Sie können Niederlagen wegreden und Erfolge aufbauschen. Und wenn ihnen mal ein Artikel oder ein Fernsehbericht nicht passt, dann erzählen sie ihren Followern, wieso der Journalist oder die Reporterin da ihrer Meinung nach unsauber gearbeitet habe.

Sie wissen: Die Auflagen der Zeitungen sinken – und ihre Followerschaft wächst.

Das merke ich natürlich, wenn ich als Redakteurin auf die jungen Politiker:innen treffe. Sie sind selbstbewusster als die älteren. Sie wollen auch gar nicht um jeden Preis gefallen. Und sie fragen zurück.

«Warum stellen mir Journalisten immer diese Frage?», spielt Ricarda Lang dann zum Beispiel einfach den Ball zurück, die ich ihr stelle. Oder sie befindet: «Das finde ich lustig, dass Sie mich das fragen!» Als Journalistin bin ich längst keine Instanz im politischen Geschäft mehr, deren Fragen man hinzunehmen und brav zu beantworten hat.

Die Jungen treffen mich, sie reden mit mir, sie lassen sich beobachten. Zeitungen sind immer noch wichtig für sie. Denn die werden von Boomern gelesen, und von denen wollen die Jungen ja auch gewählt werden. Aber sie beobachten auch zurück. Sie schauen sich genau an, was ich tue. Welche Fragen ich stelle und warum.

Als Kevin Kühnert auf dem Höhepunkt der Corona-Winterwelle im Januar 2022 ein Foto von einer SPD-Tagung auf Facebook stellt, bricht ein Sturm der Entrüstung über ihn herein. Denn die Genoss:innen stehen ganz schön eng beieinander, Stichwort Abstandsregel. Für Politiker:innen immer schwierig, wenn sie mit ihren eigenen Regeln konfrontiert werden. Dann steht schnell der Vorwurf von der Doppelmoral im Raum.

Wo eine Angela Merkel wahrscheinlich äußerste Vorsicht hätte walten lassen, sieht Kühnert es aber überhaupt nicht ein, den Kotau zu machen. «Ein sehr aufgeregter Teil der Kommentarspalte hat, sagen wir mal, ~Fragen~ zu den Abstandsregeln», mokiert Kühnert sich über die Pedanten in der Timeline. Die sollten sich mal nicht so haben, schreibt Kühnert genervt, denn für 2G-Veranstaltungen gelte die Abstandsregel nicht. «GaLiGrü Euer Service-Kühni». Dafür gibt es dann viel digitalen Beifall.

Die Jungen wissen, wie man Shitstorms wie einen Bumerang in Richtung Absender zurückfeuert. Das geht allerdings auch mit berechtigter Kritik. Die wird dann einfach ausgeblendet. Es gibt keine Meinungsmacher und Journalistinnen mehr, die das Monopol auf die Deutung der Welt haben. Das ist gut, weil wir Journalist:innen Konkurrenz bekommen. Es ist aber auch schlecht, weil in sozialen Medien nicht nach journalistischen Regeln gespielt wird. Im Zweifel entscheidet nicht die Wahrheit, sondern die Followermacht.

In ihrem gemeinsamen Podcast sprechen Generalsekretär Kühnert und der Parteivorsitzende Klingbeil andauernd von Medien, von Journalistinnen und Talkshows. «Du musst Sonntagabend zu ner guten Bekannten», witzelt Kühnert etwa und meint Anne Will. Er selbst gehe dafür mal wieder zu Markus Lanz, erzählt er und referiert dann die Abrufzahlen des Podcasts, bei dem er gerade zu Gast war.

So reden sie über ihre Medienwelt, ganz so, als gehöre sie ihnen. Und nebenbei verteilen sie auch Noten an die Journalist:innen. Einer ist «der beste Porträtschreiber des Spiegel», ein anderer Podcaster «wird mal ganz groß».

Es ist nämlich nicht so, als bräuchte die politische Jugend die klassischen Medien nicht mehr. Nein, junge Abgeordnete sind sehr gern zu Gast in den Talkshow-Studios der Öffentlich-Rechtlichen. Sie geben auch der Faz jederzeit ein Interview, wenn man sie fragt. Aber ihre Auftritte und Antworten stehen dann eben nicht mehr für sich, sondern werden von ihnen in ihrem Sinne gedeutet.

Schmeichelnde Schnipsel werden auf Twitter, Instagram und Facebook geteilt und erreichen so auch jene, die gar nicht mehr wissen, was ein Fernseher ist. Fotos vom Zeitungsporträt werden wie eine exotische Rarität auf dem Frühstückstisch kuratiert und abfotografiert. Schaut mal, Leute, ich bin in der Zeitung. Dazu wird dann jener Satz zitiert, der ihnen gut gefällt. Alles andere nicht. Erfährt sowieso keiner der Follower.

Für die Follower sind die Fotos und Videos der Politiker:innen blinkende Zerstreuung, irgendwas zwischen unterhaltsam und informativ. Zwischen bombastischen Konzertvideos von Adele und pastell-gefilterten Urlaubsfotos der besten Freundin plaudert dann plötzlich der Kopf von Ricarda Lang ganz nah vor dem eigenen von der bisherigen Woche, den anstehenden Terminen, erzählt, was gerade so los ist, und vergisst natürlich auch nicht zurückzufragen: Wie geht es euch damit, wie seht ihr das? Gebt mir bitte Feedback!

* * *

Am schrillsten geht es auf TikTok zu. Da gibt es überhaupt kein unbewegtes Bild mehr. Alles ist noch schneller, lauter, bunter als auf Instagram. Facebook wirkt wie ein Friedhof dagegen. Wer die TikTok-App öffnet, kann sie schlecht wieder schließen. Das brüllende Angebot an lustigen, verführerischen und ekligen Videoschnipseln ist unendlich. Man sieht brutale Unfälle, tiefe Dekolletés, süße Katzenbabys. Was nicht sofort verfängt, wird gnadenlos weggewischt. Für Text oder komplizierte Gedanken ist kein Platz. Schwieriges Terrain für Politiker:innen.

Der junge FDP-Politiker Muhanad Al-Halak ist einer der wenigen, der sich auf dieses Terrain traut. Mit Erfolg. Obwohl die Konkurrenz groß ist, schafft er es, durchzudringen. Seine Videos werden von Hunderttausenden angeklickt.

Das sieht dann zum Beispiel so aus: Al-Halak schaut verträumt in die Ferne. «Damals habe ich mich nur ehrenamtlich engagiert», heißt es in großen Lettern. Cut. Beats brechen los. Al-Halak posiert nun im Anzug, ruckelt sich machtbewusst die Krawatte zurecht, dazu der Schriftzug: «... heute bin ich Politiker».

Nach dem gleichen Muster funktionieren viele seiner Videos. «Ich habe für den Deutschen Bundestag kandidiert ...» steht über seinem Gesicht, Al-Halak grinst, dann drückt er mit der Handfläche die Handykamera zu: Szenenwechsel. Im Hintergrund die blauen Stühle des Bundestags unter der gläsernen Kuppel. Dann die Worte: «... jetzt bin ich Bundestagsabgeordneter». Victory-Zeichen.

Darauf angesprochen, muss Al-Halak erstmal loslachen. FAZ-Journalistinnen sind ja eigentlich nicht seine Zielgruppe. Er versuche halt, die Trends mitzumachen, erklärt er, als ich ihn für das Magazin FAQ befrage. Und über TikTok erreiche er «sehr viele, sehr junge Leute». Aber um die zu unterhalten, könne er nicht einfach das Wahlprogramm der FDP runter rattern. Er muss sich was überlegen, das funktioniert.

Was manche vielleicht angeberisch finden, das ist für seine Follower eine echte Ermutigung. Denn der junge FDP-Abgeordnete will damit ja nicht sagen: Ich hab's geschafft und ihr nicht. Sondern: Ihr könnt das auch. Ein irakischer Junge, der mit seiner Familie im Alter von elf Jahren in Deutschland Asyl suchte, auf der Hauptschule Deutsch lernte, eine Ausbildung zum Abwassermeister machte – und nun die Deutschen im Bundestag vertritt.

Die Jugendlichen fänden es «krass», erzählt er, dass da einer, der so aussieht wie sie, Bundestagsabgeordneter ist und gleichzeitig «die Seiten auf Null» hat. Also die Haare an den Seiten kurz geschoren, so wie viele Jugendliche eben auch.

Aber wählen die dann auch wirklich die FDP? Das sei gar nicht sein vorrangiges Ziel, erklärt Al-Halak. «TikTok ist nur der erste Auftritt.» Wer einmal hängenbleibt, so die Logik, der befasst sich dann vielleicht auch weiter mit ihm, mit der FDP, mit dem Bundestag. Sehr junge Leute interessieren sich durch Al-Halak plötzlich für den Bundestag, auch solche, die Politik eigentlich für ein langweiliges Geschäft hielten. Viele schreiben ihm, und wenn er antwortet, seien sie immer ganz baff, erzählt er. Manchmal diskutiert er auch mit Usern, die anderer Meinung sind – und erntet plötzlich Verständnis. Und immer wieder schreiben ihm Vierzehn- und Fünfzehnjährige, dass sie wegen ihm ein Praktikum im Bundestag machen wollten. «Viele haben auch einen Migrationshintergrund», erklärt er. «Für die bin ich ein Vorbild.»

Die Videos sehen einige aber auch kritisch, zum Beispiel die älteren Kollegen von der CSU – Al-Halak kommt aus Niederbayern. Sie reden von der Würde des Hauses und schimpfen über die Kasperei unter der Reichstagskuppel. Al-Halak, jetzt bayrisch: «Mei, aber die müssen das auch nicht verstehen, ganz ehrlich.» Er findet: Es braucht die Erfahrung der Älteren, aber es braucht auch den Input der Jüngeren. Es sei doch wichtig, mitzukriegen, womit Jugendliche sich beschäftigten. «Man lernt immer was Neues dazu. Das ist einfach wichtig für unsere Arbeit.»

In der eigenen Fraktion sehen sie das im Grunde auch so. Aber sie sagen ihm auch schon mal, wenn sie finden, dass er zu weit gehe. Dann löscht Al-Halak das Video wieder. Er ist dankbar für solche Hinweise. Als Neuling kennt er eben noch nicht alle Gepflogenheiten.

Es gibt ein Video, das Al-Halak und FDP-Chef Christian Lindner beim Handschlag zeigt. Der junge Liberale hat es mit Beats unterlegt, dazu in gelben Lettern die Überschrift: «Best Bros». Lindner ist sein großes Vorbild, wegen ihm ist er in die FDP eingetreten. Und Lindner findet es gut, dass Al-Halak über die sozialen Medien die Jugend anspricht. Aber er warnte ihn auch schon, nach dem Motto: Pass auf, dass du dich nicht angreifbar machst. Als Al-Halak ihn kürzlich mal wieder um ein Selfie bat, sagte Lindner: «Aber Muhanad, nicht für TikTok!» Der junge FDP-Mann lacht sich kaputt. «Er ist da wirklich sehr distanziert.» Al-Halak versteht ja die Sorge. Politik dürfe nicht zum Klamauk werden. Aber er findet: «Man kann auch mal locker sein.» Ihm sei es wichtiger, nah an den jungen Leuten zu sein, als immer seriös zu wirken.

Und so erklärt Al-Halak Politik als einen großen Flirt. Wenn «sie», also das imaginäre weibliche Gegenüber, sage: «Ich wähle die FDP», dann strahlt er seine Follower an und bewegt seine Lippen zum eingespielten Song: «You want me. I want you Baby!» Wenn «sie» hingegen die Grünen wählen will, gestikuliert Al-Halak verzweifelt in die Kamera.

Noch schlimmer findet der FDP-Politiker es allerdings, wenn «sie» sagt: «Alle Politiker sind gleich, ich gehe nicht wählen.» Da sackt Al-Halak auf seinem Bürostuhl zusammen, irgendwo in einem gläsernen Wolkenkratzer, unter ihm die glitzernden Lichter der Großstadt. Zu Tode betrübt singt er in die Kamera, wie ein Mann mit gebrochenem Herzen: «Bitte geh. Es ist Schluss. Ich will nichts mehr von dir hören.»

Al-Halak geht es spielerisch an. Und das macht auf junge Leute wohl viel mehr Eindruck als der Sozialkunde-Lehrer, der vorn am Pult über Politikverdrossenheit schimpft. Denn da sagt einer, der bei den Kids Ansehen genießt: Geht wählen! Ihr habt es in der Hand. Und das ist möglicherweise ein größerer Dienst an der Demokratie als so manche Sonntagsrede des Bundespräsidenten.

Die große Verschwörung

Am 17. August 2021 scheitert der sächsische Ministerpräsident mal wieder an seinem Volk. Zwei Stunden stellt Michael Kretschmer sich in einem kleinen Theater in Freiberg den Fragen seiner Bürgerinnen und Bürger. Sie sind wütend und ihre Fragen sind kritisch, aber sie akzeptieren, dass Kretschmer antwortet.

Ganz anders draußen. Da will niemand den Politiker hören. Eine trommelnde und trötende Melange aus Querdenkern, Impfgegnerinnen und Neonazis will einfach nur lauter sein als jedes Argument, das der Ministerpräsident vorbringen könnte. «Micha muss weg!», brüllen sie. Und: «Volks-ver-rä-ter, Volks-ver-rä-ter!»

Kretschmer wollte eigentlich der Ministerpräsident sein, der allen zuhört. Noch als Protestierende vor sein Privathaus in Waltersdorf zogen, ließ er sich auf eine Diskussion ein. Aber seit sich der Corona-Protest radikalisiert hat, funktioniert das nicht mehr. Nun wird Kretschmer, der sich dem Unmut stellt, einfach niedergeschrien. An diesem Abend im sächsischen Freiberg wählt er deshalb lieber gleich den Hinterausgang.

Die Wütenden fühlen sich um ihren großen Auftritt betrogen. Als der Ministerpräsident in seiner Limousine abfahren will, kommt es zum Tumult. Die Protestierenden bedrängen den Wagen, hauen auf die Scheiben, werfen sich gegen die Türen. Frauen mit Jeansjacken, Männer mit Rucksäcken und mittendrin ein paar Glatzen mit breitem Kreuz.

Eine der Polizistinnen, die versuchen, den Wagen zu schützen, gerät dabei unter die Räder und muss davongetragen werden – alles zu sehen in Youtube-Videos, triumphierend präsentiert von den rechtsextremen «Freien Sachsen», geteilt von der NPD. «Schade, dass die noch atmet», schreibt einer im öffentlichen Chat.

Ein paar Meter weiter steht Carolin Bachmann vor ihrem Wahlkampfbus. Ein Grüppchen von fünfzehn Leuten hat sich um sie geschart. Der Youtuber Ilia Tabere alias Elijah Tee hat eben noch Mitglieder der NPD interviewt, nun hält er die Kamera auf sie, die Direktkandidatin der AfD. Im Scheinwerferlicht strahlt die junge Frau in der Dämmerung. Blondes Haar, rosa Bluse, im Ausschnitt eine Sonnenbrille. Die junge Alice Weidel. Eine Demagogin mit sächsischem Mädchencharme.

Bachmann war eben noch im Saal bei der Veranstaltung, nun erklärt sie den anderen, was dort Skandalöses vor sich ging. Kretschmer sei allen Fragen ausgewichen, berichtet sie, der fürchte sich vor seinem eigenen Volk. Einmal habe sich ein Herr zu Wort gemeldet: Der sei zwar skeptisch gewesen, aber habe sich trotzdem impfen lassen. Bachmann reißt die Augen auf. «Und das ist das Thema. Wir dürfen halt einfach nicht mitmachen!» Dem Kopfnicken in der Runde nach zu urteilen, ist hier keiner geimpft. Bachmann predigt vor den Bekehrten. Und die lauschen mit lustvollem Ingrimm.

Sie sei «weit davon entfernt», dazu aufzurufen, Regeln zu missachten, fährt die junge Frau fort. Und dann legt sie los: «Aber was wir hier haben, hat ja mit unserm Gesetz nichts zu tun! Das sind Verordnungen, die hier erlassen wurden in einer Ministerpräsidentenkonferenz, die's gar nicht gibt. Das ist rechtswidrig, das ist verfassungswidrig! Diese Einheit von sechzehn Ministerpräsidenten und Angela Merkel, das gibt's einfach nicht und das wird uns hier als Demokratie vorgemacht!»

Das zustimmende Grummeln aus der Gruppe schwillt an. Ein «Genau» ist zu vernehmen, ein «Jawoll». Die Kamera fängt eine Frau mit langen schwarzen Haaren ein. Eben noch war sie hinter dem Banner der «freien Sachsen» zwischen NPD-Leuten zu sehen, dann ganz vorn im Tumult um den Wagen des Ministerpräsidenten. Nun steht sie vor Bachmann und nickt. «Schaltet den Fernseher aus!», ruft Bachmann, fast panisch. «Echt! Schaltet diesen Fernseher aus!»

Im Fernsehen könnten die Leute ja erfahren, dass eine Ministerpräsidentenkonferenz nichts Illegales ist. Sie könnten dort lernen, dass die Kanzlerin im föderalen Deutschland eben nicht einfach den Kurs vorgeben kann. Dass Infektionsschutz Ländersache ist. Und dass die Verordnungen nicht in der Konferenz, sondern von jedem einzelnen Bundesland erlassen werden.

Sie habe ja immer gedacht, «wenn's mal an die Kinder geht», raunt Bachmann, dann würden die Leute «aufwachen». Und jetzt? Masken müssten sie tragen, Fasern müssten sie einatmen, Tests über sich ergehen lassen, gar zwangsimpfen wolle man sie. Warum würde denn der Impfstatus der Toten nicht erfasst? «Wir wissen doch alle, warum!» Eine Frau aus der Menge gibt die Antwort: «Impftote.» Bachmann nickt. «Wir haben die Verantwortung für unsere Kinder – noch», dräut sie. «Aber auch das soll geändert werden.»

Die junge Frau ist von der AfD, wie auf dem Wagen hinter ihr unschwer zu erkennen ist. Sie kandidiert im Wahlkreis Mittelsachsen für die Bundestagwahl. Und so langsam wird auch klar, wozu das Ganze hier dient. «Ich will keine Wahlwerbung machen», sagt sie. Und dann holt sie Luft, hält einen langen Vortrag und endet mit dem Appell: «Gebt mir eure Stimme!»

Was natürlich paradox ist, schließlich hat sie zuvor eindrucksvoll erklärt, warum das hier keine Demokratie mehr sei. «Wenn wir mal Wahlbetrug und das alles außen vor lassen», bemüht sie sich noch hinterherzuschieben und macht eine Handbewegung, die wohl den Logikfehler beiseite wischen soll. Jedenfalls: Die da oben hätten dunkle Pläne. Sie ist klug genug, nicht auszusprechen, worin die bestehen. In der neuen Weltordnung? Dem großen Bevölkerungsaustausch? Einer Öko-Diktatur? Kann sich jeder aussuchen. «Es hat gerade erst angefangen», deutet Bachmann ahnungsvoll an. «Die haben uns getestet. Die haben gemerkt: Es klappt hervorragend. Die werden weitermachen.»

Lustvolles Schaudern. Gleich können sie nach Hause gehen im sicheren Gefühl, dass die alte Ordnung weiter besteht. Zu Hause haben sie einen Pass der Bundesrepublik Deutschland, mit dem sie in die ganze Welt reisen können. Eine Versichertenkarte, mit der sie jederzeit zum Arzt können. Eine Meldebescheinigung, eine Rentenversicherungsnummer und eine Steueridentifikationsnummer, mit der sie Renten, Zuschüsse und Leistungen beziehen können. Und heimlich, wenn es keiner mitbekommt, können sie auch im «Staatsfunk» den «Tatort» schauen.

Wenn sie von außen nichts verändern könne, ruft Bachmann, dann müsse sie eben rein. «Dann will ich *in* das System, ich will *in* dieses korrupte Scheiß-System!» Ergriffene Mienen. «Bravo», ruft der Youtuber begeistert und filmt nochmal den Namen auf ihrem Bus ab, damit ihn sich auch alle einprägen.

Der Youtuber und die AfD-Frau – an diesem Abend haben sie sich gefunden. Ab jetzt wird Bachmann regelmäßig auf seinem Kanal zu sehen sein.

Schon drei Tage später darf sie das Ganze nochmal ausführlich nachbereiten. Sie nutzt die Gelegenheit, um den Mob vor dem Wagen des Ministerpräsidenten zu verteidigen. Möglicherweise seien da ein paar Leute gewesen, «die das ein bisschen angeheizt haben, ein bissle impulsiver sind», sagt sie über die Nazis in der Gruppe. Aber Kretschmer rücke «uns ja auch auf die Pelle mit seinen Zwangsmaßnahmen».

Tabere begleitet die Direktkandidatin von nun an zu Wahlkampfveranstaltungen und «Montagsspaziergängen». Und, nachdem Bachmann dann tatsächlich in den Bundestag gewählt wird, schaltet er sie auch aus Berlin zu. «Wir haben nämlich Großes zusammen vor», kündigt er an. Dann erzählt sie, warum sie im Bundestag den Coronatest verweigert hat und deshalb auf der Besuchertribüne saß. Kurz danach sind sie bei einer illegalen Kundgebung wieder zusammen in Freiberg unterwegs.

Die Infektionszahlen explodieren zu dieser Zeit, im späten Herbst 2021, die Intensivstationen in Sachsen sind so überfüllt, dass Kranke in andere Bundesländer gebracht werden müssen. Das Land verhängt strenge Kontaktregeln, auch die Weihnachtsmärkte müssen geschlossen bleiben. Das ruft wiederum Querulanten und Rechtsextreme aus der ganzen Republik auf den Plan, die Freiberg zum Zentrum ihres «Widerstands» erklären.

In einem verzweifelten Brief ruft der Landrat in Mittelsachsen die Bürgerinnen und Bürger dazu auf, zu Hause zu bleiben und sich nicht «instrumentalisieren zu lassen». «Prüfen Sie bitte genau, welche Person oder welche Parole Sie mit Ihrer Teilnahme unterstützen würden», schreibt der CDU-Politiker. Und: «Wir brauchen niemanden, der gewaltsame Aktionen inszeniert, verschärft und dazu aufruft. Wir brauchen niemanden, der von außen den Ruf der wunderschönen Stadt Freiberg beschädigt.»

Die AfD-Politikerin Bachmann lässt sich davon nicht beeindrucken. Ohne Maske umarmt sie Freunde und Anhängerinnen zwischen den geschlossenen Buden des Christmarkts, singt das Steigerlied, spricht routiniert ihren Protest in die Youtube-Kamera von Elijah Tee. Die Polizei versucht, zumindest die Maskenpflicht zu kontrollieren, wird dabei aber angepöbelt und tätlich angegriffen, wie der MDR berichtet. Als die Polizei den Fahrer eines Transporters, aus dessen Lautsprechern laute Musik ertönt, kontrollieren will, rast er unvermittelt auf eine Beamtin zu. Es ist in diesen Tagen gefährlich, in Deutschland Polizist:in zu sein.

Schon im Sommer 2020 hatten Reichsbürger und Verschwörungstheoretikerinnen versucht, den Reichstag zu stürmen. 400 Menschen hatten am Rande einer großen Corona-Demo die Barrieren vor dem Bundestag durchbrochen und waren auf die Eingänge zu gerannt. Nur weil sich ihnen die wenigen dort stationierten Polizisten mutig und entschlossen in den Weg stellten, kam es nicht zu Bildern wie im amerikanischen Kapitol.

Auch der sächsische Youtuber Tabere ist im Bundestag kein Unbekannter. Nur wenige Monate danach versuchte er einen «Reichstagssturm 2.0», wie man es in der Community nannte. Mit mehreren anderen rechten Medienaktivist:innen drang er im November 2020 ins Reichstagsgebäude ein, um Abgeordnete vor der Abstimmung zum Infektionsschutzgesetz einzuschüchtern. Ohne Akkreditierung. Reingeschmuggelt von der AfD. Die Youtuber rannten mit gezückten Kameras in Büros, bedrängten und beschimpften Politiker wie Martin Schulz, Anton Hofreiter und Peter Altmaier.

Bundestagspräsident Schäuble schrieb später in einem Brief ans Parlament von «sehr ernsten Vorfällen», die «vielfältige Befürchtungen und Ängste ausgelöst» hätten. Sie könnten «eine Atmosphäre schaffen, die einer freien und offenen Diskussion entgegensteht».

Als verschiedene Gruppen am 6. Dezember 2021 zum Sturm auf den sächsischen Landtag aufrufen, ist die Polizei deshalb alarmiert. An diesem Tag wollen die Abgeordneten die epidemische Lage verlängern. Im Netz kursiert ein Aufruf, sich um 13 Uhr vor dem Landtag in Dresden zu sammeln, um «Kretschmars (sic!) Sonderplenum zum Lockdown zu verhindern». Auch die AfD-Abgeordnete Bachmann teilt ihn auf ihrem Telegram-Kanal.

Die Polizei ist diesmal vorbereitet, zum großen Knall kommt es nicht. Später löscht Bachmann den Aufruf. Aber die Frage bleibt: Wenn eine Bundestagsabgeordnete zum Aufruhr anstiftet, worauf muss man sich dann im Berliner Reichstag noch gefasst machen?

* * *

Ein halbes Jahr danach, im Juni 2022, sitze ich im Café Einstein unter den Linden und streite schon wieder übers Impfen. In der Zwischenzeit ist die Impfpflicht im Bundestag gescheitert. Der Krieg hat

Corona als wichtigstes Thema verdrängt. Und Carolin Bachmann von der AfD hat mir ab- und nun doch wieder zugesagt.

Ich hatte Bachmann schon Anfang des Jahres für mein Buch angefragt. Ich wollte verstehen, wie eine junge Frau zur AfD kommt und wie sie ihre erste Zeit im Bundestag erlebt, da sie nun selbst eine von «denen da oben» ist.

Zu einem ersten Treffen erklärte Bachmann sich auch bereit, «für eine genauere Projektbesprechung», also unter Vorbehalt. Bei jenem fünfzehnminütigen Treffen im kalten Märzwind vor dem Otto-Wels-Haus in Berlin legte ich ihr dar, was ich vorhatte. Die AfD-Politikerin versicherte, sie sei da sehr offen, nicht ohne mir verschwörerisch zuzublinzeln. Schließlich seien wir beide junge Frauen.

Kurz darauf erhielt ich eine Absage der Büroleiterin: «Nach einer ausführlichen Recherche zu den von Ihnen verfassten Artikeln sieht Frau Bachmann davon ab, in Ihrem Buch zu erscheinen», hieß es in der Mail. Bachmann fürchte «ein Framing zu ihren Ungunsten».

Ich konnte mir denken, welche Artikel sie meinte. Ich hatte im Dezember über die politische Lage in Freiberg berichtet und kurz danach in einem Kommentar auch für eine allgemeine Impfpflicht plädiert.

«Es liegt mir fern, Ihre Artikel zu kritisieren», sagt Bachmann nun. Sie habe sich allerdings mit ihrer Partei beraten, Gespräche im engeren Kreis geführt und dabei den Eindruck gewonnen, dass man «nicht zufrieden» war. Nun setzt sie ihr charmantes Lächeln auf: «Aber nichtsdestotrotz bin ich zu dem Schluss gekommen, es zu probieren und mit Ihnen in das Interview zu gehen.»

Der erneute Sinneswandel könnte natürlich auch daran gelegen haben, dass ich der Büroleiterin klarmachte, Frau Bachmann könne nicht einfach so entscheiden, ob sie in meinem Buch vorkommt oder nicht. Wenn sie nicht mit mir rede, könne ich auf andere Quellen zurückgreifen.

Jetzt sitzen wir jedenfalls hier und reden. Ganze zweieinhalb Stun-

den. Es dauert auch deshalb so lang, weil wir uns zwischendurch
immer wieder verhaken. Dabei stelle ich nur Fragen und habe eigentlich gar kein Interesse daran, zu diskutieren. Allerdings stellt Bachmann ihrerseits immer Rückfragen, und dann ist man, ehe man sich's
versieht, vom Ukraine-Konflikt beim Libyen-Krieg und bei chinesi-
schen Investoren in Afrika angekommen. Aber ich versuche es mal
der Reihe nach.

Bachmann ist 1988 in Freiberg geboren und im Erzgebirge aufgewachsen. Die Eltern führen in Mulda in fünfter Generation ein Geschäft für Raumausstattung und Polsterei. «Ich wurde gut und streng
erzogen», sagt Bachmann. Den Text, der dann kommt, kenne ich
schon aus sämtlichen Wahlkampfvideos auswendig: «Ich möchte
das, was meine Eltern und Großeltern aufgebaut haben, nicht kampf-
los aufgeben.»

Nach der Schule, im Jahr 2005, zog sie nach Frankfurt am Main,
machte eine Ausbildung zur Investmentkauffrau, studierte Betriebs-
wirtschaft und arbeitete als Kundenbetreuerin in der Kapitalverwal-
tung. Sie reiste durch die Welt, ging auf Partys und genoss das Leben
in der Stadt. Gleichzeitig aber sah sie überall und mit wachsendem
Abscheu «Parallelkulturen». In den Kneipenvierteln sei «das Deutsche verdrängt» worden.

Wo denn?, will ich wissen. Schließlich bin ich in Frankfurt zu Hause.

«In Sachsenhausen zum Beispiel.»

Genau dort wohne ich zufälligerweise. Parallelkulturen sind mir
bisher nicht aufgefallen. Klar: Zwischen der Apfelweinwirtschaft Frau
Rauscher, dem Grauen Bock und der Affentorschänke sind irgendwann vor vielen Jahren eine Cubanitas-Tanzbar, ein O'Dwyer's Pub
und eine Diwan-Shisha-Lounge eingezogen. Aber voll und laut ist es
bei allen. Junggesellinnen und Eintracht-Fans, Halbstarke und Halb-
seidene, Volljuristen und Volltrunkene sitzen hier Rücken an Rücken
in einem dampfenden Duft- und Klanggemisch aus Döner, Schnitzel,
Charts und Schlagern.

Bachmann aber sieht dort, ganz im Gegenteil, «eine komplette Anpassung und Gleichmacherei». Sie holt mal wieder zur Gegenfrage aus: «Wie oft sehen Sie denn eine glückliche afrikanische Frau in ihrer originären Kleidung?» Ich bin verwirrt. Kritisiert sie nun, dass Immigrantinnen Jeans tragen? «Die versuchen, sich anzupassen, klappt aber nicht», entgegnet Bachmann und macht eine ärgerliche Handbewegung: «Wir schweifen da jetzt auch ab.»

Jedenfalls hatte sie dann ihren «Aufwach-Moment», als sie in der Ausbildung über die Geldpolitik in Japan sprachen. Sie lernte, dass Negativzinsen ein Anzeichen für «ein krankes System» seien. «Und dann hatten wir das plötzlich bei uns.» Da begann sie, sich «intensiv mit den Zusammenhängen zu beschäftigen». Als ich wissen will, was das genau heißen soll, gleitet sie ins Ungefähre: «Man stellt halt fest, dass die Politiker andere Interessen haben und nicht immer das deutsche Volk voran stellen.» Erhobene Brauen: «Was auch immer für welche …» Unschuldsmiene: «Ich will ja niemandem was unterstellen …»

In dieser Zeit schaute sie mal bei der FDP vorbei, aber das war ihr «zu lifestylig». Auch die SPD fand sie abschreckend. Der einzige Politiker, der sie begeisterte, war Gregor Gysi von der Linken. «Der hat echt Durchblick.» Nur die Partei passte nicht.

Als 2013 in der Nähe von Frankfurt die AfD gegründet wurde, war Bachmann elektrisiert.

Sie schaute sich das erstmal von weitem an. Denn nach fast zehn Jahren am Main kehrte sie zunächst in die sächsische Heimat zurück, gründete eine Familie. Es war die Zeit, als viele Flüchtlinge nach Deutschland kamen, und das beobachtete Bachmann mit immer größerer Wut. Ein beispielloser Rechtsbruch sei das gewesen, eine «Riesenfrechheit» von Merkel. «Grenzen aufmachen, Leute herlocken und sich dann als Heilsbringer aufspielen», so interpretiert sie das Handeln der Kanzlerin.

Dass die Menschen wegen des Kriegs in Syrien flohen, lässt sie nicht gelten. Dass sie mit der Flucht ihr Leben aufs Spiel setzten, ebenso wenig. «Die NGOs holen die Migranten ja vor der Küste ab», spottet sie. Die Toten im Mittelmeer? «Da sterben vielleicht manche, aber wer ist denn dafür verantwortlich?» So wischt sie mal eben 20 000 Menschen weg, die seit 2015 im Mittelmeer ertrunken sind.

Die Frage, was sie an Merkels Stelle gemacht hätte, beantwortet sie nicht. So wie sie kaum eine meiner Fragen beantwortet. Immer dreht sie eine Schleife, bringt ein neues Thema ins Spiel, zielt mit Gegenfragen in wechselnde Richtungen, und wenn ich widerspreche, herrscht sie mich an: «Recherchieren Sie's!»

Ich fühle mich an eine Szene aus Bachmanns Wahlkampf erinnert, die ich auf Youtube gesehen habe. Eine junge Freibergerin stellt ihr nach einer Veranstaltung spontan eine kritische Frage, Youtuber Elijah Tee kommt hinzu und hält ungefragt die Kamera drauf.

Ich möchte die Szene kurz schildern, weil sie verdeutlicht, wie Bachmann diskutiert. Es geht bei dieser Begegnung um die Rechte von Homosexuellen, ein «Luxus-Problem», wie Bachmann sofort losschimpft. Nicht für die Menschen selbst, entgegnet die junge Fragerin. Beide stehen in ungemütlichem Herbstwetter unter Regenschirmen, der Himmel ist schon dunkel. Als Bachmann merkt, dass sie auf dem eingeschlagenen Argumentationspfad nicht weiterkommt, biegt sie sofort in eine andere Richtung ab: Wer solche Fragen stelle, freue sich doch gleichzeitig über homophobe muslimische Flüchtlinge, sagt sie nun und ergeht sich in Tiraden gegen den Islam.

«Das sind ja zwei verschiedene Themen», stellt die junge Frau richtigerweise fest, aber Bachmann fährt ihr über den Mund. «Wir müssen mal wieder beginnen, komplex zu denken», verkündet sie und beginnt mit Blick zur Kamera einen längeren Monolog. Mit gequälter Miene steht die junge Frau daneben und wartet auf eine Gelegenheit, um aufs Thema zurückzukommen: Warum die AfD Homosexuellen nicht die gleichen Rechte zuspreche wie Heteros?

Bachmann, nun mit dem klassischen Ablenkungs-Manöver: «Warum haben Ungeimpfte nicht die gleichen Rechte wie Geimpfte?» – «Beantworten sie doch mal die Frage!», ruft die Frau verzweifelt, aber keine Chance. Mal bestreitet Bachmann die Vorwürfe, mal befiehlt sie mit schneidender Stimme: «Lesen Sie das Grundgesetz!» Und dann hält sie einen langen Vortrag über Ehe, Familie, Volk und Fortpflanzung.

Die junge Freibergerin hält dem Verwirrspiel aus Suggestivfragen, Unterstellungen und endlosen Monologen tapfer stand, aber ist dabei unfreiwillig in eine große AfD-Inszenierung geraten. Als Bachmann keine Lust mehr hat, glättet sie gekonnt ihr Gesicht. «Schön, dass du da warst», flötet sie nun. «Und vielen lieben Dank für die Fragen.» Der jungen Frau ist das sichtlich unangenehm, aber Bachmann denkt gar nicht daran, aufzuhören. «Toll, dass du den Mut bewiesen hast», säuselt sie weiter. Es trauten sich ja nicht viele, mit ihr zu diskutieren. Die junge Frau hebt die Brauen. «Hat mit Mut nichts zu tun», sagt sie trocken, aber da beachtet Bachmann sie schon nicht mehr. Stattdessen strahlt sie in die Kamera und dreht kokett ihren Regenschirm. «Wie Audrey Hepburn», schmeichelt der Youtuber.

Als Beobachterin versteht man jedenfalls besser, was in einem Gespräch mit Carolin Bachmann eigentlich geschieht. Kurzum: Es handelt sich um kein Gespräch. Es ist ein Duell mit ungleichen Waffen. Wer sich an die normalen Gesprächsregeln hält – zuhören, ausreden lassen, beim Wort nehmen –, ist klar im Nachteil.

«Mal was anderes», sagt Bachmann plötzlich und holt mich aus meinen Gedanken. «Früher gab's mal so was wie ne Kleiderordnung.» Unglaublich, wie manche im Bundestag ans Rednerpult träten. «Ein bisschen Respekt!»

Ist nicht sie es, die den demokratischen Institutionen in diesem Land ganz fundamental den Respekt verweigert?

«Wie bitte? Wo sprechen wir denn den Respekt ab?»

Nach zwei Stunden habe ich meine Lektion gelernt. Ich werde jetzt nicht brav die Beispiele aufzählen und Bachmann auf ihrer argumentativen Geisterfahrt folgen. «Wieso sprechen Sie von Widerstand?», frage ich einfach weiter. Sophie Scholl war im Widerstand und hat dafür mit dem Leben bezahlt. Bachmann hingegen sitzt im Bundestag.

Ein goldenes Kreuz baumelt um ihren Hals. Die Sonnenbrille hat sie abgelegt, längst dämmert es in Berlin.

Auch auf diese Frage antwortet sie nicht, sondern holt aus zu einer Reihe an Gegenfragen: «Wer hat denn hier keinen Respekt? Wer hebelt denn das Grundgesetz aus? Wer verwehrt uns den Vizepräsidenten?», so geht ihre Suada. Eine Mehrheit im Parlament mache gerade eine Minderheit kaputt. «Das sind ganz komische Entwicklungen», sagt Bachmann. In der Vergangenheit habe man gesehen, wohin das führe.

In der Vergangenheit hat man vor allem gesehen, wohin eine völkische Ideologie und der Hass auf Minderheiten führen, erwidere ich.

Da sagt Bachmann: «Auf dieses Niveau müssen wir gar nicht runter.»

* * *

Ein paar 100 Meter weiter sitze ich am nächsten Morgen bei einem jungen Mann im Büro, der Carolin Bachmann schon länger kennt: Philipp Hartewig, 27 Jahre alt und für die FDP im Bundestag. Er kommt, wie Bachmann, aus dem Wahlkreis Mittelsachsen.

Auch Hartewig sieht viele Corona-Maßnahmen kritisch, auch er stimmte im Bundestag gegen die Impfpflicht. Aber die Tonlage, in der er darüber spricht, könnte nicht unterschiedlicher sein.

Mit leiser Stimme und offenem Visier erklärt er seine Position. Ganz anders als Bachmann trägt er jeden seiner Sätze nachdenklich vor.

«Ich habe die Prioritäten einfach nicht verstanden», sagt er etwa.

Wieso hatten Restaurants offen, aber Sportstätten zu? Wieso bauten die Fitnessstudios aufwändig ihre Terrassen aus, organisierten Outdoor-Kurse auf dem Parkplatz – und mussten dann trotzdem schließen?

Hartewig kritisierte die strenge Coronapolitik von Ministerpräsident Kretschmer scharf. Aber ihm sei es dabei einfach um die Abwägung von Risiko und Freiheit gegangen. «Ich wollte die Gefahr nicht relativieren», sagt er. Niemals hätte er in Zweifel gezogen, dass die Verantwortlichen nach bestem Wissen und Gewissen handelten. Im Osten gebe es eben eine «besondere Sensibilität» im Umgang mit staatlichen Maßnahmen, sagt Hartewig. Das sei eigentlich etwas Gutes. «Aber es kann umschlagen in Staatsablehnung.»

Vor der Abstimmung zur Impfpflicht bekam er viel Post aus dem Wahlkreis. 100 Mails pro Tag voller Verschwörungstheorien, Wut und Drohungen. Hartewig antwortete allen. Er werde gegen die Pflicht stimmen, schrieb er. «Aber die Impfung ist sinnvoll.»

Hartewig versucht, im Wahlkreis präsent zu sein. Er will Mittelsachsen nicht der AfD überlassen. Er schwärmt von den Unternehmen, den Hochschulen und Forschungseinrichtungen in seinem Wahlkreis. Vom «Silicon Saxony», von Solarmodulen und Halbleiterwerkstoffen. Am Freiberger Helmholtz-Institut forschen Wissenschaftler aus aller Welt zu seltenen Erden. Und die Hochschule Mittweida ist die einzige in Deutschland, an der man Blockchain-Technologie studieren kann.

Kann man die wütenden Leute von den Montags-Spaziergängen wieder für die Demokratie zurückgewinnen?

Hartewig denkt: ja, jedenfalls einen Teil von ihnen. Es gebe natürlich einige, die seien total radikalisiert. In den Kanälen, in denen es eben noch um Impfungen ging, werde jetzt gegen Waffenlieferungen mobilisiert. Aber es gebe auch welche, die hätten sich nur an bestimmten Coronamaßnahmen gestört. «Da kann das Vertrauen in den Staat wieder wachsen.»

Manche, die Carolin Bachmann in ihrer Corona-Kritik noch begeistert unterstützt haben, sind schon wenige Wochen nach der Bundestagswahl enttäuscht. Eine Facebook-Nutzerin namens Angelika Bergmann etwa, mit blauen Blümchen als Profilbild. Über Monate hinweg nahm sie an den Beiträgen der AfD-Politikerin Anteil. Mal reagierte sie mit einem Bibel-Zitat, mal wünschte sie Bachmann «viel Kraft und Weisheit» für ihren Impf-Protest im Bundestag.

Als Bachmann sich dann über die Flüchtlinge lustig machte, die der belarussische Diktator Lukaschenko an die EU-Grenze bringen ließ, fand die christlich motivierte Impfgegnerin das allerdings nicht mehr so toll.

«Wie konnte ich mich so in Ihnen täuschen», schrieb Angelika Bergmann mit dem Blümchenfoto. «Nein, das möchte ich nicht. So menschenverachtend.»

Grüne Harmonielehre

Wo Ricarda Lang auftritt, hinterlässt sie verblüffte Menschen. So auch an diesem Julitag 2022 in Offenbach.

«Sind die Grünen eigentlich noch die Grünen?», fragt sie von der Bühne, während draußen Protestierende in ihre Trillerpfeifen blasen. Die da draußen denken das nicht, sie haben sich den alten grünen Spruch vom «Frieden schaffen ohne Waffen» auf die Transparente geschrieben und sind vor das Offenbacher Stadtpalais gezogen, um gegen die «Kriegstreiberin» Lang zu protestieren.

Die Frage solle man ernstnehmen, sagt Lang drinnen, und dann verteidigt sie wortreich den Regierungskurs. Für die Leute da draußen hat sie folgenden Satz: «Für mich gibt es nur einen Kriegstreiber, und der heißt Wladimir Putin.» Applaus.

Langs Rede gefällt den Leuten hier. Ein bisschen staatstragend, ein bisschen grün. Ein bisschen Realpolitik («Wir wollen keine besseren Menschen, wir wollen bessere Politik»), ein bisschen Idealismus («Gemeinsam können wir diese Welt verändern!»)

Hinterher sind alle aus dem Häuschen. «Die hatte ich ja völlig unterschätzt!», muss der Geschäftsführer der hessischen Handelskammer zugeben. Die ist ja ganz anders als wir dachten!, finden auch Gäste von CDU und FDP. Und der Gastgeber, der hessische Wirtschaftsminister Tarek Al-Wazir, sagt, halb verdutzt, halb stolz: «Das hat sie echt gut gemacht.»

Das klingt jetzt natürlich etwas gönnerhaft, aber Al-Wazir schiebt gleich hinterher, was er meint: Er habe sie einfach noch nie vor einem Publikum erlebt, das nicht nur aus der eigenen Partei besteht.

Es ist der Sommerempfang der Offenbacher Grünen, und zu dem

hat Al-Wazir eben nicht nur Grüne eingeladen, sondern alles, was Rang und Namen hat in der Stadt. Dass Ricarda Lang Grüne begeistern kann, war dem hessischen Minister klar. Aber ob sie auch außerhalb der Bubble ankommt, daran hatte Al-Wazir seine Zweifel.

Denn auch wenn er und Lang in der gleichen Partei sind, stehen sie doch an zwei völlig verschiedenen Enden: Hier der Mega-Realo Al-Wazir, der sich vergeblich gegen Gendersternchen in der grünen Satzung wehrte und sich für den Ausbau der A49 von der Klimajugend als «Voldemort» beschimpfen lassen musste. Da die Wokeness-Queen Ricarda Lang, bisexuelle Queerfeministin und Body-Positivity-Ikone, die grundsätzlich nur im generischen Femininum redet und sich gerne mal für den linken Parteiflügel verkämpft.

Die Stamm-Anhängerschaft von Lang ist heute auch da. Die Grüne Jugend aus Offenbach hat sich gleich nach ihrer Rede auf sie gestürzt. Für ein gemeinsames Foto haben sie eine Fahne mitgebracht, die ich so noch nicht kannte. Es ist die «Inter* Inclusive Pride Flag», wie mir eine:r von ihnen sogleich erklärt. Eine um allerlei Formen und Farben erweiterte Regenbogen-Flagge: weiß, rosa und hellblau für Transpersonen, schwarz und braun für queere Schwarze und People of Color, der lila Kreis für intersexuelle Menschen. Die Person, die mir all das sehr engagiert darlegt, trägt kurze Hosen und Kniestrümpfe mit Schachbrettmuster, ein pinkes Shirt, dazu eine goldene Kette, und schwärmt: «Ricarda ist so toll!»

Lang postiert sich hinter der Fahne und strahlt inmitten ihres Fanclubs in die Kamera. Sie haben tausend Gesprächsthemen miteinander: Ob sie auch zum CSD nach Köln fahre? Natürlich! Quietschende Fröhlichkeit. «Ricarda ist echt eine wichtige Stimme für uns», sagt eine, die sich als «FLINTA*-Beauftragte» vorstellt, also als Beauftragte für: Frauen, Lesben, intersexuelle, nicht-binäre, trans und agender Personen.

Es ist eine Welt voller Geheimcodes: Wer kennt schon die Bedeutung all dieser Farben, Formen, Buchstaben und Zeichen? Man kann sich davon ausgeschlossen fühlen, wie in einem Land, dessen Sprache man nicht versteht. Allerdings wurden die Codes erfunden, um mehr Menschen einzuschließen. Jene Menschen, die sich wiederum von der Sprache, den Codes, Zeichen, Normen und Kategorien der dominanten Mehrheit ausgeschlossen fühlen. Ein Dilemma.

Vielleicht eines, das die Parteivorsitzende Lang irgendwann auflösen kann. Denn ihr erklärtes Ziel ist es, «diese Themen so zu kommunizieren, dass sie auch mehrheitsfähig sind», wie sie bei einem unserer ersten Gespräche sagte. Das hält sie durchaus für möglich, denn man könne an tief in der Gesellschaft verankerte Tugenden anknüpfen. Anstand, Respekt. Darum gehe es.

Aber bevor Lang die Mehrheit davon überzeugen kann, muss sie die Mehrheit erstmal von sich überzeugen. Deshalb muss sie jetzt auch mal weiter. Raus aus dieser kleinen, liebenswerten Nische, runter zu jenen, die Flinta für sowas wie einen Flixbus-Sprinter halten und auch ansonsten keine Ahnung haben von *Allys* und *Tokens*. Zum Rest Deutschlands, unten beim Buffet.

Da gibt es andere Gesprächsthemen. «Ich dusche nur noch kalt!», klagt eine ältere Frau, die sich gleich an Ricarda Lang geheftet hat. Ihr Ton: sehr vorwurfsvoll. Sie wolle das Gas im Sommer sparen, erklärt sie wortreich, damit sie im kalten Winter wieder warm duschen könne. Das ist freilich ein bisschen unlogisch, aber das aufzudröseln wäre jetzt zu kompliziert, weshalb Lang sich aufs Beschwichtigen verlegt: «Sie müssen nicht kalt duschen.» Die Regierung tue alles, um die Energieversorgung zu sichern. Sanft und eindringlich: «Sie müssen sich keine Sorgen machen.»

Nun, das tue sie aber, erklärt die Dame gekränkt. Und Lang, die versteht, dass hier noch etwas mehr Zuwendung gefragt ist, überschüttet die Dame mit weiteren Sätzen: An die Privathaushalte gehe es als allerletztes. Wirtschaftsminister Habeck schöpfe alle Möglichkeiten aus. Er lasse Flüssiggas-Terminals bauen und reise nach Qa-

tar. Es tue zwar weh, aber die Grünen ließen sogar die Kohlekraftwerke laufen.

All das sagen Langs Lippen. Die eigentliche Botschaft aber liegt in
ihren verständnisvollen Augen: Alles wird gut. Wir opfern unsere
Ideale für Ihre warme Dusche. Und wir tun es gerne.

Zwei Stehtische weiter tunkt Al-Wazir seine Kartoffeln in die
grüne Soße und ist ziemlich begeistert. Lang redet genau in seinem
Sinne. Wobei er dann doch etwas kritisch anmerken muss: Zwei Mal
habe Lang von «fossilen» Energien gesprochen. Das findet er «in-
siderisch». Der Grünen-Übersetzer Al-Wazir hätte «Kohle, Öl und
Gas» gesagt, denn das verstehen die Leute auch außerhalb des grünen Akademikermilieus.

Und da will Al-Wazir bekanntlich raus. Leute wie er, Robert Habeck, Winfried Kretschmann oder Cem Özdemir haben hart dafür gekämpft, die Grünen aus der Öko-Fundi-Schmuddelecke zu holen.
Und diesen Erfolg wollen sie sich nun auf keinen Fall von einer
neuen Generation von Fundis kaputt machen lassen: den kulturlin-
ken, identitätspolitischen Millennials.

Ob Lang nun zu denen gehört oder nicht, das ist die entscheidende
Frage. Sie behauptet natürlich: nein. Aber einige Realos hegen sehr
wohl diesen Verdacht.

Auch Tarek Al-Wazir war skeptisch. Nun ist er positiv überrascht.
An diesem Abend in Offenbach hat Lang also schon mal einen weiteren Kritiker aus den eigenen Reihen überzeugt. Eine Zwischenetappe
auf dem Weg zum Ziel. Parteivorsitzende ist sie schon, nun muss sie
sich halten. Und es endlich schaffen, die Vorbehalte gegen sie auszu-
räumen.

Eigentlich passte das Bild der akademischen Woke-Königin ja
noch nie zu ihr. Lang kommt vom Land, aus der tiefsten schwäbischen Provinz. Ihre Mutter arbeitete als Sozialarbeiterin in einem
Frauenhaus und zog sie allein groß. Lang weiß, wie es ist, wenn am
Ende des Monats das Geld knapp ist. Sie weiß auch, dass man mit

dem Bus auf dem Land nicht weit kommt. Meistens kutschierte die Mutter sie deshalb mit dem Auto umher, was die pubertierende Tochter ziemlich peinlich fand. So wie sie überhaupt vieles peinlich fand in dem Alter. Zum Beispiel Feministinnen. Die hielt sie für Frauen, die sich die Achseln nicht rasieren.

Als die Mutter später ihren Job verlor, weil das Frauenhaus schließen musste, empfand Lang das als so ungerecht, dass sie politisch wurde. Mit 18 Jahren trat sie den Grünen bei. Nicht um das Klima zu retten oder fürs Gendern zu streiten, sondern erst einmal aufgrund eines vagen Gefühls: «Ich dachte, irgendwas läuft schief in unserer Gesellschaft.»

In Heidelberg studierte sie Jura und engagierte sich bei der Grünen Hochschulgruppe. Dann zog sie nach Berlin, stieg bei der Grünen Jugend auf. Das Studium schmiss sie hin, um sich ganz auf die Politik zu konzentrieren.

Schon bald fiel die junge Ricarda Lang auch den älteren Grünen auf. Und zwar als eine, die eher ein bisschen anders ist als der typische grüne Nachwuchs aus der Großstadt. Eine, die das Wort «ökologisch» nie allein sagt, sondern immer das Wort «sozial» im gleichen Atemzug nennt. Eine, die die Schwachstelle der Grünen erkannt hat und nun offensiv adressiert.

Jürgen Trittin, früherer Umweltminister und im Übrigen ein großer Fan von Ricarda Lang, kann dazu eine Geschichte erzählen. Im Jahr 2018 lud er Ricarda Lang zum Neujahrsempfang in Göttingen ein. Damals war Lang Sprecherin der Grünen Jugend, also für alle erwachsenen Grünen schon mal grundsätzlich nicht ernst zu nehmen.

Die Jungen, sagt Trittin, hätten sich gefreut auf eine leidenschaftliche Rede zu den Themen «Vielfalt und Refugees Welcome». Die Alten hingegen waren genervt, dass die Chefin der Folkloretruppe überhaupt eingeladen worden war. Doch dann, sagt Trittin, habe Lang sie alle überrascht, die Alten wie die Jungen, und einen ausgefeilten, ziemlich erwachsenen Vortrag über soziale Gerechtigkeit gehalten.

Trotzdem gibt es weiter Vorbehalte gegen sie. Ausgerechnet in ihrer Heimat sind sie am größten.

Das zeigte sich zum Beispiel bei der Aufstellung der baden-württembergischen Liste für die Bundestagswahl. Als frauenpolitische Sprecherin des Bundesvorstands hielt Lang eine frauenpolitische Rede. Man müsse den Feminismus aus Berlin auf die Dorfplätze tragen, rief sie den Delegierten zu. Die waren offenbar nicht restlos überzeugt. Obwohl hier die stellvertretende Bundesvorsitzende sprach, lag sie im ersten Wahlgang eine Stimme hinter ihrer weitgehend unbekannten Gegenkandidatin. Erst im zweiten Wahlgang konnte Lang sich knapp durchsetzen.

Und auch bei der Bundestagswahl offenbarten sich Langs Schwierigkeiten. In ihrem konservativen schwäbischen Wahlkreis landete sie im Kampf um das Direktmandat gerade mal auf Platz fünf, noch hinter FDP und AfD. Besonders bitter: Bei den Zweitstimmen lagen die Grünen auf dem vierten Platz. Während fast alle anderen Südwest-Grünen bei den Erststimmen besser abschnitten als bei den Zweitstimmen, war es bei Lang umgekehrt. Das schlechte Ergebnis galt also explizit der Kandidatin.

Was haben die Schwaben gegen sie? In Baden-Württemberg sind viele bereit, dazu etwas zu sagen. Nur laut sagen wollen sie es nicht. Mit ihren identitätspolitischen Themen könne man in Baden-Württemberg nichts anfangen, heißt es. Außerdem seien «Überflieger» den Schwaben suspekt. Ihnen ist die junge Frau zu schnell aufgestiegen. Mit 23 Jahren Vorsitzende der Grünen Jugend, mit 25 Jahren stellvertretende Bundesvorsitzende, mit 27 Jahren Bundestagsabgeordnete, mit 28 Jahren Parteichefin.

Im Wahlkampf, wird mir berichtet, habe ein Handwerker bei einer Veranstaltung mal gefragt, wie Lang ihn eigentlich im Bundestag vertreten wolle, wo sie doch «noch net einen Tag im Lebbe gschafft» habe. Dass Lang weder einen Beruf gelernt noch ihr Studium beendet hat, sehen viele als ein Problem. Sie sei eben durch und durch

Parteigewächs und Funktionärin. Nicht anschlussfähig über das Kernmilieu hinaus. Die Realos aus Baden-Württemberg, die so reden, kontrastieren Ricarda Lang deshalb gern mit Winfried Kretschmann, dem 74 Jahre alten Ministerpräsidenten.

Kretschmann ist alt, knorrig, konservativ. Lang ist jung, rührig, links. Kretschmann war immer nur in Sigmaringen. Lang ist mehr Berlin als Backnang. Schon zum Studium zog sie in die Hauptstadt, wurde dort heimisch. Im Wahlkreis sehe man sie eher selten, heißt es.

Kretschmann spricht so langsam, dass man jeden einzelnen Satz parallel in Stein meißeln könnte. Lang dagegen spricht so schnell, dass man nicht immer mitkommt. «Das wirkt so aufgepeitscht», findet einer. Wobei er auch zugeben muss: «Sie kann nichts dafür, dass sie die Schwaben durch ihre Erscheinung und ihr Selbstbewusstsein provoziert.»

Und hier liegt vielleicht die Erklärung für viele Aversionen: Sie sagen mehr über die Urheber aus als über die Adressatin.

Die Gefahr ist, dass diese Geschichten den eigenen Blick zu färben beginnen. Als Ricarda Lang bei der Faz in Berlin zu Gast war, konnte ich ihr nicht mehr zuhören ohne die schwäbischen Stimmen im Ohr. Es ging um Gerechtigkeit, im Publikum etwa 50 Menschen aus Politik und Kultur. Lang erklärte, dass sie Gendern für ein langweiliges Thema halte und niemanden missionieren wolle, und auch sonst sprach sie ganz im Sinne ihrer Deutschland-Eroberungs-Tour.

Das klang sympathisch, unideologisch, locker. Aber dann habe ich an die Realos in Baden-Württemberg gedacht. Die hatten geraunt: Wenn sie immer betonen müsse, wie undogmatisch und bodenständig sie sei, sei sie es doch ganz bestimmt nicht.

Ich war verunsichert: Sagt sie das etwa extra für die Faz? Sagt sie vielleicht immer das, was man hören will?

Hinterher stand ich mit ein paar Leuten zusammen, Künstlern, Journalistinnen, Berliner Kreativvolk, und die waren begeistert von

Ricarda Lang. «Total erfrischend» fanden sie Lang, so humorvoll, eigentlich ganz anders, als sie sie sich vorgestellt hatten.

Als sie mich fragten, wie ich den Auftritt fand, überlegte ich laut, ob sie da vielleicht wieder die anwesenden Journalist:innen der Faz mitgedacht habe. Ob sie vor einem Grüne-Jugend-Publikum nicht ganz anders gesprochen hätte.

Es ist die typische Frage einer Journalistin, die eine Politikerin verstehen will: Wer ist sie, und wenn ja, wie viele?

Die anderen fielen sofort über mich her. Die grünen-feindliche Faz wieder! Da sei mal eine tolle junge, mitreißende Politikerin, und dann müsse die nervige Journalistin ihr pseudo-kritisches Theater aufführen! Überhaupt nerve dieser konfrontative Verdächtigungs-Journalismus. Könne man sich den Politiker:innen nicht einfach mal vorurteilsfrei nähern?

Puh. Also es ist schon kompliziert mit den Stereotypen. Ricarda Lang versucht ihr Woke-Image loszuwerden. Ich versuche, herauszufinden, ob das eine Masche ist. Und wiederum andere unterstellen mir dabei eine Pose. Authentizitäts-Dekonstruktivismus am Limit.

* * *

Als ich Ricarda Lang auf die Vorbehalte anspreche, reagiert sie ganz entspannt. Sie hört das ja nicht zum ersten Mal. Wir sitzen nach der Offenbacher Veranstaltung im Auto und fahren weiter nach Frankfurt. Wir kommen allerdings nicht weit, denn das Tor der Tiefgarage öffnet sich nicht. Die Grünen-Mitarbeiterin am Steuer macht sich auf die Suche nach einer Lösung. Zeit, die verschiedenen Vorwürfe mal durchzugehen.

Dass Lang mehr Berlin als Backnang ist? «Klar, das ist so.» Sie habe sich nun mal früh nach Berlin orientiert und lebe dort schon länger.

Dass sie maximal identitätspolitisch und woke sei? Da kichert

Lang. «Das finde ich immer total lustig!» Und dann erzählt sie, womit sie sich in den letzten Monaten beschäftigt hat: Krieg, Waffen, Energiepreise, Entlastungspakete, Übergewinne, Mieten, Neun-Euro-Ticket, Hartz IV, Mindestlohn. «Ich würde gern mal wissen, wo da die Identitätspolitik drinsteckt!»

Klar habe sie als frauenpolitische Sprecherin der Grünen andere Themen gehabt. Aber auch schon damals sei es ihr nicht um irgendwelche akademischen Debatten gegangen, sondern um die Bezahlung in der weiblich dominierten Pflege, um die Finanzierung von Frauenhäusern – solche Sachen. «Ich habe seit Jahren kein Interview mehr zum Gendern gegeben.»

Dabei hätte sie genug Gelegenheit gehabt: Ständig habe irgendwer angefragt, erzählt sie, ob sie nicht mit Christoph Ploß, dem jungen konservativen Hardliner und Hamburger CDU-Chef, ein Streitgespräch über Gendersternchen führen wolle. Lang rollt mit den Augen: «Es ist schon bemerkenswert, wie sehr das Thema gerade in diesen Kreisen hochgehalten wird.»

Da merkt man doch, dass ihr Ruf sie nervt. Sie will ihn dringend loswerden. Jetzt ist sie nämlich Parteivorsitzende und muss mehr auf Lager haben als Feminismus. Deshalb versucht sie nun offensiv, sich breiter aufzustellen. Vorurteile abzubauen. Ihre Kritikerinnen und Kritiker eines Besseren zu belehren.

Manches schaut sie sich bei Winfried Kretschmann ab, auch wenn die beiden politisch vieles trenne. «Eine Sprache zu finden, die Menschen erreicht, die sonst klassischerweise eher mit Abwehrreflexen auf Grüne reagieren». Auf dem Land, abseits der Städte, überall da, wo man die Grünen für die Öko-Polizei hält. Dort Vertrauen aufzubauen, das habe Kretschmann «krass geschafft».

Lang arbeitet auch an ihrer Art zu sprechen. Sie will ganz bestimmt nicht so langsam reden wie Kretschmann, aber ein bisschen langsamer wäre schon gut. Claudia Roth, die eine Art Mentorin ist, redet schon seit Jahren auf sie ein: «Man kann gar nicht so schnell mitdenken, wie du sprudelst. Du darfst die Menschen, die du ansprechen willst, nicht überfordern!»

Mit einem Stimmtrainer übt die junge Parteichefin deshalb, langsamer zu sprechen und die Stimmbänder zu schonen. Auch mit einem Coach arbeitet Lang, es ist derselbe, der auch schon Annalena Baerbock beriet. Da geht es vor allem um ihr Auftreten. Wie kann man als Frau in einer Runde das Wort ergreifen, ohne dass es zickig, wütend, biestig wirkt? Denn das schreibt man Frauen ja gern mal zu, während man Männer, die sich genauso verhalten, für durchsetzungsstark hält.

Ihren eigenen Stil will Lang dabei nicht verlieren. Sie will sie selbst bleiben, ohne ständig angefeindet zu werden.

Nur: Geht das überhaupt? Oder leben wir einfach immer noch in einer Gesellschaft, die sich lieber von einem 74 Jahre alten Mann die Welt erklären lässt als von einer 28 Jahre alten Frau? In einer Gesellschaft, die mehr darauf gibt, wie eine aussieht, als darauf, was sie zu sagen hat?

Sie provoziere die Schwaben durch «ihre Erscheinung», hatte einer ihrer Kritiker formuliert. Die Ressentiments haben auch immer etwas mit Langs Körper zu tun.

Lang bezeichnet sich selbst als dick, «denn ich bin über dem Normalgewicht und habe damit überhaupt kein Problem». So hat sie es mal in einem Interview gesagt. Mit den Begriffen mollig, kurvig oder vollschlank braucht man ihr nicht kommen. «Wenn die Leute so etwas sagen, dann verschleiern sie damit, dass sie ‹dick› mit etwas Negativem verbinden.» Dabei sei es doch einfach nur ein körperliches Merkmal, «das manche schön finden und manche nicht».

* * *

Als Ricarda Lang ihre erste Rede im Bundestag zum Thema Impfpflicht hält, hagelt es in den «sozialen» Medien Hass und Häme. So wie eigentlich immer, wenn sie irgendwo auftritt. «Die will uns was über Gesundheit erzählen? Die sollte sich erstmal um ihren eigenen Körper kümmern», ist noch einer der harmloseren Kommentare.

Lang kennt das schon. Die Kritik zielt selten auf das, was sie sagt. Aber dafür umso öfter darauf, wie sie aussieht. Wenn sie eine Übergewinnsteuer fordert, wird daraus der Hashtag «Übergewichtsteuer» gemacht. Und dann geht es wieder darum, ob diese junge Frau nicht mal eine Diät machen sollte, statt darum, wie man die Profiteure der Energiekrise in die Pflicht nehmen könnte.

Wann immer Ricarda Lang in der Öffentlichkeit etwas isst, muss sie sich darauf gefasst machen, dass irgendein Troll sie heimlich fotografiert und das Foto ins Netz stellt. Einmal wurde sie im Zug abgeblitzt mit einer McDonald's-Tüte vor sich. Eine Steilvorlage für alle Hater.

Es gibt Tausende Memes: unvorteilhafte Schnappschüsse von Lang am Handy, dazu der Spruch «Der Moment, wo du eine ganze Pizzeria zum Mittagessen kaufst». Auch die AfD erstellt solche «Share-Pics», mit denen man den Hass ganz einfach per Mausklick teilen und potenzieren kann.

Lang begleitet das, seit sie in der Grünen Jugend Politik macht. Ungefragte Ratschläge, unlustige Witze, Abwertung bis hin zu offenem Hass. Irgendwann hatte sie genug davon und begann, sich zu wehren – indem sie ihre vermeintliche Schwäche zu einer Stärke machte.

Mit einem großen Eis in der Hand lächelte sie in die Kamera und stellte das Foto ins Netz. Sie wolle nicht länger in einer Gesellschaft leben, in der Frauen wegen ihres Gewichts abgewertet werden, schrieb sie dazu. «Also her mit der Eiscreme und weg mit Selbstoptimierung, einengenden Schönheitsidealen und Fatshaming!» Dazu der schöne Hashtag #riotsnotdiets, also Aufstand statt Diät, außerdem: #foodlovers, #selflove, #fatpositive, #biggirls, #plussize und natürlich der Begriff, unter dem all das höchst offiziell firmiert: #bodypositivity.

Lang sagt, dass sie «Bodyshaming» damit explizit als politisches, feministisches Thema prägen wollte. Für sie ist es der Kampf für eine Welt, in der Frauen selbstbestimmt in ihrem Körper leben können. Lang nahm den Hetzern die Definitionsmacht über ihr Dicksein aus der Hand und machte sich selbst zur Autorin ihres Schicksals.

An den Reaktionen merkte sie, dass sie einen Nerv getroffen hatte. Viele Frauen mit ähnlichen Erfahrungen schrieben ihr. Für sie ist Lang ein Vorbild. Sie zeigt, dass man auch als dicke Frau ganz selbstverständlich in der ersten Reihe stehen kann. Sie zeigt: Es kommt darauf an, was du im Kopf hast – nicht auf den Rippen.

Mit dieser mutigen Kampfansage gewann sie im Jahr 2019 sämtliche Herzen ihrer Partei. Lang bewarb sich für den Bundesvorstand von Bündnis 90/Die Grünen. Eine ziemlich große Sache. Von der Grünen Jugend, deren Sprecherin sie bis dahin zwei Jahre war, wollte sie nun auf die ganz große Bühne wechseln – an die Seite der Parteivorsitzenden Robert Habeck und Annalena Baerbock.

Mit ihren 25 Jahren stand Lang auf dem Parteitag in Bielefeld und erzählte von den Vergewaltigungs- und Morddrohungen, denen sie ausgesetzt ist. Sie erzählte von den Momenten, in denen sie sich schwach gefühlt habe, in denen sie am liebsten alles hinschmeißen wollte.

«Meine Resignation bekommt ihr niemals!», schrie sie von der Bühne. «Aber dafür unser aller Widerstand!» Frenetischer Applaus. «Lasst euch niemals von irgendjemandem sagen, dass eure Stimme nichts wert ist», rief Lang. «Lasst euch niemals einreden, dass ihr zu dick oder nicht hübsch genug seid, um öffentlich für eure Ziele zu streiten!»

Da erhoben sich die ersten von ihren Plätzen. Erst hinten, dann schwappte die Welle der Begeisterung immer weiter nach vorn. Bis schließlich alle Delegierten in der Halle standen und klatschten, manche mit Tränen in den Augen. Robert Habeck lächelte verträumt in sich hinein, stolz und ergriffen. Der Saal tobte. Die Delegierten wollten gar nicht aufhören zu klatschen.

Die phoenix-Kommentatorin konnte ihr Erstaunen kaum verbergen über diese junge Frau, die es als einzige Rednerin auf diesem Parteitag geschafft hatte, die Leute von den Sitzen zu reißen. «Ein Energiebündel», kommentierte sie, und dabei erst «25 Jahre jung».

Nun, das war 2019.

Mittlerweile ist Lang etwas genervt von dem ganzen Thema. Kein Interview, kein Porträt, in dem ihr Dicksein nicht im Fokus stehen würde. Als ob Lang keine anderen politischen Themen auf Lager hätte.

Ist sie da vielleicht ein Opfer ihrer eigenen Identitätspolitik geworden? Einerseits machte sie ihren Körper zwar zum Thema, um nicht mehr auf ihn reduziert zu werden. Andererseits stellte sie ihn damit erst recht in den Mittelpunkt.

Lang muss nicht lange überlegen, als ich ihr diese Frage stelle. Sie hat schon viel darüber nachgedacht. «Ich glaube, es gibt für alles einen richtigen Zeitpunkt», sagt sie. Damals habe sie sich bewusst dafür entschieden. Jetzt sei sie an einem anderen Punkt: Jetzt wolle sie den Leuten, die ihre Kommentarspalten mit Hass füllen, gar nicht mehr diesen Raum geben. «Denn diesen Raum brauche ich für meine politischen Ideen.»

Aber so einfach ist es nicht, den Hass zu begrenzen. Kürzlich saß Ricarda Lang in einem roten Kleid in der Sendung von Sandra Maischberger, und da ging es wieder los. «Der McRicarda», «die grüne Massenvernichtungswaffe» und so weiter.

Wie immer, wenn Trolle ihre Aggressionen an ihr ausleben, bemerke ich das nur indirekt. Den Trollen folge ich nicht, ihre Reichweite ist begrenzt. Dann aber sehe ich den Tweet von Paul Ziemiak, CDU: «Würdelos und beleidigend. Meine volle Unterstützung!» Oder Jan Korte, die Linke: «Meine Solidarität hat sie.» Unzählige Solidaritätsadressen ploppen in meiner Timeline auf.

Lang findet es nett von den Kolleg:innen. «Das weiß ich zu schätzen.» In solchen Momenten zeige sich schließlich, dass Demokratinnen und Demokraten zusammenstehen.

Dann seufzt sie. Denn eigentlich wäre es ihr lieber, wenn der Hass überhaupt kein Thema wäre. Auch nach Solidaritätsbekundungen gehe es nicht mehr darum, was sie in der Talkshow zu sagen hatte, sondern wieder nur darum, wie sie dabei aussah. Der Candystorm verleiht dem Hass gewissermaßen erst sein Gewicht. Schon wieder so ein Dilemma. Soll man die Schmähungen verurteilen oder doch lieber ignorieren?

Der Hass im Netz ist ein Thema unserer Zeit, auf das wir immer noch keine gute Antwort gefunden haben. Die Entwicklung, die Ricarda Lang gemacht hat, haben wir auch als Gesellschaft insgesamt gemacht.

Erst war der Hass ein völlig neues Phänomen. Wir reagierten hilflos auf die Wucht, in der er sich plötzlich über das Netz seine Ziele suchte. Dann begann die Phase der Verarbeitung. Überall begannen Prominente und Halbprominente, den Hass, der sie erreichte, vor der Kamera vorzulesen. Das war originell. Ermächtigend. Aber auch irgendwie schwierig. Denn adelte man so die Hetzer nicht erst?

Eben noch hatten wir das Internet als großes demokratisches Versprechen gefeiert. Wir hielten das World Wide Web für eine Welt der unbegrenzten Möglichkeiten, fanden Freundinnen, Bewunderer und Meister – und jede Information der Welt. Dann dämmerte uns, dass wir dafür einen Preis aus Hass, Lügen und Populismus zahlten. Allmächtige Milliardenkonzerne hatten sich das unschuldige Internet einverleibt.

Erst liebten wir Facebook. Wir hinterließen dort gern unsere Daten, denn es erschien uns wie ein großes, niedliches Freundschaftsbuch. Nur allmählich sahen wir, wie Facebook begann, gegen uns zu arbeiten. Wie der Konzern unsere Daten hortete und an den Meistbietenden verkaufte. Wie er Schattenprofile und unsere Psyche durchschaute.

Ich spürte plötzlich Wut in mir aufwallen, wenn mich Facebook fragte: «Na, was denkst du gerade?» Mit welchem Recht fragte Facebook nach meinen Gedanken? Und überhaupt: Ich wäre eigentlich lieber beim Sie geblieben.

Facebook kannte uns alle. Facebook wusste, wer nach Hochzeitskleidern suchte und wer Angst vor Geflüchteten hatte. Und Facebook bediente diese Interessen und Ängste. Überhaupt spülte Facebook alles an, was Klicks versprach. Wahres, Halbwahres, Gelogenes.

Und plötzlich wählte Amerika Trump und Großbritannien den Brexit.

* * *

Vielleicht liegt in diesen Erfahrungen auch die Antwort darauf, warum die jungen Grünen eigentlich sind, wie sie sind. Die Zerbrechlichkeit der Demokratie, die wir in den USA, in Großbritannien, in Polen und überall um uns herum erleben, macht uns Angst. Und diese Angst schweißt uns über Parteigrenzen hinweg gegen die Feinde der Demokratie zusammen. Sie verwischt die Unterschiede zwischen Grünen, SPD, Union und FDP. Im Angesicht der AfD rücken die anderen zusammen.

Früher waren die Grünen das Anti-Establishment. Heute sitzt da die AfD. Früher waren die Grünen die außerparlamentarische Opposition, heute regieren sie im Bund und in den Ländern. «Sie stellen mehr Landwirtschaftsminister als die CDU», wie Jürgen Trittin triumphierend sagt.

Trittin, ehemaliger Bundesminister und seit 1998 im Bundestag, ist den ganzen Weg aus der APO bis in die Ampelregierung mitgegangen. Nun sitzt er mir in einem schwarzen Anzug in einem Hipster-Café in Göttingen gegenüber, nippt an seinem grünen Tee und erzählt, dass der Kompromiss nun mal Bestandteil des politischen Handwerks sei. Und dass zu einer stabilen Demokratie auch ungewohnte Bündnisse gehören, solche, die der junge, wilde Parteilinke Trittin früher zum Wegducken gefunden hätte: Bündnisse mit der CDU. «Das sorgt natürlich für Pragmatismus», sagt Trittin. Mit diesem demokratischen Konsens seien die jungen Grünen aufgewachsen.

Trittin sieht darin auch eine Gefahr: «Vielleicht überschätzen die Jungen den Konsens manchmal», überlegt er. «Weil sie nicht verstehen, was da vorher für Auseinandersetzungen stattgefunden haben.»

Sofort schießen mir Bilder vors innere Auge: Die Grünen mit ihren Rauschebärten im Parlament, geschmückte Tische, Stricknadeln. Waltraud Schoppe, die im Bonner Parlament von Sinnlichkeit und Penetration sprach, Joschka Fischer, wie er krähte: «Mit Verlaub, Herr Präsident, Sie sind ein Arschloch.»

Es kommt mir vor, als sei das ewig her. Andererseits kann es ja noch gar nicht so lang her sein, denn ein wahrhaftiger Zeitzeuge sitzt ja munter vor mir und bestimmt nach wie vor die Politik der Grünen mit.

Nicht weit von dem Café, in dem wir heute sitzen, besetzten Trittin und 400 andere wilde Student:innen Ende der 70er Jahre die Augenklinik. Die Studis saßen damals auf der Straße, weil sie keine Wohnung fanden, und als die Universität umzog und lauter Gebäude leer standen, eigneten Trittin und die anderen sie sich einfach an.

«Das war spannend, denn das war ja ein Staat im Staate. Wir mussten ja alles selber regeln», erzählt Trittin. Also: Wer schläft wo, wie wird eingekauft und bezahlt, wie gehen wir mit Chaos und Gestank um? Dafür gab es natürlich Plenarsitzungen, da wurden alle Streitpunkte thematisiert.

Das habe «im Großen und Ganzen» so einigermaßen geklappt, meint Trittin, allerdings nur so lange, wie es um Kleinigkeiten wie Putzen ging. Bei echten Problemen wurde es dann schwierig, etwa wenn Frauen belästigt wurden. «Da konnte man natürlich nicht die Polizei rufen.» Trittin vornehm: «Das war eine interessante Erfahrung, in diesem illegalen Zustand die Abwesenheit des Gewaltmonopols auch als Nachteil zu erleben.»

Zu dieser Zeit der Häuserbesetzung begannen die Grünen sich gerade zu formieren. Es war so etwas wie eine gewaltig verspätete Konsequenz aus der 68er-Revolution. Im Protest gegen Helmut Schmidts Rüstungs-Politik und die Atom-Energie taten sich die verschiedensten Leute zusammen: Spontis, Marxisten, Frauenrechtlerinnen, Ökos und so weiter.

Als die Grünen 1983 in den Bundestag einzogen und das westdeutsche Drei-Parteien- zu einem Vier-Parteien-System wurde, glich das einem Erdbeben. «Das war wie die Invasion von der Wega!», erklärt Hubert Kleinert, der damals dabei war. Und weil ich nicht genau weiß, wie ich «Wega» in meinem Notizbuch buchstabieren soll, erläutert er nachsichtig: Das sei eine Science-Fiction-Serie aus den 60ern gewesen. Und die Grünen waren natürlich die Aliens.

Kleinert, heute im sommerlichen Berlin-Look mit T-Shirt und heller, langer Hose, sah damals noch etwas anders aus. Er trug schulterlange blonde Haare, dazu einen Schnauzer und Second-Hand-Jacketts. Seiner Meinung nach gehörte er damit zu den Moderaten in seiner Fraktion. «Alpaka-Pullover waren nie meine Mode.»

Wir sitzen am frühen Abend im Café Einstein unter den Linden, und Kleinert, der eine nach der anderen raucht und dazu einen Espresso nach dem anderen bestellt, versucht mir zu erklären, wie das damals war. «Wir wurden gehasst, die CDUler haben uns richtig angepöbelt – das können sich Jüngere gar nicht mehr vorstellen!», erzählt er.

Auch einander hasste man. Es wurde gestritten, dass die Fetzen flogen. «Die Brutalität, mit der Freundinnen und Freunde sanfter Friedfertigkeit unter dem Deckmantel von Klarheit und Wahrheit aufeinander eindroschen, erfüllte bisweilen den Tatbestand des versuchten Totschlags», schrieb der Spiegel-Journalist Leinemann.

Kleinert fand das alles wunderbar. Diese Kreativität, die der Streit entfesselte! Diesen Mut, den die Auseinandersetzungen weckten! «Wenn alles neu ist», sagt Kleinert, «gibt es Raum für Ideen.»

Kleinert macht keinen Hehl daraus, dass er mit den Grünen von heute nichts mehr anfangen kann. «Die sind ja ein totaler Habeck-Baerbock-Fanclub.» Er macht ein verächtliches Gesicht. Statt Debatten und Streit nur noch lähmende Geschlossenheit. «Diese Akklamation wäre mir peinlich!»

Er dachte ja, die blutjunge Ricarda Lang sei vielleicht anders, die wirbele das Establishment auf, wenn sie da aus der Grünen Jugend plötzlich auf die Realität pralle. Enttäuscht: «Aber die ist ja total staatstragend.»

Und dann überlegt der ehemalige junge Wilde, warum die Jungen heute überhaupt nicht mehr wild sind. Er hat da eine Theorie.

«Niemand von uns ist in die Politik gegangen, um Karriere zu machen.» Wie auch? Keiner wusste ja, wie lange es diese Partei überhaupt geben würde, geschweige denn, dass sie tatsächlich mal an einer Regierung beteiligt sein sollte. Das Motiv für die Politik, meint Kleinert, sei damals eines gewesen, das es heute gar nicht mehr gebe: «Abenteuerlust». Heute sind die Grünen dagegen auf dem Weg zur Volkspartei. «Es ist völlig gefahrlos, zu den Grünen zu gehen.»

Als ich ihm erzähle, dass die neuen Grünen es für einen zivilisatorischen Fortschritt halten, nicht mehr bis aufs Blut zu zanken, dass sie keine Lust mehr auf Ellbogen und Konkurrenz hätten und fest daran glaubten, in der modernen Zeit seien auch Freundschaften in der Politik möglich, schaut Kleinert peinlich berührt. «Da täuschen sich die Jungen», meint er.

Als Kleinert und Joschka Fischer 1983 nach Bonn zogen, ins gleiche Haus, zogen sie des Nachts alkoholisiert um die Häuser, und schon da beschlich Kleinert manchmal ein merkwürdiges Gefühl. Er war ja weiß Gott kein Traumtänzer, aber bei Fischer hatte der Wille zur Macht nochmal eine andere Dimension.

Sein Schlüsselerlebnis hatte Kleinert in einer dieser Bonner Trink-

Nächte, als Fischer auf Machiavelli kam: «Du willst nur geliebt werden!», habe er Kleinert vorgehalten. Sei herumgefahren wie von der Tarantel gestochen und habe geschrien: «Hassen müssen sie dich! Fürchten!»

Da war kein Platz für zwei. Irgendwann hieß es: Du oder Ich. Und so wurde Fischer Außenminister – und Kleinert ging zurück nach Hessen. Erst war er dort noch Landesvorsitzender der Grünen, dann zog er sich aus der Politik zurück, wechselte als Professor an die Hochschule.

Inzwischen liest der ehemalige junge Wilde am liebsten die FAZ, hält Gendern für Teufelszeug und Wokeness für eine echte Gefahr. Brauche es denn wirklich das dritte Geschlecht, müsse man Winston Churchill vom Sockel holen, sei das nicht alles geschichtsvergessener Wahnsinn, diese Bilderstürmerei?

Kleinert hofft, das gehe wieder vorüber. Wenn er zurückblickt auf sein langes Leben, ist er schon stolz, was die Grünen alles erreicht hätten. «Vieles, was damals revolutionär war, ist heute bundesrepublikanische Normalität.»

Vielleicht sagt man das in der Zukunft auch mal übers Gendern? Kleinert, bis ins Mark erschüttert: «Hoffentlich nicht!»

* * *

Ricarda Lang kann über so viel Impetus eines Altgrünen nur milde lächeln.

Die Überzeugung, dass es keine Freundschaft in der Politik gebe, hält die 28-Jährige zum Beispiel für «ziemlich unerwachsen». «Wenn wir es nicht hinbekommen, mit Konkurrenz erwachsen umzugehen, ist das für mich ein ziemlich kindischer Umgang mit Macht.»

Lang hat auch kein Problem damit, pragmatisch zu sein. Wieso sollte sie «aus Prinzip dagegen» sein? Sie kennt die Fragen von Jour-

nalist:innen, die unbedingt über Streit schreiben wollen. Die sta-
cheln sie dann an, sagen: «Aber Sie sind doch Parteivorsitzende! Sie
sind doch Parteilinke! Da müssen Sie doch mal auf den Tisch hauen!»
Lang kichert ein wenig ratlos. «Meine Aufgabe ist es doch nicht, aus
dem Parteiprogramm vorzulesen. Ich treffe Entscheidungen anhand
der Realität.»

Und so, meint Lang, sei es insgesamt bei unserer Generation: «Wir
nehmen die politischen Gegebenheiten sehr ernst, ohne den Verän-
derungsanspruch aufzugeben. Wir sind eine politische Generation,
die Teil des politischen Prozesses sein will.»

Das klingt dann mitunter sehr abgeklärt. Jeder politische Konflikt
wird einfach begraben, in dem man «die verschiedenen Rollen» betont, die man dabei einnehme.

Wenn ich Lang darauf anspreche, dass Fridays for Future den so-
fortigen Ausstieg aus Kohle und Gas fordert, sagt sie zum Beispiel:
«Da haben wir eben unterschiedliche Rollen.» Sprich: Ihre Freundin
Luisa Neubauer muss Druck machen, und sie selbst muss schauen,
was mit dieser Regierung geht. Und abends treffen sie sich in Berlin
und essen was zusammen, ganz entspannt. Verbündete, die sich
trotzdem immer wieder kritisieren.

So hält Lang es auch mit ihrer Nachfolgerin an der Spitze der Grünen Jugend, Sarah-Lee Heinrich. Lang argumentiert für das Sondervermögen Bundeswehr, denn sie ist schließlich die Vorsitzende einer
Regierungspartei. Und Heinrich kritisiert das, denn sie ist ja die Vorsitzende der Jugendorganisation. Da gehört das halt dazu. Worüber
soll man schon streiten? Heinrich schrieb auf Instagram zwischen
roten Herz-Emojis: «Verschiedene Rollen, gleiche Ziele», dazu ein
Freundschaftsfoto, herzlich lachend, sommerlich, schwarz-weiß –
wie aus einem französischen Film.

Wie pragmatisch und professionell die Politikerin Lang ist, zeigte
sich schon in ihrer Zeit bei der Grünen Jugend. Damals krempelte sie
den zerstrittenen, chaotischen Laden, der diese Grüne Jugend bis da-

hin gewesen war, um und machte eine schlagkräftige Organisation daraus.

Armin Bernsee erinnert sich gut an die Zeit, er saß damals mit Lang zusammen im Vorstand der Grünen Jugend. Lang war damals erst 21, aber für Bernsee war sofort unübersehbar: «Sie will das, sie kann das, sie hängt sich rein.» Allen sei klar gewesen, dass sie in diesem Jugendverband eine tragende Rolle übernimmt.

Für andere stand bei der Grünen Jugend eher die Party im Vordergrund, Lang und ihre Mitstreiter:innen wollten den Jugendverband relevant machen.

Also brachen sie mit den libertären, anarchistischen Ideen der Vergangenheit, versuchten, die Basisdemokratie ein bisschen einzuhegen, um sich nicht ständig in Strukturdebatten zu verlieren.

Vorher wurde gekifft, gechattet, gestritten. Jetzt gab es eine wöchentliche Telefonkonferenz. Die neue Devise der professionellen Jungen an der Spitze: «Nach innen streiten, nach außen geschlossen sein.» Schließlich ging es auf die Bundestagswahl 2017 zu, und da wollte die Grüne Jugend sichtbar sein.

Das gefiel allerdings nicht allen im Jugendverband. Manche kamen sich plötzlich vor wie bei der Jungen Union. Bei einem Bundeskongress gaben sie sich große Mühe, «ein ansprechendes Bühnenbild» zu schaffen, wie Langs Freundin Jamila Schäfer sagt, die damals die Sprecherin der Grünen Jugend war. Da wetterten die Kiffer: «Ihr spinnt ja! Das sieht ja wie geschleckt aus!»

Es waren aber auch harte Angriffe dabei. Als Lang und die anderen die Altershürde von 28 auf 30 Jahre für die Grüne Jugend erhöhen wollten, warfen die Kritikerinnen und Kritiker ihnen «demokratische Aushöhlung» vor, nannten sie «autoritär» und «karrieristisch».

«Ich habe mir dir Kritik manchmal zu sehr zu Herzen genommen», erzählt Schäfer. «Ricarda war da von Anfang an entspannter.» Die sei immer ein kleines Stückchen stärker gewesen. Auch den Hass im

Netz, der damals noch neu war und die beiden jungen Frauen unvermittelt traf, steckte Lang etwas besser weg.

Die Kritik schweißte zusammen, es war eine prägende Zeit. Heute sitzen Lang und Schäfer beide im Bundestag und nennen sich immer noch beste Freundinnen. «Wir haben gemerkt, wie viel Kraft das hat, wenn man zusammen Ziele verfolgt», erzählt Schäfer.

Die Geschichte von der Freundschaft klingt schön, nur: Wie lang kann das gut gehen? Bisher kämpften die beiden Frauen gemeinsam, Seite an Seite. Einer schmerzhaften Konkurrenz-Situation waren sie noch nicht ausgesetzt.

So haben schon viele angefangen. Hubert Kleinert hat davon erzählt. Und doch sind alte Freundschaften im politischen Betrieb irgendwann zerbrochen.

Noch heute raunen Ältere den Jüngeren warnend die alte Steigerungsformel zu: «Feind – Todfeind – Parteifreund». Richard von Weizsäcker beschrieb Politiker:innen mal als «Generalisten, die von nichts außer von einer Frage etwas verstehen, nämlich von der, wie man innerparteiliche Konkurrenten ausschaltet. Das ist ihr Spezialgebiet.»

Ricarda Lang findet den Spruch schrecklich. «Das ist für mich Ausdruck von einem sehr traurigen Bild von Politik», sagt sie, fast ein wenig mitleidig. Sie beobachte da eine Veränderung. Die Jüngeren seien solidarischer untereinander, verstünden sich mehr als Verbündete denn als Konkurrenten.

Naja, wende ich ein. Wenn es dann um alles geht, wie bei Habeck und Baerbock, sehe man ja, wie weit es mit der Harmonie her sei.

«Ich will ja gar nicht alles schönreden», sagt Lang. Natürlich werde Konkurrenz immer Teil von Politik sein. «Die Frage ist: Findet man einen Umgang mit Konkurrenz, der nicht in die persönliche Feindschaft übergeht?» Lang ist überzeugt, dass es geht. Ja, dass es gehen muss: nicht nur für die Millennials in der Politik selbst, sondern auch für all die Menschen, die in den letzten Jahren von den selbstzerstörerischen Machtkämpfen in SPD und Union abgeschreckt worden seien.

Die älteren Grünen halten die jüngeren für zu weich, zu glatt, zu brav. Aber vielleicht sind die Zeiten heute einfach zu ernst für kreativen Streit. Vielleicht erfordern komplexere Zeiten auch komplexere Antworten. Da kann Lang eben nicht einfach auf den Tisch hauen, so wie Hubert Kleinert das vielleicht erwarten würde.

Inzwischen, sagt Lang, sei sie einigermaßen im Amt angekommen. Anfangs habe sie sich suchend vorgetastet. So jung in einem so großen, neuen Amt – und dann bricht in der Ukraine gleich ein Krieg aus. Mittlerweile fühlt sie sich sicherer, wagt sich auch mal vor. Die Übergewinnsteuer für Mineralölunternehmen war so ein Vorstoß, der Vorschlag zur Verlängerung des Neun-Euro-Tickets ein anderer. Sie spielt das Spiel ein bisschen mit, rammt dann und wann einen Pfeiler ein und provoziert ein wenig die Liberalen. Aber nie überzieht sie.

Die Älteren wünschen sich Streit und Show, die Jungen wägen lieber ab. Das hört man auch, wenn man mit Ricarda Lang über die Klimakrise spricht, eines ihrer wichtigsten politischen Anliegen. Auch da zeigt sie sich eher reflexiv und besonnen als ideologisch fordernd.

Wir sprechen über die jungen Leute, die sich mit Sekundenkleber auf die Autobahn kleben, über die jungen Frauen, die solche Angst vor einem unbewohnbaren Planeten haben, dass sie keine Kinder bekommen möchten. Ob sie das nachempfinden kann?, frage ich. Lang sagt erstmal ganz klar: «Wenn ich nicht die Hoffnung hätte, das wir das schaffen, dann würde ich keine Politik machen.» Aber es sei eben ein ganz schmaler Grat: die Klimakrise ernst nehmen, ohne apokalyptisch zu werden. «Wir haben da eine wichtige Vermittlungsaufgabe.»

Einerseits sei der Punkt überschritten, an dem wir die Klimakrise völlig verhindern können. «Andererseits können wir immer noch dafür sorgen, dass sie handhabbar bleibt.» Und so müsse die Politik eben eine Sprache finden, die keine Panik schürt, aber die Dinge auch nicht schönredet.

Die Angst der jungen Frauen, die keine Kinder in die Welt setzen wollen, teilt Lang nicht. Aber sie mache sie betroffen. «Da habe ich eine krasse politische Verantwortung.»

Zeitenwende

Kevin Kühnert betritt am 27. Februar 2022 den Plenarsaal mit dem Gefühl, dass er gleich Zeuge eines historischen Ereignisses wird. Er wird recht behalten, aber anders als er dachte. Anders als alle dachten. Scholz, der Zögerliche, hat eine Überraschung parat. Und die wird für die Jungen bei SPD und Grünen zur Bewährungsprobe.

Am Donnerstag hat Putin der Ukraine den Krieg erklärt. Am Sonntag kommen die Abgeordneten zusammen, um den Kanzler zu hören. Sie sind aufgewühlt, so wie das Land. Draußen ziehen Zehntausende mit ukrainischen Fahnen durch Berlin. Drinnen tuscheln die eilig Angereisten. Wie wird Deutschland reagieren?

Als die Bundestagspräsidentin zunächst den ukrainischen Botschafter Melnyk begrüßt, hat Kühnert die «Gänsehaut meines Lebens». Mit Ausnahme der AfD erheben sich alle Anwesenden und applaudieren minutenlang. Aus Anteilnahme, Hilflosigkeit und wohl auch Scham. Denn so richtig hatte keiner von ihnen den Botschafter ernst genommen, der schon seit Wochen vor einem Überfall warnte.

Olaf Scholz hat fünf Punkte mitgebracht, die meisten davon sind bekannt. Zu Waffenlieferungen hat sich die Regierung schon am Vortag durchgerungen, zu Sanktionen ebenso. Die Jusos und die jungen Grünen in den hinteren Reihen klatschen artig, sind aber zunehmend gespannt. Der Kanzler trommelt wohl kaum alle 736 Abgeordneten an einem Sonntag zusammen, um nur Altbekanntes zu verkünden. Irgendwas muss da noch kommen.

Als Scholz nach etwa fünfzehn Minuten eine «hochmoderne, fortschrittliche Bundeswehr» zum Ziel erklärt, ertönt höhnisches Gelächter von rechts. Man hat ja jetzt überall gelesen, wie es um die

Bundeswehr steht. Hubschrauber, die nicht fliegen, Gewehre, die nicht schießen, Panzer, die nicht rollen. Sogar an Stiefeln und Unterhosen fehlt es. Dass die Union in den letzten 16 Jahren das Verteidigungsministerium führte, stört die Amüsierten in diesem Augenblick nicht. Jetzt sind sie ja Opposition. Und da wollen sie mal sehen, was der Kanzler aufzubieten hat.

«Machen wir uns nichts vor», sagt der. So eine Bundeswehr koste viel Geld. Und dann sagt Scholz auch, wie viel. 100 Milliarden will er zur Verfügung stellen, in einem eigens geschaffenen Sondervermögen. Das ist der erste Paukenschlag. Der zweite: Jährlich sollen mehr als zwei Prozent des nationalen Einkommens in die Verteidigung fließen.

Ein Raunen geht durchs Parlament. In den Reihen der Union brandet Applaus auf, einer ruft «Bravo». Bei SPD und Grünen ratlose Gesichter. Der Fraktionsvorsitzende der SPD wird von der Ankündigung kalt erwischt. Wie versteinert sitzt Mützenich auf seinem Platz. Auch die Fraktionschefinnen der Grünen schauen sich entgeistert um. Eben noch haben sie in der Fraktion mit Baerbock und Habeck über die Lage in der Ukraine gesprochen, doch von einem Sondervermögen Bundeswehr war keine Rede.

Die Juso-Vorsitzende Jessica Rosenthal stupst ihren Sitznachbarn Hakan Demir an. Ob er die Zahl schon mal gehört habe? Der schüttelt den Kopf. Das hätte er sich gemerkt.

Rosenthal gehört zu denen, die den Kanzler in den vergangenen Tagen vor sich hergetrieben haben. Energisch forderte sie Swift-Sanktionen gegen Russland und Waffen für die Ukraine, als Scholz noch bedächtig die Argumente gegeneinander abwog. Nun hat der plötzlich einen ganzen Satz nach vorn gemacht. Rosenthal wird überrumpelt.

«Ich hatte da viele Fragezeichen», sagt auch der junge SPDler Kaweh Mansoori. Er hat mitbekommen, wie schwer es war, Geld für die Pflege locker zu machen. «Und plötzlich sind einfach 100 Milliarden da?»

So wie ihm geht es vielen Jusos und jungen Grünen. Die Summe können die wenigsten richtig einordnen. Sie klingt gewaltig, aber auch abstrakt. Und was ist überhaupt ein Sondervermögen?

Was sie aber wissen: Gegen das Zwei-Prozent-Ziel haben sie bei der Grünen Jugend und bei den Jusos immer angekämpft. Das Schimpfen auf die Bundeswehr und die Nato gehört zum guten Ton. Und das hier – die beschlossene Aufrüstung und der Jubel von der Union – geht eindeutig gegen ihr Bauchgefühl.

Manchen so sehr, dass sich ihnen «der Magen umdreht». Aber das sind bei weitem nicht alle. Andere Junge klatschen voller Zustimmung. In dieser historischen Stunde sind sie erleichtert, dass der Kanzler Führung zeigt.

Mit einigen Sekunden Verzögerung geht eine Welle durchs Parlament wie in einem Fußballstadion. Unionsabgeordnete erheben sich, die Liberalen daneben tun es ihnen gleich. Scholz lächelt sein verschmitztes Lächeln, triumphierend und ein wenig peinlich berührt. Links von der FDP verebbt die Welle. Die Grünen klatschen nicht einmal. Mützenich schüttelt den Kopf. Nur in den hinteren Reihen der SPD-Fraktion stehen ein paar. Sie wollen den Jubel für ihren Kanzler nicht der Union überlassen. Über alles andere wird später noch zu reden sein.

Das Bild, das die Abgeordneten nach der Sondersitzung des Bundestags abgeben, ist erst einmal von großer Ratlosigkeit geprägt. In kleinen Gruppen stehen sie unter der Kuppel zusammen. Wusstet ihr das? Was ist davon zu halten?

Immerhin erklären erfahrene Außenpolitiker:innen den Jungen, dass diese Rede nach außen gerichtet war – an Putin. So hatten sie das noch nicht gesehen. Aber hätte Scholz seine Fraktion nicht trotzdem vorher informieren müssen? Die Älteren gestehen, dass es für sie auch eine neue Situation ist. Klar, sie haben die Finanzkrise erlebt, die Eurokrise und die Ankunft Hunderttausender Flüchtlinge. Aber das ist nicht vergleichbar.

Am Abend sitzt Generalsekretär Kühnert im Fernsehen und beschwichtigt. Er finde, niemand müsse sich dafür entschuldigen, auf Diplomatie und Frieden gesetzt zu haben. «Aber man muss von dem Pferd absteigen, wenn es tot ist.» Das ist mehr eine Botschaft nach innen als nach außen.

Die Deutschen vor ihren iPads und Fernsehgeräten müssen ja gar nicht beschwichtigt werden. Sie finden es in überwältigender Mehrheit richtig, die Bundeswehr gegen eine drohende Gefahr von außen zu wappnen. Denn wenn Putin in der Ukraine anfängt, wo hört er dann auf? Und wie will man auf Augenhöhe mit ihm verhandeln, wenn man selbst ein militärischer Schwächling ist?

Was den Bürgerinnen und Bürgern einleuchtet, ist für SPD und Grüne allerdings schwer zu verdauen. Die Jusos schicken sich Balkendiagramme, die zeigen, dass die Militärausgaben in Deutschland zuletzt jedes Jahr angestiegen sind. Wozu bitte, braucht die Bundeswehr noch mehr Geld, wenn es sowieso versickert?, fragen sie. Memes machen die Runde, Pointen in Bildern. Vor allem der Mann, der verzweifelt das Gesicht unter seinen Händen begräbt, trifft das allgemein vorherrschende Gefühl. «Juso-MdBs, als sie Sonntag gehört haben, dass jetzt 100 Milliarden extra in die Bundeswehr gesteckt werden sollen», heißt es dazu.

Auch die jungen Grünen sind aufgewühlt. Geht das nicht gegen alles, was sie glauben? Sie wollten doch das Klima retten, nicht die Bundeswehr. Nyke Slawik verbringt schlaflose Nächte mit dem Gedanken, in eine «Aufrüstungsspirale» zu geraten. Und ihre Kollegin Merle Spellerberg fragt sich, was jetzt von der feministischen Außenpolitik übrigbleibt.

Aber während die Juso-Abgeordneten sich die Köpfe heißreden, haben die jungen Grünen im Parlament schnell eine staatstragende Formel gefunden, auf die sie ihr Unwohlsein bringen. Ein «zivilisatorischer Rückschritt» sei die Entscheidung, schreibt etwa die sächsische Politikerin Paula Piechotta, «aber aktuell unvermeidbar».

Auch Ricarda Lang verteidigt das Sondervermögen in dieser Art. Sie kritisiert einfach im gleichen Atemzug die Strukturen der Bundeswehr und setzt gekonnt einen Akzent gegen den Bundesfinanzminister, indem sie sich über die Schuldenbremse empört. Nicht nur ihre eigene Partei, sondern auch die FDP müsse jetzt «alte Gewissheiten überdenken». Gegen den liberalen Koalitionspartner wettern, das geht immer. Es bereitet ihr auch keinerlei Kopfzerbrechen, dass die Grüne Jugend die Sache anders sieht. Die hätten ja «eine andere Rolle». So einfach ist das bei den Grünen. Eben noch war Ricarda Lang selbst Sprecherin der Grünen Jugend, nun führt sie die gesamte Partei und spricht abgeklärt von der «Rolle» ihrer Nachnachfolgerin. Neuer Hut, neuer Mensch.

Für die Juso-Vorsitzende Jessica Rosenthal ist das ungleich schwieriger. Denn sie hat zwei Hüte auf: Sie ist die Vorsitzende von 70 000 Jusos im ganzen Land und gleichzeitig eine von 206 SPD-Bundestagsabgeordneten.

Am Montag nach der Regierungserklärung schalten sich die 49 Juso-Abgeordneten zusammen und machen ihrem Ärger Luft. Scholz habe sie vorgeführt. 100 Milliarden, das sei «total gaga», sagt einer. Das Geld fehle doch an anderer Stelle. Was ist mit ihren Herzensprojekten, was ist mit Bildung, Pflege, Sozialem? Andere halten dagegen. Neue Fragen, neue Antworten. «In einer solchen Krise ist keine Zeit, einen Parteitag abzuhalten und rumzudiskutieren.»

Die 49 kommen einfach auf keinen gemeinsamen Nenner.

Die Juso-Vorsitzende hätte sich gewünscht, dass die jungen Parlamentarierinnen und Parlamentarier mehr verbindet als ihr Alter. Und ist dies nicht der entscheidende Moment, um sich zusammenzutun? Doch Jessica Rosenthal ist allein mit ihrer schwierigen Doppelrolle. Ihr muss ein Spagat gelingen zwischen ihrem Jugendverband und der Kanzler-Fraktion, zwischen Kritik und Loyalität.

Sie braucht einen Tag, bis sie einen Weg gefunden hat, der ihr gangbar erscheint. Im Interview mit der Süddeutschen Zeitung markiert sie ihre Position. Dem Kanzler spricht sie ihre Unterstützung dafür aus, in einer solchen Situation «stark in der Führung aufzutreten», und greift stattdessen Bundesfinanzminister Lindner an – so wie es auch schon Ricarda Lang getan hatte. Der könne doch jetzt nicht allen Ernstes an der Schuldenbremse festhalten und gleichzeitig den Wehretat drastisch steigern. «Das kann einfach nicht funktionieren», so Rosenthal. «Wer will denn den Pflegenden erklären, dass für sie und die ebenfalls heruntergewirtschaftete Gesundheitsinfrastruktur leider nichts mehr übrig ist?» Anders als Lang verbindet Rosenthal diese Kritik allerdings mit einer kategorischen Absage: Sie werde dem Sondervermögen von 100 Milliarden im Bundestag nicht zustimmen. «Das halte ich für falsch.»

Dafür gibt es Applaus aus der Peer Group. Aber manche wittern nur eine Pose. «Ist ja schön zu lesen, aber zum Schluss werdet auch ihr das Vorhaben von Scholz abnicken», schreibt einer. Der Druck ist hoch.

Olaf Scholz sieht, was sich da zusammenbraut. Also schickt er den Mann seines Vertrauens dahin, wo es besonders rumort. Zur Parlamentarischen Linken, der größten SPD-Strömung. Was in diesen entscheidenden Tagen hinter den Kulissen geschieht, habe ich kurz danach mit einer Kollegin für die FAS rekonstruiert und für dieses Buch vertieft.

Als die Abgeordneten am Dienstag zusammenkommen, ebenfalls digital, hat sich schon einiges angestaut. Vor allem die Älteren fürchten um ihr Weltbild. «Wir können doch jetzt nicht alles einkassieren, wovon wir bis Samstag noch überzeugt waren», sagt einer.

Kanzleramtsminister Schmidt soll die Wogen glätten, bevor Scholz den Rest erledigt. Das sei eine absolute Ausnahmesituation, versichert er. «Diplomatie bleibt unsere Methode der Wahl.» Erleichtertes Aufatmen unter den Linken.

Als die gesamte Fraktion sich gegen 15 Uhr zusammenschaltet, hat sich der Sturm der Entrüstung bereits gelegt. Der übergangene

Fraktionschef hat seinen Zorn heruntergeschluckt, als er als Erster das Wort ergreift. Sein Ton: mild und ernst. Er wolle nach vorn schauen, nicht zurück. In einer solchen Situation sei es schließlich «das Recht und die Pflicht des Bundeskanzlers», die Dinge so zu entscheiden, wie er entschieden hat. Und diese Entscheidung gelte es jetzt, geschlossen zu tragen, auch wenn es keine leichte sei.

Das ist also der Kurs, den der Friedenspolitiker Mützenich seiner Fraktion nun vorgibt. Er kostet ihn Kraft, und gerade deshalb erwartet er, dass man ihm folgt. Mit süßen und bitteren Worten appelliert er an die Disziplin der Abgeordneten, vor allem die der Jungen. Die süßen: Wenn jemand das nicht mit seinem Gewissen vereinbaren könne, «dann müssen wir eben weiter darüber reden». Die bitteren: Man solle in der Politik immer sehr genau überlegen, «was man definitiv für sich ausschließt». Das geht an die Adresse von Jessica Rosenthal.

Nach Mützenich redet der Kanzler. 40 Minuten lang. Und wie er redet! Die versammelten Abgeordneten erleben einen Olaf Scholz, den sie so nicht kannten. «Regelrecht emotional», sagt einer verdattert. Scholz berichtet eindringlich von seinen Telefonaten mit Selenskyj. Er beschwört die existenzielle Herausforderung und preist das Sondervermögen als geschicktes Instrument, die Schuldenbremse zu umgehen. Die Botschaft: Keiner braucht um die Versprechen aus dem Koalitionsvertrag zu fürchten. «Man hat ihm total vertraut», sagt eine hinterher.

Dann sekundieren die Parteivorsitzenden. Nicht mal die linken Schwergewichte der Fraktion, Miersch und Stegner, lassen einen Hauch von Dissens erkennen.

Die Finanz- und Haushaltspolitikerinnen erklären den Jungen das Sondervermögen als eine Art Zaubermittel. Wo vorher kein Geld war, sei jetzt welches da. Die anderen Gelder, etwa für Mindestlohn, Bürgergeld und Rente, blieben unberührt. Die Bundeswehr nehme also niemandem was weg. Das klingt doch gut.

Es gibt viele Fragen nach dem Motto: Wenn das so ist, dann könne man die 100 Milliarden ja in alles Mögliche stecken – warum zum Beispiel nicht in Bildung und Entlastungspakete? Sicherheit sei schließlich mehr als Panzer und Maschinengewehre. «Das ist so eine astronomisch hohe Summe, da sind ja der Kreativität keine Grenzen gesetzt», schwärmt ein junger Abgeordneter. Die alten Finanz-Profis holen die Jungen schnell wieder auf den Boden. So ein Sondervermögen sei klar umrissen für einen konkreten Zweck. «Manche haben da eine steile Lernkurve hingelegt», spöttelt einer der Älteren hinterher.

Für die Juso-Vorsitzende kommen diese Erklärungen zu spät. Ihre Absage ans Sondervermögen steht schon in der Zeitung. Dahinter kann sie nicht mehr zurück.

Zwei Tage lang hat Rosenthal sich in Dutzenden Gesprächen der Wut der anderen über das Sondervermögen versichert. Waren sie nicht alle empört gewesen über den Alleingang des Kanzlers? Und jetzt sitzt sie hier, die Einzige, die so mutig war, ihre Kritik auch öffentlich zu machen.

Tapfer wiederholt die Juso-Chefin ihre Argumente. Sie bemüht sich um einen konzilianten Ton. Sie hat ja mitbekommen, wie sich die Stimmung gedreht hat. Die Fraktion gleicht einem Bataillon. 200 sendungsbewusste Individuen, verschmolzen zur Kanzlerarmee. Die Stimmung, die sich auch digital überträgt: Wehe, einer schert aus.

Rosenthal tritt die Flucht nach vorn an. In der Rolle der Treiberin hat sie sich eh besser gefallen. Was die Nato denn zu tun gedenke, wenn die Lage noch schlimmer werde in der Ukraine?, fragt sie mit moralischem Timbre in der Stimme. Was, wenn Wasserstoff- und Streubomben fielen?

Raunen aus den offenen Mikrofonen. Stirnrunzeln auf den Bildschirmen. Das klingt ja, als wolle Rosenthal die Bundeswehr nach Kiew schicken. Nun fühlen sich die älteren Verteidigungspolitiker:innen berufen. Das sei eine denkbar schlechte Idee, erklären sie. Das könnte den dritten Weltkrieg auslösen.

Rosenthal fühlt sich missverstanden. Hinterher stellt sie im Juso-Chat klar, dass es ihr um härtere Sanktionen gegangen sei, nicht um ein militärisches Eingreifen.

In der Fraktionssitzung aber bleibt sie allein. Auch jene Jusos, die später gegen das Sondervermögen stimmen werden, kommen an diesem Tag nicht aus der Deckung. In digitalen Sitzungen traue man sich nicht so leicht, sich zu Wort zu melden, erklärt einer von ihnen. «Da überträgt sich die Wut nicht.»

Die meisten aber verlassen den virtuellen Raum hochzufrieden. «Boah, ich hatte Gänsehaut, und bei Olaf Scholz hatte ich noch nie Gänsehaut», sagt eine. Ein anderer fühlt sich an Helmut Schmidt und Willy Brandt erinnert. «Man muss die Reden des Fraktionsvorsitzenden und des Kanzlers zusammen denken», sagt er. Scholz soll in dieser Analogie Helmut Schmidt sein und Mützenich Willy Brandt.

Die historischen Analogien bieten den Verunsicherten ein Geländer. Nur: Wieso sind sie eigentlich nicht früher darauf gekommen? Brandts Ostpolitik und Schmidts Rüstungspolitik wiesen ihnen doch den Weg. Willy Brandt hat jedenfalls nicht von «Wandel durch Handel» gesprochen, sondern von «Wandel durch Annäherung». Das ist etwas anderes.

Der klarsichtige Genosse Fritz Felgentreu, inzwischen aus dem Bundestag ausgeschieden, hat dieses Missverständnis Zeit seines Lebens angeprangert. Er erinnerte daran, dass nicht nur Schmidt, sondern auch Brandt kräftig in die Verteidigung investiert hat. «Brandt reichte Breschnew die Hand zur Entspannung bewusst aus einer Position der Stärke heraus», schrieb Felgentreu in einem Aufsatz für eine französische Zeitschrift.

Aber so ist das eben mit der Tradition. Man kann in ihr Halt finden oder sich in ihr verheddern. Man kann Brandts Ostpolitik in Ehren halten oder bei Rosneft einsteigen.

Die Grünen haben weniger Mühe mit ihrer Geschichte. Das liegt auch daran, dass so viele Jüngere bei ihnen mitreden. Die grüne

Fraktion ist die jüngste im Parlament, mit Baerbock stellen die Grünen im Kabinett die jüngste Ministerin, mit Ricarda Lang die jüngste Parteivorsitzende aller Zeiten. Niemand von ihnen ist noch von der Friedenspolitik geprägt.

Zudem haben sie noch nie eine Kanzlerin oder einen Kanzler gestellt, dessen Erbe sie verteidigen müssten. Das Willy-Brandt-Haus der SPD ziert eine überlebensgroße Büste des Säulenheiligen der Sozialdemokratie. Die grünen Vorsitzenden hocken dagegen einfach in einer «Geschäftsstelle». Ohne Büsten, ohne Tradition.

Ricarda Lang sagte mal, sie bewundere Petra Kelly, die Ikone der Friedensbewegung aus den 80er Jahren. Aber die Willy-Brandt-Begeisterung der Jusos sei ihr vollkommen fremd. «Ich bin froh, in einer weniger nostalgischen Partei Politik zu machen.»

Für den Kanzler läuft es erst einmal gut. Von den Grünen ist kein Ungemach zu erwarten. Und die eigene Partei wirkt auch einigermaßen beschwichtigt. Jetzt beginnt die Arbeit von Fraktionschef Mützenich. Bis zur Abstimmung über das Sondervermögen im Juni muss er den Laden zusammenhalten. Und dafür sorgen, dass es nicht zu viele Abweichler gibt.

Besonders im Blick hat er die Jungen.

Häutungen

Wie konsequent Kevin Kühnert schon mit Mitte 20 für seine Ziele kämpfte, erfährt man von jenen, die damals mit ihm bei den Jusos waren. Wer sich Jugendorganisationen als romantische Zusammenkünfte von Idealist:innen vorstellt, liegt falsch. So viel wusste ich auch vorher schon. Gerade die Jusos sind streng hierarchisch organisiert und eine harte Schule in Sachen Machtpolitik. Hier wird der Nachwuchs systematisch herangezüchtet und erlernt das Handwerk, das er im politischen Überlebenskampf braucht.

Der Kampf um die Nachfolge von Kevin Kühnert an der Spitze des Berliner Landesverbandes war aber selbst für Juso-Verhältnisse ungewöhnlich heftig. «Das war nicht mehr proportional zu dem, worum es ging», erzählt eine, die damals dabei war. Denn eigentlich ging es ja nur um ein Amt auf Landesebene in einer Jugendorganisation. Nicht einmal bedeutend genug für eine Zeile in der Lokalzeitung. Aber für Kühnert war es sehr bedeutsam. Es war so etwas wie der Grundstein für seine Karriere. Eine Weiche, die er unbedingt stellen musste.

Um zu verstehen, worum es damals ging, muss man wissen, dass die Berliner Jusos ein heillos zerstrittener Haufen sind. Zwei Lager bekämpfen sich dort seit Jahren bis aufs Blut: Beide sind links, aber die einen eher traditionell, die anderen etwas aktivistischer. Kühnert gehörte zu letzteren. Jede Wahl in Berlin war eine Kampfkandidatur, und nach jeder Wahl gab es Geschlagene, tiefe Verletzungen und noch tiefere Gräben.

Kühnert hatte es 2012 geschafft, sich in einer solchen Kampfkandidatur durchzusetzen, doch nach drei Jahren an der Spitze des gespaltenen Verbands ahnte er, dass es für eine Wiederwahl nicht reichen würde. Also musste er weiter. Weiter nach oben. In den Bundesvorstand. Das Problem war nur: Da saß schon ein Berliner. Der musste da weg.

Die Geschichte, die sich aus verschiedenen Gesprächen ergibt, geht ungefähr so: Um die Mehrheit gegen ihn aufzubrechen, schmiedete Kühnert einen Deal. Sein Trumpf war der Berliner Landesvorsitz, den er abzugeben hatte. Den sollte Annika Klose aus dem mächtigen Kreisverband Berlin-Mitte bekommen. Und im Gegenzug dafür sorgen, dass ihre Leute die Seiten wechselten: vom gegnerischen Lager ins Kühnert-Lager.

Doch da wollten nicht alle mitmachen. Eine Gegenkandidatin trat gegen Annika Klose an und bekam ein überraschend gutes Ergebnis. Ihr fehlte nur eine Stimme zur absoluten Mehrheit. Ein Schock für Kühnert. Sein Deal drohte zu platzen, bevor er auch nur annähernd sein Ziel erreicht hatte. Obwohl der Deal sauber eingefädelt war, alle Stimmen penibel berechnet wurden und die Mehrheit auf dem Papier stand, wählten die Berliner Jusos anders. Jetzt galt es, alle Hebel in Bewegung zu setzen, um das Blatt im zweiten Wahlgang zu wenden.

In der Pause bearbeitete Kühnert also jeden einzelnen und jede einzelne Delegierte, erinnerte alle Beteiligten an die Abmachung. Mitten im zweiten Wahlgang wurde plötzlich ein Delegierter nachgemeldet. Kühnert führte lange Verhandlungen mit dem Justiziariat, der Wahlgang wurde für Stunden unterbrochen.

Am Ende hatte Klose ihre Mehrheit. Kühnert hatte seinen Teil der Abmachung erfüllt. Dem Berliner Juso aus dem Bundesvorstand schwante schon seine Niederlage. Er räumte freiwillig den Platz.

Kühnert wurde einen Monat später mit den Stimmen von Kloses Kreisverband in den Bundesvorstand der Jusos gewählt. Am Ziel. Vorerst. «Danke für 72,6%», schrieb er am 28. November 2015, «das wird deluxe!» Dann ging es weiter im Programm des Juso-Parteitags. Es gab zum Beispiel einen Antrag zur Streichung des Paragrafen 90a, der die Verunglimpfung des Staates unter Strafe stellt. Der Satz «Deutschland, du mieses Stück Scheiße» müsse legal sein. Was man als Juso halt so für wichtig hält.

Der politische Fokus ändert sich im Lauf der Zeit. Bündnisse bleiben. Annika Klose und Kevin Kühnert sitzen heute beide im Bundestag.

* * *

«Das sind Lehrjahre», sagt ein älterer Genosse fröhlich, als ich ihm von dieser Begebenheit erzähle. Ich bin etwas schockiert von der Härte, mit der bei den Jusos in so frühen Jahren gekämpft wird. Mit Mitte 20 hätte ich nicht mal eine Nilgans aus dem Weg räumen können. Den Genossen schockiert das überhaupt nicht. So lerne man eben, Mehrheiten zu schmieden. «Das ist immer dasselbe Handwerk», sagt er. «Wer machtbewusst ist, macht das. Wer nicht machtbewusst ist, verliert.» Tröstend setzt er hinzu: «Und hat dafür früher Feierabend.»

Kevin Kühnert hat das von klein auf gelernt. Mit 16 trat er in die SPD ein, mit 18 kandidierte er für den Landesvorstand der Berliner Jusos, mit 22 gewann er seine erste wichtige Kampfkandidatur um den Landesvorsitz. Das war vor zehn Jahren.

Immer dabei: der etwas ältere Fabian Weißbarth, der ihn damals an die Politik herangeführt hatte. Heute ist er sein Pressesprecher. Auch andere von damals begleiten Kühnert bis heute.

«Eine ziemliche Boys Group» nennen es jene, die da nicht so reinpassen. Es geht um Fußball und Politik. Einen Förderer oder Mentor hatte Kühnert nie. Aber ein tragfähiges Netzwerk aus Gleichgesinnten.

Julie Rothe ist eine Frau und dementsprechend nicht Teil der Boys Group, aber trotzdem ziemlich eng mit Kühnert, und sie sagt: Klar umgebe Kühnert sich mit langjährigen Wegbegleitern. Sie versteht auch sehr gut, warum er es so hält. Wer so viel vorhat, brauche Leute, denen er bedingungslos vertraut. Und Vertrauen wächst nur langsam.

Scholz hat seine Männer, Kühnert seine Jungs. So geht es gemeinsam nach oben.

Ich überlege, was ich so mit Anfang 20 gemacht habe. Ein bisschen studiert, die Welt bereist, gefeiert. In der Amnesty-Hochschulgruppe habe ich es nicht lang ausgehalten, bei den Vollversammlungen zum Bildungsstreik auch nicht. Es kam mir ehrenwert vor, was diese Leute da taten. Aber wenn ich schon das Wort «Tagesordnung» hörte, wollte ich am liebsten auf der Stelle kehrtmachen. Im SPD-Ortsverein aufzuschlagen, wäre mir erst recht nicht in den Sinn gekommen.

In den Zeitungen wurde das bedauert: Die Parteien, die Vereine, die Chöre und die Kirchen, alle verloren sie Mitglieder.

Irgendwie sind sie ja auch selbst schuld, dachte ich. Dann sollen sie die Leute halt in Ruhe studieren lassen, statt sie in dieses Bologna-Reform genannte Korsett aus Modulen zu pressen. Wer immer nur dem nächsten Creditpoint hinterherhechelt, hat halt keine Zeit fürs Ehrenamt. Und wer das siebte unbezahlte Praktikum macht, hat auch keine Lust.

Die Älteren machen sich lustig über unsere Hochglanz-Lebensläufe, aber was bleibt uns schon anderes übrig, als sie um immer mehr Stationen zu erweitern? Früher hatten die Leute ihr ganzes Leben lang denselben Beruf. Da lohnte es sich, in eine Partei einzutreten, sich vor Ort in der Kirche oder bei der Freiwilligen Feuerwehr zu engagieren.

Die Millennials dagegen machen auf gepackten Koffern Überstunden und hangeln sich von einem befristeten Vertrag zum nächsten. Wer hingehalten wird, verpflichtet sich doch nicht.

Ja, wir sind eine unverbindliche Generation. Wenn wir uns verabreden wollen, sagen wir: «Lass uns nochmal schreiben.» Und wenn wir eingeladen werden: «Ich versuch's.»

Früher, als wir noch bei Facebook waren, gaben wir beim Beziehungsstatus an: «Es ist kompliziert.» Heute notieren wir bei Instagram, mit welchen Pronomen man uns ansprechen soll. Auch die eigene Identität ist nicht mehr unbedingt verbindlich.

In den Dating-Apps klickt man sich um die Wette ins Unglück. Selbst für einen Chat können die wenigsten den Elan aufbringen. Warum sollte man Zeit und Mühe in eine Konversation investieren, wenn sich hinter dem nächsten Wisch noch ein verheißungsvolleres Profil verbirgt? «Bitte verschwende nicht meine Zeit», heißt es schon passiv-aggressiv in der Anzeige. Oder: «Wenn du nicht schreibst, dann match mich auch nicht.» Dazu das augenrollende Emoji.

Wir sind sehr nachsichtig mit uns selbst, aber sehr streng mit den anderen. Ich glaube, das kommt vom *Self Empowerment* und den ganzen Therapiesitzungen, zu denen man geht wie früher zum Bäcker.

Es ist nicht so, als seien wir undiszipliniert. Wir können sehr ausdauernd an Fitness- und Ernährungsplänen festhalten. Wir wollen nur keine Geduld für etwas aufbringen, dessen Erfolg und Nutzen ungewiss ist: eine Liebesbeziehung, ein Ehrenamt, Kommunalpolitik.

In Berliner Cafés sieht man manchmal Leute auf ihre Dates warten, die nie kommen. Wer doch kommt, dem wird es meist nach ein paar Treffen zu viel. Dann «ghostet» er oder sie – verschwindet wie ein Geist, blockiert die Handynummer, meldet sich nie wieder.

Wir haben einfach so viel mit uns selbst zu tun, da ist für andere wenig Platz. Geschweige denn für Gemeinschaftliches. Also ein Elektro-Festival, ein Yoga-Retreat oder ein Orgasmus-Seminar, ok, das sind punktuelle Gruppenevents – Gemeinschaft als Happening. Aber es soll bitte keiner erwarten, dass man jeden Mittwoch ins holzvertäfelte Stadtteilzentrum schlappt.

Kurzum: Die Lebensentwürfe der jungen Politikerinnen und Politiker, die in diesem Buch vorkommen, sind für Millennials vollkommen exotisch. Auch wenn ich hier natürlich die Karikatur einer Generation zeichne, so hat doch jeder und jede meiner Gesprächspartner:innen aus dem Bundestag bestätigt: In der Schule waren sie stets die Ausnahme mit ihrem parteipolitischen Engagement.

Sie alle haben sich früh auf eine Partei eingelassen, haben sich festgelegt, haben unendlich viel Kraft und Zeit in ehrenamtliche Arbeit, in Netzwerke, Deals und Seilschaften gesteckt, von denen sie nicht wissen konnten, ob sie sich wirklich einmal auszahlen würden. Sie haben sich bei schönstem Wetter zu Landesdelegiertenkonferenzen getroffen und das ganze Wochenende in tristen Tagungsräumen verbracht. Sie haben die Fotos der anderen gesehen, vom Badesee, vom Elektro-Rave, vom Flohmarkt, haben ihre labbrigen Brötchen gegessen und sich über ihre Resolutionen gebeugt.

Vielleicht dachten sie: Lasst uns mal in zehn Jahren schauen, wer dann mehr Likes bekommt. Dann würden die Coolen von damals in irgendeinem Büro hocken, vielleicht in Teilzeit, für die Work-Life-Balance, aber doch ziemlich glanzlos. Und sie, die pickligen Politik-Nerds von damals, würden langsam aufsteigen, berühmt werden und mächtig.

Ich weiß nicht, was Kühnerts Klassenkameradinnen und -kameraden so nach dem Abitur machten. Aber ich weiß es über meine. «Work and travel» in Australien zum Beispiel. Oder Schildkröten retten in Costa Rica. Sie zahlten Unmengen an Geld an dubiose Organisationen und fühlten sich hinterher um Sinn und Lebenserfahrung bereichert. Die flüchtige Illusion eines Abenteuers.

Die Professorenkinder auf Kühnerts Musikgymnasium im Berliner Westen machten bestimmt auch sowas. Und auch wenn sich das bei weitem nicht alle leisten konnten: Zumindest lag die Idee von Costa Rica für die meisten von uns näher als der nächste SPD-Ortsverein.

Kühnert aber blieb nach dem Abitur zu Hause, stieg in den Vorstand der Berliner Jusos auf, brütete weiter über seinen Anträgen. Für ihn war das kein Verzicht. Er fühlte sich dort wohl. Auch wenn niemand aus seiner Familie Mitglied einer Partei war, hatte sie ihm das wichtigste kulturelle Asset mitgegeben: die Leidenschaft für das Vereinswesen.

Kevin Kühnert hat von seiner Jugend als Vereinshuber mal im Podcast «Alles gesagt» erzählt: Seine Mutter spielte Volleyball, sein Vater Fußball, er Handball. «Mannschaftssport ist ja eh toll, weil es nicht nur um einen selbst geht», findet Kühnert. Aber das Gemeinschaftliche gehe ja noch weit über den Sport an sich hinaus. Kühnert erzählte von den Samstagen, an denen von morgens um neun bis abends um 21 Uhr die Heimspiele stattfanden. Jemand musste am Kampfgerichttisch sitzen und die Spielbögen ausfüllen, jemand musste die Käsebrötchen und die Waffeln verkaufen, jemand musste den Bierstand aufbauen und das Bier zapfen. Seine Aufgabe war es abends, wenn die erste Frauen- und Männermannschaft spielten, für drei Euro die Tickets zu verkaufen. Er riss sie von einer großen, runden Kassenrolle ab.

Wie Kühnert all das auf die Spitzenpolitik vorbereitete, kann man zum Beispiel im Zeitungsarchiv nachlesen. Im Jahr 2010 hat es Kühnert zum ersten Mal in den Tagesspiegel geschafft, in den Sportteil. Er kommt dort in seiner Funktion als «aktiver Fan» des Fußballclubs Tennis Borussia vor. Denn er hat Unterschriften gesammelt, um den Aufsichtsrat abzuwählen und den Vorstandschef zu entmachten.

Schon damals hat das Establishment den jungen Kühnert nicht richtig ernst genommen. «Kühnert glaubt, dass sich das bald ändern wird», heißt es im Tagesspiegel dazu. Denn er weiß ja schon lange, wie man Mehrheiten organisiert. Der aktive Fan lässt sich mit dem Satz zitieren: «Ich sehe uns ganz klar am längeren Hebel.»

* * *

Die Zwischenstationen vom aktiven Fan bei Tennis Borussia bis zum Generalsekretär der Sozialdemokratischen Partei Deutschlands sind weitgehend bekannt: Kühnert wurde Juso-Vorsitzender, No-GroKo-

Rebell, Strippenzieher, Scholz-Verhinderer, stellvertretender Bundes-vorsitzender, Michael-Müller-Verdränger, Bundestagskandidat, Ab-geordneter.

Er hat seinen Aufstieg sogar filmen lassen: drei Jahre lang, sechs Folgen à 35 Minuten, ausgestrahlt im NDR. Die Storyline: An diesem jungen Mann kommt niemand in der SPD vorbei. Man sieht Kevin Kühnert rauchen und twittern, man sieht Andrea Nahles taumeln und stürzen, man sieht Olaf Scholz verlieren und gewinnen.

Vor allem sieht man Kühnert beim Wettbewerb um den Parteivor-sitz als den mächtigen Mann im Hintergrund. Denjenigen, der Saskia Esken und Norbert Walter-Borjans ins Rennen schickt und dabei im-mer die Fäden in der Hand hält.

Das sieht dann so aus: ein schnöder Konferenzsaal, Kaffee, Spru-del, stilles Wasser. Die übliche Politik-Kulisse. «Was sind die Haupt-botschaften heute Abend?», fragt Coach Kühnert, und seine 30 Jahre ältere Schülerin Esken antwortet: «Wir wollen Vorsitzende werden.» Damit kann Kühnert arbeiten. «Lasst uns da mal anfangen», beginnt er. Dann spielen sie die verschiedenen Szenarien durch.

Wenn der Einwand komme: «Wir können doch nicht unseren Vizekanzler beschädigen» – «Zurückweisen». Esken und Walter-Borjans schreiben es eilfertig nieder. Der wichtigste Rat des Juso-Vor-sitzenden aber: «Ihr habt Lust drauf, für euch ist es keine leidige Pflicht, sondern eine Leidenschaft!» Die beiden schauen auf und ab, beschäftigt mit ihren Notizen. «Ihr habt Lust», hämmert ihnen Küh-nert ein und zieht sich, um keinen Raum für Missverständnisse zu lassen, mit den Händen die Mundwinkel hoch: «Lust, Lust, Lust.» Es ist die Schlüsselszene der Doku.

Manche sind beeindruckt, andere verstört. «Jeder hat so seinen Stil», spöttelt ein Scholz-Mann. «Ich könnte meinen Kollegen nicht mehr in die Augen schauen, wenn ich sie so vorgeführt hätte», sagt eine mit Kühnert befreundete Politikerin. Sie kriegt das nur schwer mit dem Kevin zusammen, den sie aus dem echten Leben kennt. Der sei nämlich total sympathisch. Warum zeige er sich hier als eiskalter Machtstratege?

Vielleicht, weil es in der Politik wichtiger ist, gefürchtet zu werden als geliebt. Joschka Fischer rief es seinem Freund Kleinert zu, den er für zu weich hielt: «Hassen müssen Sie dich!» Und Gerhard Schröder sagte mal: «Die Leute wollen doch gar nicht, dass einer immer nur sympathisch ist. Die wollen einen an der Macht, der was durchsetzen kann. Und dann muss er auch ein Schwein sein können.» Ein Parteifreund analysiert etwas nüchterner: «Er wollte die Rolle wechseln: vom linken Rebell zum pragmatischen Strippenzieher.» Da habe die Szene gut reingepasst.

Strippenzieher: Kühnert gefällt diese Lesart. Als die ZEIT-Journalisten Wegner und Amend ihn in ihrem Podcast einen «Spindoctor» nennen, fühlt er sich geradezu geschmeichelt: das treffe ihn nicht, «weil das ist eine korrekte Beobachtung».

Überhaupt wimmelt es in diesem siebenstündigen Podcast-Gespräch nur so von «Geschichten, die funktionieren». Zum Beispiel der von Norbert Walter-Borjans als Robin Hood, der gegen die Steuerhinterziehung in der Schweiz zu Felde zieht: «Supergeile Geschichte!», schwärmt Kühnert. «Es war perfekt.» Perfekt jedenfalls bis auf die Tatsache, dass Walter-Borjans kein sonderlich «telegenes Wesen» sei, weshalb er, mit seiner «turbovielen Medienerfahrung», ihn habe coachen müssen.

Ein bisschen schummrig wird mir schon bei so viel Drehbuch-Schreiberei. Vor allem wenn er das Drehbuch seines eigenen Aufstiegs dann auch noch als «Gesellenstück» bezeichnet, ganz so, als wollte er es als Spin-Doktorarbeit einreichen.

Ist Kevin Kühnert vielleicht vor allem ein großes Medienereignis? Will er die Macht gar nicht, um etwas zu verändern, sondern einfach nur, um sie zu haben?

Es ist keine originelle Journalistenfrage, aber sie wird auch nicht alt. Zu viele Politiker hat man schon als Überzeugungstäter anfangen und als Machtsüchtige enden sehen. Zu viele Politikerinnen wurden schon zum Gegenentwurf stilisiert, und man hat gelernt, dass auch Frauen den Reizen der Macht erliegen. Viele haben hehre Ziele, wenn sie anfangen. Und verlieren sie irgendwann über all die brutalen Angriffe, demütigenden Niederlagen und trotzigen Rachefeldzüge aus den Augen.

Das Sein bestimmt das Bewusstsein, weiß wohl auch Kühnert, wenn er seinen Marx gelesen hat. Deshalb ist jedes Album von Eminem gefloppt, nachdem er berühmt geworden ist. Wer von der Gosse rappt, hat nichts mehr zu sagen, wenn er auf Seidenkissen ruht. Wen die Wut auf die eigene Armut antreibt, der verliert seinen Motor im Angesicht des Dollarregens. So ähnlich kann es auch in der Sozialdemokratie gehen: Wer plötzlich 20 000 Euro im Monat verdient, kann sich nur noch schlecht vorstellen, wie sich Hartz IV anfühlt.

Hat Kühnert die Wandlung vom Idealisten zum Karrieristen einfach nur schneller vollzogen als andere? Oder noch schlimmer: Hat er das mit der GroKo und dem Linkskurs vielleicht nie ernst gemeint?

Wenn es so einfach wäre, dann würde Kühnert sein eigenes Handeln wohl nicht in dieser Offenheit reflektieren. Dann würde er seine dunklen Spielchen doch lieber im Dunkeln lassen. Aber Kühnert zieht die Strippen nicht hinter den Kulissen, sondern in aller Öffentlichkeit, ganz transparent. Und er erklärt auch immer und zu jeder Zeit, wo er steht und was er für richtig hält.

Er wollte mit der Dokumentation einen authentischen Einblick in Politik geben, erklärte er zum Beispiel. Als Vorbild nannte er ausgerechnet die Schulz-Story: jene Geschichte des Spiegel-Journalisten Feldenkirchen, die den Kanzlerkandidaten Martin Schulz aus höchsten Höhen in den Abgrund begleitet.

Schulz hoffte, dass Feldenkirchen die Geschichte seines Triumphzugs schreiben würde, stattdessen wurde es die seines Falls. Und auch Kühnert konnte zu Beginn der Dreharbeiten im Jahr 2018 nicht sicher sein, dass seine Story ein Happy End haben würde. Und er hat wohl überhaupt nicht damit gerechnet, dass es auch ein Happy End für den Mann geben würde, den er in all den Jahren und über alle Doku-Folgen hinweg bekämpft: für Olaf Scholz.

Das zeigt zum Beispiel eine kurze Szene, in der eine Parteifreundin von Scholz schwärmt. Kühnert hält dagegen. «Was bringt mir ein überzeugter CDU-Wähler, der sagt: Die haben einen netten Kerl an der Spitze?» Der mache dann ja trotzdem sein Kreuz bei der Union.

Die Pointe versteckt sich in der letzten Folge der Doku: Mit den Stimmen jener, die früher Merkel gewählt haben, wird Scholz zum Kanzler. Und nur weil Scholz der Kandidat war, sitzen am Ende 49 Jusos im Parlament. Mit einem rot-rot-grünen Wahlkampf, wie die Jusos ihn sich gewünscht hätten, wäre das nie und nimmer gelungen.

Kühnert lässt es zu, dass man ihn bei dieser Fehleinschätzung ertappt. Und traut sich damit mehr als die meisten. Ricarda Lang zum Beispiel bekennt ganz offen: «Das wäre mir zu nah.»

Kühnert lässt es zu, weil die größere Geschichte ihm wichtiger ist: die des Parteistrategen, der die GroKo-Debatte hinter sich gelassen hat, um ins Zentrum der Macht vorzurücken. Er will beweisen, dass er nicht nur ein brillanter Rhetoriker ist, sondern auch ein genialer Schachspieler. Und vor allem: dass er am Ende kein Ego-Shooter ist, sondern ein Teamplayer.

In jeder Sekunde behält Kühnert die Kontrolle. Man sieht es an den kurzen Seitenblicken in die Kamera. Man sieht es an dem amüsierten Lächeln, das über sein Gesicht huscht, als Juso-Veteranin Rosenthal in der Hitze der Hartz-IV-Debatte über die eigenen Genossen schimpft: «Die lügen schon wieder!» Er weiß erstens: So reden sie halt bei den Jusos. Er weiß zweitens: alles auf Kamera. Und er weiß drittens: nicht mein Problem.

Es gibt aber auch Geschichten, die dem Erzähler Kühnert nicht gefallen. Weil er sie nur schwer beeinflussen kann. Zum Beispiel die vom rückgratlosen Opportunisten, der alle Überzeugungen dem eigenen Fortkommen opfert. «Manche denken, dass ich von Ehrgeiz zerfressen bin», sagte er mal. «Das ist ganz und gar nicht der Fall.» Er klingt betroffen, als er das sagt. Die Erzählung schmerzt ihn. Auch ich habe sie mal in einem Porträt über Kühnert angedeutet: als eine mögliche Deutung unter mehreren. Zum Schluss meines Artikels kommt Kühnerts bester Freund zu Wort, der diese Deutung konterkariert. Dennoch schien der Pressesprecher hinterher unzufrieden. Als ich Kühnert für dieses Buch noch einmal begleiten wollte, hieß es: nein danke.

Die Erzählung kommt für Kühnert natürlich nicht überraschend. Schon im Jahr 2019, als er sich nach dem erfolgreichen Coup mit Esken und NoWaBo als stellvertretender Bundesvorsitzender bewirbt, zeichnet er den Konflikt genau vor.

Kühnert steht auf der Bühne und hält seine berühmt gewordene Rote-Socken-Rede. Er hat eine rote Socke mitgebracht, in der eine blaue steckt, um zu sagen, dass sie sich keine Rote-Socken-Kampagne von Leuten gefallen lassen dürften, die ihr Verhältnis zum rechten Rand nicht geklärt hätten. Vorne rechts sitzen die Ehemaligen und schauen betont kühl und abweisend drein: Wolfgang Thierse, Martin Schulz, Kurt Beck. Vorn in der Mitte sitzt Olaf Scholz, lächelt verschmitzt und bringt es immerhin über sich, ein wenig zu klatschen. Hinter ihnen aber tobt der Saal vor Begeisterung.

Zum Schluss wird Kühnert leise. Nachdenklich. Wer ihn heute wähle, verspricht er seiner Partei, der bekomme «den Kevin Kühnert, den ihr kennengelernt habt». Er verstehe Politik «nicht als Rollenspiel». Er sei nicht der Meinung, dass man in einer neuen Position plötzlich anders denke. Also doch eher Hegel als Marx.

Man habe vielleicht andere Dinge zu bedenken, fährt Kühnert fort. «Aber meine Überzeugungen sind meine Überzeugungen.» Die Herausforderung ist ihm bewusst. Anders gesagt: Meckern ist einfach, es besser machen ist schwer. Oder wie ein erfahrener Kollege aus dem

Partei-Establishment sagt: «Irgendwann muss man sich entscheiden, ob man mitspielen will oder für immer Querulant bleibt.»

Kühnert hat sich fürs Mitspielen entschieden. Mit seiner Rede will er der SPD beweisen, dass er es ernst meint. Er wolle weiterhin unbequeme Fragen stellen, sagt er. Aber er werde es tun «in dem Wissen darum, vielleicht künftig noch stärker die Antworten darauf selbst geben zu müssen». Es ist ein Versprechen an seine Partei und noch mehr eines an sich: Er will sich treubleiben.

Nur: So schnell wird er das Rebellenimage nicht los. Ein paar Monate später treffen sich Kühnert und zwei Mitarbeiterinnen deshalb zur Strategiesitzung. «Kevins Rolle in d. Öffentlichkeit» heißt es unter Punkt zwei auf einem Chartboard. Auch diese Szene ist in der Kühnert-Doku zu sehen. Auch diese Szene ist sehr bewusst gesetzt. Denn auch die Reflexion der Reflexion ist Teil von Kühnerts Medienwelt.

«Was für ein Politiker willst du sein?», fragt die Büroleiterin. «Wie viel wird gerade in dich reinprojiziert, und was davon willst du überhaupt sein?» Sie hat alle Mails seit dem Parteitag ausgewertet, und aus allen spreche dasselbe, referiert sie: Kühnert finden die Leute super, nicht aber die SPD. Kühnert ist geschmeichelt, aber freuen kann er sich nicht. Er will, dass die Leute ihn endlich mehr mit der SPD verbinden. Denn er hat es ja nicht auf ihre Zerstörung abgesehen, sondern auf ihren Erfolg.

Nur liegt darin natürlich auch eine Gefahr, wie allen in seinem Team bewusst ist. Die Leute könnten denken, dass er den typischen Weg von links unten nach rechts oben gehe, so wie Gerhard Schröder und zig andere. Sie könnten denken: «Der ist ja doch wie alle andern, der olle Strippenzieher», wie die Büroleiterin formuliert.

Kühnert legt die Stirn in Furchen. Es müsse darum gehen, «inhaltliche Konflikte im Sinne der Sache aufzulösen». Also: konstruktive Kritik. Im System wirken. Ohne Krawall, ohne Knalleffekt. Nur: Verstehen die Leute das dann überhaupt noch?

Es wird alles noch viel schwieriger: Denn nach der Wahl wird

Scholz Kanzler. Und der junge Mann, der vier Jahre lang an seinem Stuhl gesägt hat, wird Generalsekretär. Also sowas wie der oberste Regierungssprecher. Alles, was Scholz tut, muss Kühnert erklären. Auch das, was er blöd findet. Er spricht jetzt gar nicht mehr für Kevin Kühnert, sondern nur noch für die Partei.

Wie kann das gut gehen? Wie kann er die Richtung wechseln, ohne einen Unfall zu bauen? Die Enttäuschten werden ihn als Wendehals beschimpfen. Die Etablierten werden ihn ein wenig zappeln lassen und zufrieden triumphieren.

Wer selbst die Überzeugungen seiner Jugend hinter sich gelassen hat, ist natürlich froh, wenn einer wie Kühnert das auch tut. Von Karrieristen geht keine Gefahr aus. Sie wollen das, was alle wollen. Sehr berechenbar.

Weil es unangenehm ist, den eigenen Wandel zu reflektieren, stellen ihn die meisten einfach als Normalität dar: als den normalen Lauf der Dinge. Churchill sagte: «Wer mit 20 Jahren nicht Sozialist ist, hat kein Herz. Wer es mit 40 Jahren immer noch ist, hat kein Hirn.»

Die Scholz-Version davon stammt aus dem Jahr 2019. Angesprochen auf Kühnerts Idee, BMW zu kollektivieren, lehnt Scholz sich grinsend zurück: «Ach», sagt er und heimst schon mal ein paar Lacher ein. «Zum Glück liegt meine Juso-Zeit schon mehr als 30 Jahre zurück. Da war der noch gar nicht geboren.» Subtext: Verbuche ich mal als Jugendsünde. Ansonsten: Willkommen im Club.

* * *

Seit Kühnert den Generalsekretär macht, ist es erstaunlich still um ihn geworden. Es wirkt so, als wisse er noch nicht genau, wie er den Posten interpretieren soll. Vor allem in dieser Zeit und in dieser Konstellation.

Man kennt die informellen Titel des Postens: Wadenbeißer, Bulldogge, Mann fürs Grobe. Früher war ein Generalsekretär für die Attacke zuständig, scharf, polemisch, derb. Heiner Geißler dichtete über den SPD-Vorsitzenden Hans-Jochen Vogel: «Lügen haben kurze Beine, kürzer sind dem Vogel seine.» Markus Söder nannte den Grünen Jürgen Trittin einen «Vorstadt-Ché-Guevara aus Göttingen», und Alexander Dobrindt nannte die Liberalen aus der gemeinsamen Koalition eine «Gurkentruppe». Auch bei der SPD waren sie nicht zimperlich. Franz Müntefering und Andrea Nahles konnten auch kräftig hinlangen.

Kein Job für Schneeflöckchen, wie man die besonders sensiblen Millennials nennt. Aber zu denen gehört Kühnert ja weiß Gott nicht. Andere Millennials spüren Mikro-Aggressionen, Kühnert haut gern auch makromäßig drauf. Der kann Attacke, das hat er schon bewiesen. Nun muss er halt statt der eigenen Partei den politischen Gegner attackieren. Aber das ist auch nicht so einfach.

Einerseits hat sich der Job gewandelt. Heute geht es zivilisierter zu. Paul Ziemiak und Lars Klingbeil waren mehr Sekretäre als Generäle, oder wie sie selbst wohl sagen würden: Manager. Breitbeinige Typen mit markigen Sprüchen auf den Lippen, wie sie vor allem die CSU immer wieder aufs Neue hervorbrachte, sind inzwischen etwas aus der Zeit gefallen. Und dann ist es auch so, dass der Job von der Zeit abhängt und von den anderen, die gerade in der Partei wichtig sind.

Willy Brandt, der zwei Jahrzehnte die SPD führte, brauchte keinen Generalsekretär an seiner Seite. Es gab damals auch weniger Talkshows und Medienkanäle, die nach Zunder fragten.

Erst 1999 wurde die Position des Generalsekretärs überhaupt in der SPD geschaffen, und zwar speziell für Franz Müntefering. Nachdem Gerhard Schröder den Parteivorsitz von Oskar Lafontaine übernommen hatte, sollte Müntefering aus dem Kabinett zurück in die Partei wechseln, um die Linken ruhigzustellen. Da man einen Minister aber nicht einfach wieder zum Bundesgeschäftsführer degradieren wollte, wertete man das Amt auf. Das entsprach auch Münteferings Rolle. Wenn der Kanzler gleichzeitig Parteivorsitzender ist, so wie es Schröder war, gibt es für den Generalsekretär viel zu tun.

Kevin Kühnert ist in einer völlig anderen Lage. Es gibt nicht nur einen Kanzler, sondern auch noch zwei Parteivorsitzende in Vollzeit: Lars Klingbeil und Saskia Esken. Und es gibt mit Jessika Wischmeier eine Bundesgeschäftsführerin, die sich ums Haus kümmert.

Dem Generalsekretär bleibt da nur, nach innen zu wirken und Streit zu verhindern. Ziemlich glanzlos. Manchmal darf er den Regierungskurs auch in einer Talkshow erklären, aber nur, wenn die Parteivorsitzenden gerade keine Lust haben. Ein SPD-Kenner meint: «Eigentlich könnte man den Generalsekretär in so einer Situation auch abschaffen.»

Die Ausgangslage ist für Kühnert also ohnehin nicht ganz einfach. Und dann erschwert einer auch noch ganz gewaltig seinen Job: Kanzler Scholz.

Seit Kriegsbeginn schimpfen die Deutschen immer wieder über den Kanzler, der seine Politik einfach nicht erklärt. Aber Scholz geizt nicht nur in der Öffentlichkeit mit Worten. Auch die eigene Partei leidet unter seiner spärlichen Kommunikation. Der Kurs ist oft unklar. Der Kanzler berät sich nur im engsten Kreis. Nicht mal die Parteivorsitzenden scheinen immer zu wissen, was er gerade im Schilde führt. Der Generalsekretär ist erst recht vom Informationsfluss abgeschnitten.

Das zeigt sich etwa am 26. April 2022. Seit zwei Monaten ist Krieg. Seit zwei Monaten wird der Kanzler für seine zögerliche Unterstützung der Ukraine kritisiert. Erst geht es um Helme, dann um Munition, schließlich auch um Panzer. Aus dem Kanzleramt werden die stürmischen Forderungen stets abgewehrt. Deutschland dürfe keine Kriegspartei werden, heißt es.

Am frühen Morgen gibt Kühnert dem Nachrichtensender ntv ein Interview und erklärt pflichtschuldig das, was er für die Linie des Kanzlers hält: «Eine Lieferung von Panzern zum jetzigen Zeitpunkt wäre ein Alleingang.» Man dürfe nicht Kriegspartei werden. Kühnert weiß, dass diese Haltung nicht populär ist, aber was soll er schon machen. Er ist halt der Generalsekretär.

Eine Stunde später dann die Eilmeldung: «Bundesregierung will Lieferung von Gepard-Panzern ermöglichen.» Kühnert steht wie ein begossener Pudel da.

Die Grünen an der Spitze halten es anders. Sie reden andauernd miteinander: Außenministerin Baerbock, Vizekanzler Habeck, die Fraktionsvorsitzenden Haßelmann und Dröge, die Parteivorsitzenden Nouripour und Lang. Es ist die sogenannte Sechser-Runde, in der alle wichtigen Entscheidungen getroffen werden. Was der Vizekanzler weiß, wissen meist auch Fraktion und Partei. Kevin Kühnert dagegen weiß nie irgendwas.

Ist das die Rache von Olaf Scholz? Oder kann er einfach nicht anders?

Im Umfeld von Scholz wischt man solche Fragen natürlich beiseite. Erstens: So gehe nun mal Führung. Wer sich immer erst mit allen abstimme, komme am Ende zu gar keiner Entscheidung. Und zweitens: Natürlich komme Scholz mit Kühnert aus. Es sei doch das Wesen von Politik, mit Leuten zusammenarbeiten zu können, mit denen man sich vorher bekämpft habe.

Wenn Kühnert über sein Verhältnis zu Scholz spricht, klingt das schon ein bisschen schwierig. «Es ist nicht so, dass es zwischen uns gemenschelt hätte», sagt Kühnert über seine wenigen Vier-Augen-Gespräche mit Scholz. Man überlege sich immer dreimal, ob man etwas von der wertvollen Zeit des Kanzlers stehle. Das übliche politische Prozedere am Rande von Veranstaltungen, ein bisschen schäkern, ein bisschen ernst reden – mit Scholz undenkbar. Kühnert: «Der Smalltalk ist jetzt nicht bei ihm zu Hause.»

Weil der Generalsekretär keinen direkten Draht zum Kanzler hat, muss er mit all seinen Anliegen zum Kanzleramtsminister. Wolfgang Schmidt ist seit Jahren der engste Berater von Olaf Scholz. Mit ihm bespricht Kühnert seine Fragen, von ihm hört er, was Scholz so denkt. «Ich muss nicht mit ihm persönlich sprechen», sagt Kühnert stolz.

Dabei gibt Kühnert sich einige Mühe, dem Kanzler treu zu sein. Sogar Nord Stream hat er für ihn verteidigt.

Im Rest der Partei kommt das an. Viele derjenigen, die ihm damals die No-GroKo-Kampagne übel nahmen, müssen nun zugeben: Er ist loyal. Sie nennen ihn «ernsthaft» und «fleißig». Sie sehen mit Wohlwollen, wie er sich in alle Themen einarbeitet, die Landesverbände abklappert. Ihnen gefällt der neue Kühnert, der seine Energie und sein Talent nun im Maschinenraum der SPD einsetzt, ohne dass er dafür draußen Applaus kriege. Der sei ja doch ein Teamplayer, sagen sie anerkennend.

Sogar Michael Müller, der ehemalige Regierende Bürgermeister von Berlin, spricht nur in den höchsten Tönen von ihm – obwohl Kühnert ihn aus seinem Wahlkreis in Tempelhof verdrängt hat. Für ihn ist Kühnert der richtige Mann an der richtigen Stelle. Einerseits sei er dem Amt gewachsen, andererseits erreiche er ganz andere Leute «als zum Beispiel Rolf Mützenich, Ralf Stegner oder ich». Denn Kühnert spreche auch Jüngere an und Leute außerhalb der SPD.

Zum Teil ist Kühnerts Mission also geglückt. Der Generalsekretär erarbeitet sich das Vertrauen seiner Partei – wenn auch unter Einbußen seiner Popularität. Und was ist mit seinen Fans von den Jusos? Wie hält er die bei der Stange?

Die Juso-Vorsitzende Rosenthal hat Kühnert schon mal an seiner Seite. «Ich nehme das nicht so wahr, als hätte er sich stark verändert», sagt sie. Die SPD sei nun mal dank der Jusos heute eine andere, und deshalb könne Kühnert für diese neue SPD auch der Generalsekretär sein. Statt nach Kühnerts Weg zu fragen, müsse man eher fragen: «Welchen Weg hat die SPD hinter sich?» Und die sei ein ganzes Stück des Weges auf die Jusos zugegangen.

So sieht es auch Julie Rothe, die ehemalige Geschäftsführerin der Jusos, die damals mit Kühnert die No-GroKo-Kampagne organisierte. Für Rothe ist Kühnerts Aufstieg folgerichtig. Schließlich hätten die Jusos ja vieles erreicht. Sie haben den Alten erfolgreich eine Debatte über die GroKo aufgezwungen, sie haben die Parteivorsitzenden auserkoren und die gesamte Partei nach links gerückt. «Kevin war dafür absolut entscheidend – wir haben ihm viel zu verdanken», sagt sie.

Julie Rothe ist inzwischen auch nicht mehr Juso-Geschäftsführerin, sondern Büroleiterin im Bundestag. Aber sie ist noch genauso links wie früher. Olaf Scholz sieht sie weiterhin eher kritisch. Und die Deutschland-Führungsmacht-Rede des Parteivorsitzenden Klingbeil fand sie total daneben. Wenn man ihr zuhört, merkt man erst, wie anders Kühnert heute redet.

Trotzdem erkennt Rothe ihn wieder. Klar sei er jetzt Teil des Partei-Establishments, sagt Rothe, aber dort gebe er auch den Linken und den Jusos ein Gesicht. «Er ist halt jetzt nicht mehr Juso-Rebell, sondern macht es mit Bedacht.» Obwohl sie lange gegen das Establishment kämpfte, gefällt ihr der Gedanke, dass einer der ihren nun dort angekommen ist. «Wir hoffen natürlich, dass es für Kevin auch darüber hinaus weitergeht», sagt sie. Kanzler der Bundesrepublik Deutschland? Da grinst Rothe nur. Wer weiß. Manche tippen ja, dass Kühnert erst mal Regierender Bürgermeister von Berlin werden wolle.

Zumindest die engen Freundinnen und Vertrauten nimmt Kühnert mit. Es gelingt ihm, sich weiterzuentwickeln, ohne die Mitstreiter:innen von früher zurückzulassen. Denn er kann ihnen erklären, warum er jetzt manches anders sieht. Er lässt sie teilhaben an seinem Weg.

Doch das gilt längst nicht für alle Jusos. Wie unzufrieden die mit Kühnerts Metamorphose sind, zeigte sich zum Beispiel bei einer Landesdelegiertenkonferenz der Berliner Jusos, Kühnerts alter Heimat.

Er war der Ehrengast und hielt eine Rede. Nicht als Juso, sondern als Generalsekretär. Die Regierung mache viel mehr für die Ukraine, als da draußen ankomme, sagte er. Die Regierung sei einiger, als man denke.

Die Jusos hatten keine Lust auf diese Beschwichtigungen. Ihnen war das alles zu halbherzig. Sie wollten wissen, warum es kein Gas-embargo gebe, warum das mit den Waffen so langsam gehe. Sie kritisierten, dass die SPD von den anderen Parteien vor sich hergetrieben werde. «Wir verstehen nicht, wie die Sozialdemokratie sich so verzwergen kann», schimpfte die Juso-Landeschefin. Und überhaupt, wann werde der Gazprom-Mann Schröder endlich aus der Partei ausgeschlossen?

Kühnert redete und erklärte und verteidigte die Regierung gegen die Jusos. Schröder sei irrelevant, ein Ausschlussverfahren sei schwierig und wenig erfolgversprechend. Manche der Jusos, die Kühnert noch von früher kannten, schauten sich fragend an. Das waren doch genau die Argumente, die sie früher gemeinsam angegriffen hatten! Damals ging es um den Ausschluss von Thilo Sarrazin, der Parteivorsitzende hieß Sigmar Gabriel, die Generalsekretärin Andrea Nahles.

Ein paar Wochen nach der Juso-Veranstaltung treffe ich die heutige Vorsitzende der Berliner Jusos am Gendarmenmarkt. Sinem Taşan-Funke sagt: «Damals waren wir beide der Meinung, dass es nicht auf die Erfolgsaussicht ankommt, sondern auf das Signal: Wir sind eine grundwerteorientierte Partei, die solche Leute nicht einfach im Namen der SPD reden lässt.»

Und so ist es für sie und die anderen Jusos immer noch «gewöhnungsbedürftig», Kühnert nun so anders reden zu hören. «Er war erst in Berlin mein Vorsitzender, dann im Bund. Er stand immer an unserer Spitze», erklärt sie. «An die neue Distanz müssen wir uns noch gewöhnen, und auch daran, dass wir ihn jetzt kritisieren können und müssen.»

So viele Jusos im Parlament sind eben nicht nur für die Älteren in der Fraktion, sondern auch für den Jugendverband eine neue Situation. Früher arbeiteten sich die Jusos von morgens bis abends an der Partei ab. «Da haben wir zu 100 Prozent die Beschlusslage rausgehauen», wie einer sagt. Heute sitzt die Chefin der Jusos selbst im Parlament. Einen Umgang damit müssen sie noch finden.

Auch andere Jusos sind enttäuscht. Sie hatten gehofft, dass Kühnert es anders machen würde als alle vor ihm. Dass er ein Rebell bleiben würde. Ein Hoffnungsträger.

Für den Juso Simon Witsch ist Kühnerts Rollenkonflikt gewissermaßen existenziell. Witsch ist Chef der südhessischen Jusos, außerdem Stadtverordneter in Frankfurt am Main und planungspolitischer Sprecher der SPD-Fraktion im Römer. Auch ein Rollenkonflikt. «Es ist nur die kommunale Ebene», sagt Witsch, «aber es ist das gleiche Prinzip.»

Kühnert war für Witsch immer ein Vorbild. «Der hat uns als No-GroKo-Kämpfer krass inspiriert, wir haben da Seite an Seite gekämpft», erzählt er. Jetzt sei Kühnert plötzlich so angepasst. Warum, fragt Witsch, habe Kühnert dem Parteivorsitzenden Klingbeil zum Beispiel gar nicht widersprochen, als der von Deutschland als Führungsmacht sprach? «Neue Rolle, klar», sagt Witsch. «Aber wer sagt eigentlich, dass die Rolle so blass sein muss?»

Es ist nichts Neues: Man wird abgeschliffen, man wird Teil des Systems. Bei Gerhard Schröder war es so, bei Andrea Nahles auch. Nur hatte Witsch halt gehofft, Kühnert würde ihm und allen anderen zeigen, dass es auch anders geht.

«Vielleicht tu ich ihm auch unrecht», sagt Witsch nachdenklich. Wir stehen nach einer Veranstaltung zusammen in der Frankfurter Goethe-Uni, und Witsch gibt mir seine Visitenkarte, um die Zitate abzugleichen. So sehr Establishment ist er auch schon.

Vier Jahre lang war er Vorsitzender der Frankfurter Jusos, bevor er aufstieg zum Chef Hessen-Süd und zum Stadtverordneten. Wenn er jetzt an die Pressemitteilungen seiner Frankfurter Jusos denkt, ertappt er sich bei dem Gedanken: «So könnt ihr das doch nicht formulieren!» Witsch schaut mich entsetzt an. «Dann denk ich: Hilfe, was ist aus mir geworden! Lass die doch machen, verdammt nochmal!»

So fühlt er sich immer wieder. Der Rollenkonflikt zerreißt ihn. Dann stellt er sich die Frage: «Soll ich jetzt die Koalition im Römer unterstützen, von der ich Teil bin, oder die Jusos, die recht haben?»

So schnell gibt Witsch aber nicht auf, weder seine Überzeugungen noch sein Vorbild Kevin Kühnert. Der junge Generalsekretär habe sein Amt ja gerade erst angetreten. Vielleicht überrasche er alle noch. «Der Prozess ist noch offen», sagt Witsch. Er meint damit Kühnert. Aber auch sich selbst.

Ein Land namens Trade Republic

Zwei Jahre lang hielt man die Protestierenden von Fridays for Future für *die* Jugend. Und dann wählten die meisten Erstwählerinnen und Erstwähler bei der Bundestagswahl plötzlich die FDP.

Wie bitte? Die FDP? Diese Partei von SUV-fahrenden Boomern?

Was jungen Leuten selbst schon lange klar war, wurde am 26. September 2021 mit einem Mal auch den Älteren bewusst: Die sind ja gar nicht alle grün und links. Die interessieren sich auch für andere Themen als für das Klima. Und für manche von ihnen ist das Auto keine $CO2$-Schleuder, sondern die große Freiheit.

Eigentlich ist es keine Neuigkeit, dass die FDP bei den Jungen überdurchschnittlich gut abschneidet. So war es auch schon bei der Europawahl. Und so war es auch bei den Landtagswahlen, die auf die Bundestagswahl folgten. Nur bringen die Stimmen der Jungen der FDP nicht den großen Erfolg. Denn es gibt viel mehr Alte als Junge. Und diese Alten wählen kaum FDP.

Jens Teutrine kennt die Krisensitzungen nach schlechten Wahlergebnissen. Und er kennt die Kritik, die dann jedes Mal kommt. Typischerweise äußert sie ein älterer Herr. «Ist ja schön und gut mit den Erstwählern», heiße es dann. «Aber was bringt uns das?» Die 60-Jährigen seien viel mehr, die müsse man ansprechen. Sie störten sich an den jugendlichen FDP-Plakaten in Neonfarben. «Das ist doch alles viel zu hip und modern!»

Teutrine rollt mit den Augen. Für ihn gibt es da mehrere Logikfehler. Erstens gewinne man keine älteren Wähler, indem man Jüngere abschrecke. Zweitens stünde die FDP ohne die Erstwählerinnen und Erstwähler noch viel schlechter da. Und drittens, und hier kommt

Teutrine richtig in Fahrt: «Dann macht doch mal ein Zielgruppenanalysekonzept! Günther! Karl-Heinz!»

Günther und Karl-Heinz stehen für die Boomer, klar. Und Teutrine teilt deshalb so aus, weil er und seine Julis genau das gemacht haben: ein «Zielgruppenanalysekonzept». Sie haben sich die Shell-Jugendstudien angeguckt und die Gruppe der Erstwählenden genau analysiert.

Und die sehnen sich nach Veränderung. Klimakrise und Pandemie haben ihr Vertrauen in die Regierenden erschüttert. Die Grünen liegen bei den Jungen ähnlich weit vorn. Die Parteien der Großen Koalition dagegen: abgestraft.

Aber es ist eben nicht nur die Klimakrise, die jungen Menschen Angst macht. Es ist auch die Sorge vor der Altersarmut. Viele junge Menschen fürchten, von ihrer Rente später einmal nicht leben zu können. Sie wissen, dass die Boomer ihnen zahlenmäßig überlegen sind. Und dass sie deren Renten schultern müssen.

Viele von den Jungen empfanden vor allem die Coronapolitik als ungerecht. Sie waren es schließlich, die unter den Regeln am meisten litten. Mit jeder abgesagten Klassenfahrt, mit jeder gestrichenen Abiparty und mit jeder Polizeikontrolle im Park wuchs der Frust. Manche wurden spielsüchtig, bekamen vom Schulunterricht nichts mehr mit. Andere wollten von zu Hause ausziehen, studieren oder eine Ausbildung machen – und blieben dann mutlos im W-Lan des Kinderzimmers hängen. Nichts mit Reisen, Feiern, Knutschen. Stattdessen mussten die Jugendlichen zuhause hocken, in «Solidarität mit den Älteren», wie man ihnen sagte.

Wie erfrischend war es da, dass ein solcher Älterer, nämlich der 70-jährige Wolfgang Kubicki, im Lockdown einfach in die Kneipe ging. Kurz vor der Bundestagswahl rühmte sich der FDP-Politiker, «unsinnige» Corona-Regeln «selbstverständlich» zu brechen. Den SPD-Politiker und jetzigen Gesundheitsminister Karl Lauterbach bezeichnete er bei der Gelegenheit als «Spacken».

Was große Teile der Republik empörte, kam bei den FDP-Kids gut an. Überhaupt genießt Wolfgang Kubicki da Kultstatus. Noch mehr Strahlkraft entfaltet nur noch Christian Lindner. Wegen Lindner träten scharenweise junge Männer in die Partei ein, hat mir die Juli-Vorsitzende Franziska Brandmann mal erzählt. Während Lindner für die Klimajugend der Typ mit dem peinlichen Profi-Spruch ist, wird er von den Julis gefeiert wie der Messias.

Da heißt es dann zu seinem Foto: «Steal his look». Dazu die Angaben, was dieser Look angeblich kostet: die Rolex Milgauss für 8 500 Euro, eine Hermès-Krawatte für 200 Euro und so weiter. Auf Instagram gibt es nämlich nicht nur eine große Nachfrage nach Achtsamkeits-Influencerinnen, Yoga- und Naturkosmetik-Seiten. Sondern auch nach FDP-Content. Zehntausende folgen zum Beispiel den Kanälen «Papas Kreditkarte» und «Hedgefonds-Henning». Jeden Tag gibt es hier neue Memes, also satirische Bild-Text-Arrangements, die von den Followern mit lachenden Smileys bedacht werden.

Da heißt es dann zum Beispiel über dem Bild eines Schnösels mit zurückgegelten Haaren und gestreiftem Ralph-Lauren-Hemd: «Was ist kostenlos und umsonst? Der Besuch einer staatlichen Schule.»

Es ist ein ganzes Universum an Variationen der immergleichen, bis ins Absurde gesteigerten Klischees. BWL-Marie und Jura-Justus zwischen Porsche, Champagner und Aktienkursen. Und im Hintergrund immer der reiche Vater, der den Überfluss finanziert.

Mal zeigt sich dieser Vater in Gestalt eines mürrischen Christian Lindner am Steuer seines Porsche, mal trägt er das Gesicht eines streng dreinblickenden Wolfgang Kubicki: «Das Letzte, was du siehst, bevor Vater deine schwarze AMEX durch eine Payback-Karte ersetzt.»

Der Spaß scheint vor allem darin zu liegen, Linke zu provozieren. Statt Stereotype zu brechen, werden sie kultiviert. Den Vorurteilen wird mit einer Art strategischer Ambivalenz begegnet: Meinen die das ernst? Machen die sich etwa über sich selber lustig?

«Meine Welt ist das natürlich nicht», meint Teutrine. Er identifiziere sich eher mit «Sozialarbeiter-Sören» als mit «Jura-Justus». Über die Memes lacht er trotzdem. Und so gehe es vielleicht auch anderen, die selbst nicht unbedingt zu den Rich-Kids gehören. Die Welt, die da stilisiert wird, ist ihnen fremd – und fasziniert sie gerade deshalb.

Tatsächlich sähen sich junge Erwachsene aus Plattensiedlungen nicht mehr unbedingt bei der SPD aufgehoben, meint Jens Teutrine. Manchen gefällt die gelb-pink-glitzernde FDP viel besser, weil sie ihnen genau das verspricht, was die Rapper predigen: Jeder kann es schaffen, streng dich nur an.

Jens Teutrine verkörpert dieses Aufstiegsversprechen wie kein anderer: Seine alleinerziehende Mutter ging putzen, der Junge kam wegen einer Sprachstörung auf die Förderschule. So hätte es weiter gehen können, aber Teutrine machte Abitur, ging in die Politik – und redet sich nun eloquent durch die Talkshows.

* * *

Es gibt einen Satz, den Jens Teutrine nach der Bundestagswahl immer wieder gesagt hat: «Die Jugend ist nicht nur Fridays for Future, sondern auch Trade Republic.» Meistens schauten die fragenden Journalistinnen dann ziemlich verdutzt. Trade Republic? Soll das eine Jugendbewegung sein?

Nein, Trade Republic ist eine App, mit der jeder und jede Geld anlegen kann – ohne Gebühren, ohne Beratung, ohne Startkapital. Die Plattform gehört zu den sogenannten Neobrokern, und wenn Jens Teutrine davon spricht, nimmt seine Stimme so einen verträumten Ton an. Er redet dann von einem «Gerechtigkeitsprojekt» und von der «Demokratisierung der Aktienmärkte».

Das klingt gut. Daran würde ich eigentlich auch gern teilhaben. Kann Teutrine mich vielleicht beraten?

Der ist erst einmal skeptisch. Er sei da wirklich kein Experte. Wir sitzen gerade auf einer Tischtennisplatte in seiner westfälischen Heimat. Als ich nicht locker lasse, willigt er schließlich ein. Ich glaube, er erkennt in mir ein Opfer ökonomischer Bildungsferne. «Das ist wirklich ein Problem», sagt er. In der Schule lerne man einfach nichts über ETFs und Aktien.

«Die Frage ist erstmal: Was ist Ihr Ziel?», eröffnet Teutrine die Beratungsstunde. So, wie ich ihn verstehe, gibt es zwei Möglichkeiten: Zocken oder langfristig anlegen, «so wie die jungen Leute das machen».

Die spekulieren nämlich nicht, sondern legen ihr Geld ziemlich konservativ an. Und sie strömen nur so an die Börse. Mit Apps wie Trade Republic kommt plötzlich eine neue Generation von Anlegern an den Markt. Diese jungen Leute misstrauen dem staatlichen Rentensystem und wollen deshalb selbst in ihre Zukunft investieren.

Das klingt nicht wirklich, als hätte ich die Wahl. «Langfristig», sage ich pflichtbewusst. Woraufhin Teutrine zufrieden nickt. Er schlägt mir ETFs vor, in der Kombination «70–30», so habe man von allem etwas. Wächst der Markt, wächst der ETF mit. Wie die Haut über einem immer kräftiger werdenden Muskel. Nur etwas Geduld brauche es.

Wie viel Geduld? Teutrine wiegt den Kopf. «Zwanzig, dreißig Jahre». Das kommt mir ein bisschen arg langfristig vor, vielleicht brauche ich das Geld ja vorher. Hier wird Teutrine apodiktisch: «Zeitraum schlägt Zeitpunkt.» Soll heißen: Je länger man sein Geld liegen lässt, desto besser.

Mit dem «Zinseszinsrechner» rechnen wir aus, was dabei heraus käme. Anfangskapital null Euro, monatliche Sparrate 100 Euro, jährlicher Zinssatz «sagen wir 5 Prozent Gewinn». Dann hätte ich nach dreißig Jahren 100 000 Euro. Das klingt nicht schlecht.

Nur woher wollen wir eigentlich wissen, dass die Wirtschaft immer weiter wächst? Nicht nur der Club of Rome warnt, dass irgendwann alles zusammenbrechen könnte. Ach, winkt Teutrine ab, der unke jetzt schon seit 50 Jahren, ohne «dass der Super-Crash je kam».

Als ich meinen ersten ETF für 49,77 Euro kaufen will, erlebe ich dann allerdings eine herbe Enttäuschung. In roten Lettern heißt es: «Die Börse ist derzeit geschlossen.» Wochenende. Aus Frust kaufe ich Bitcoins, das geht auch am Samstag, sehr zum Missfallen von Teutrine. «Der Kurs ist stark gefallen», warnt er mich. 100 Euro reichen immerhin für 0,004 Bitcoin, was natürlich bitter ist, wenn man bedenkt, dass man vor zehn Jahren noch 10 000 Bitcoin für zwei Pizzen bekam. Aber wer weiß schon, wie golden mein Bitcoin-Krümel in 30 oder gar 40 Jahren schimmert?

«Das ist ja eine Spielerei, was Sie machen», schilt mich Teutrine. Er will mit meinem Projekt plötzlich nichts mehr zu tun haben. Für meine weitere Karriere am Kapitalmarkt legt er mir den Youtuber «Finanzfluss» ans Herz. Der erkläre in sehr einfachen Worten, wie man längerfristig anlegt. Konservativ, seriös, vorsichtig.

So wie die vernünftige Jugend am Kapitalmarkt, die scharenweise FDP wählt.

* * *

Teutrine ist bei der FDP für das Bürgergeld zuständig, das Hartz IV ablösen soll. Die Ampel hat sich damit die größte Arbeitsmarktreform seit der von Gerhard Schröder vorgenommen. Das Ganze birgt allerdings jede Menge Konfliktpotenzial.

Die FDP hat vom Bürgergeld nämlich fundamental andere Vorstellungen als die Grünen, denen eine Art bedingungsloses Grundeinkommen vorschwebt. Und für die SPD ist die «Überwindung von Hartz IV» sowieso höchst emotional.

Wie kompliziert das mit den Sozialleistungen ist, weiß Teutrine aus seiner eigenen WG. Einer seiner Mitbewohner lebt von Hartz IV. Da will das Jobcenter dann genau Bescheid wissen. Wie viel kostet der

Strom, die Heizung, das Internet? Und weil Teutrine der Hauptmieter ist, ist er schon mal einen ganzen Nachmittag damit beschäftigt, die Nebenkosten aufzuschlüsseln.

Vor ein paar Jahren hegte das Arbeitsamt den Verdacht, dass Teutrines Mitbewohner Heizungskosten-Rückzahlungen erhalte, die er ans Jobcenter weiterleiten müsse. Teutrine seufzt. Er erklärte ihnen dann, wie günstig der Mitbewohner in der gemeinsamen WG wegkomme, «und dass sie mich bitte nicht mit ihrer Bürokratie drangsalieren sollen». Damals war er noch kein Mitglied des Bundestags, wie er betont. Sonst hätte er sich wohl anders ausgedrückt. Aber seitdem denkt er darüber nach, wie man das Arbeitslosen-System einfacher und auch respektvoller gestalten kann.

Was die Vokabeln «einfach» und «respektvoll» angeht, ist er sich mit den Koalitionären einig. «Das Bürgergeld soll die Würde des und der Einzelnen achten, zur gesellschaftlichen Teilhabe befähigen sowie digital und unkompliziert zugänglich sein.» So steht es im Koalitionsvertrag. Aber was heißt «respektvoll», und wie definiert man «Würde»? Hier fängt es an, kompliziert zu werden.

Bisher lief es so: Wer beim Jobcenter einen Termin verpasste, eine Stelle grundlos ablehnte oder falsche Angaben machte, wurde ermahnt. Half das nicht, konnte das Arbeitsamt das Sozialgeld kürzen. Erst um 10 in einem weiteren Schritt um 20 und schließlich um 30 Prozent. Das war die Ultima Ratio.

Sanktionen sind seit Jahren ein Reizthema. Für die Befürworter, wie Jens Teutrine, sind sie ein wirksames Mittel, um Menschen zum Mitmachen zu bewegen und so letztlich aus der Arbeitslosigkeit zu holen. Für die Gegner sind sie unmenschlich und destruktiv. Und damit sind wir schon mitten im Koalitionsstreit.

Die Grünen wollen am liebsten alle Sanktionen abschaffen. Ihr Argument geht so: Hartz IV sichere das Existenzminimum, und von einem Minimum an Geld dürfe der Staat nichts wegnehmen, denn dann bleibe ja weniger als wenig, und das sei menschenunwürdig.

Teutrine argumentiert anders: Er sieht auch diejenigen, die das Ganze finanzieren sollen. Es gebe zwar ein Recht auf Existenzsicherung, «aber mit jedem Recht geht auch eine Pflicht einher». Es brauche beides, findet er, «fördern und fordern».

Rechte und Pflichten. Fördern und Fordern. Das kommt mir alles ziemlich bekannt vor. Haben wir diese Debatten nicht schon vor 20 Jahren geführt, bei der Agenda 2010?

Damals, in seiner Regierungserklärung vom 14. März 2003, sagte Bundeskanzler Schröder: Niemandem werde «künftig gestattet sein, sich zulasten der Gemeinschaft zurückzulehnen». Wer zumutbare Arbeit ablehne, der werde mit Sanktionen rechnen müssen. «Beifall bei SPD und BÜNDNIS 90/ DIE GRÜNEN», ist im Protokoll notiert.

Die heutige SPD und die heutigen Grünen wollen davon allerdings nichts mehr wissen. Und schon gar nicht von den Sanktionen, denn die stehen gewissermaßen für die kaltherzige Agenda-Politik schlechthin. «Da geht's also auch ein bisschen um Traumabewältigung», spottet Teutrine.

Es geht aber auch um echte Traumata. Von Leuten, die unverschuldet in die Arbeitslosigkeit rutschen und von Sanktionen so sehr in die Enge getrieben werden, dass sie der Mut verlässt. Die Aktivistin Helena Steinhaus berichtet auf Twitter immer wieder von solchen Fällen. Etwa von einer Mutter dreier Kinder, der wegen fehlender Unterlagen das gesamte Monatsgeld gestrichen wurde. Von einem älteren Mann, der von seiner Familie Geld für ein Fahrrad geschenkt bekam und dem das Jobcenter wegen dieses Geldgeschenks dann den Regelsatz kürzte. Oder von einer Mutter mit Säugling, der Hartz IV gestrichen wurde, weil noch keine Geburtsurkunde vorlag.

Im Koalitionsvertrag heißt es eigentlich klipp und klar, dass die Sanktionen unangetastet bleiben. Sie sollen nur «neu geordnet werden». Ein paar Sätze weiter steht allerdings jener Satz, über den Teutrine und seine Kollegen von Grünen und SPD sich in den letzten Wochen die Köpfe eingeschlagen haben: «Bis zur gesetzlichen Neuregelung schaffen wir ein einjähriges Moratorium für die bisherigen Sanktionen.»

Klingt kompliziert? Finde ich auch. Aber Teutrine erklärt mir die Winkelzüge dieses politischen Vorhabens mit einer Leidenschaft, als kommentierte er ein WM-Finale: Aufstellung, Strategie, Spielerwechsel, Foul, Verlängerung, Elfmeterschießen. Und während ich ihm zuhöre, bekomme ich ein Gefühl dafür, was es heißt, Gesetze zu erarbeiten. Und was es heißt, dabei der Neue zu sein.

Teutrine ist in diesem Match nämlich der arglose Nachwuchsspieler, der plötzlich auf die knallharten Profis aus der höheren Liga trifft. Und der sich gegen Verteidiger der gegnerischen Mannschaft durchsetzen muss, die auch vor Blutgrätschen nicht zurückschrecken.

Die Profis sitzen zum Beispiel im Arbeitsministerium von SPD-Minister Hubertus Heil. Sie regieren dort seit 2018, und sie haben schon viele Neulinge kommen und gehen gesehen. In den sogenannten Berichterstattergesprächen, also den Verhandlungsrunden mit den Fachleuten aus den Regierungsfraktionen, spielen sie ihre Erfahrung gnadenlos aus. «Herr Teutrine, das geht doch verfassungsrechtlich nicht ...», heißt es dann schon einmal süffisant. Oder: So könne man vielleicht auf dem Juli-Bundeskongress argumentieren, aber gewiss nicht hier.

Ein beliebter Trick des Ministeriums sei es, erzählt Teutrine, FDP gegen Grüne auszuspielen. Wenn dem Minister die idealistischen Vorschläge der Grünen zu weit gingen, heiße es dann bedauernd: «Wegen der FDP geht das leider nicht.» Eine bequeme Methode, vieles beim Alten zu lassen.

Und das wolle Hubertus Heil bei den Sanktionen eigentlich, so Teutrines Verdacht. Er könne es nur nicht so offen sagen. In den Verhandlungen lief es deshalb so: «FDP und Grüne lieferten sich ein Hick-Hack, während das Arbeitsministerium so tat, als sei es eine neutrale Instanz.» Teutrine rollt mit den Augen. Es ist nicht so, als habe er das Spiel nicht durchschaut, aber wie soll er dagegen ankommen?

222 · Ein Land namens Trade Republic

Hartz IV ist ein sensibles Thema für die SPD, vor allem für Jusos und Parteilinke. Heil spricht deshalb gerne mehrdeutig. Es klingt beim ersten Hinhören so, als teile er die Empörung gegen die alten Hartz-IV-Regeln. Beim zweiten Hinhören wird aber klar, dass Heil eigentlich gar nichts Neues gesagt hat.

So sagte er im Dezember 2021 in einem Interview: «Wir werden unwürdige und unsinnige Sanktionen abschaffen.» Das klang fast wie die Forderung der Grünen. Nur erwähnte Heil nicht, welche Sanktionen er meinte. Teutrine schnaubt hörbar durch die Nase. Wer wolle denn nicht abschaffen, was unsinnig sei?, fragt er sarkastisch. «Ich will alles abschaffen, was unsinnig ist!»

Teutrine erklärt sich Heils Haltung folgendermaßen: Die SPD fühle sich für die hart arbeitende Bevölkerung zuständig, jene Leute, die jeden Morgen arbeiten gehen und kaum mehr haben als Sozialleistungs-Empfänger. Und die könnten es natürlich ungerecht finden, wenn Arbeitslose künftig ihr Geld einfach so bekommen, bedingungslos und ohne Sanktionen.

So viel zu den knallharten Profis. Jetzt zum eigentlichen Gegner auf dem Feld. Der heißt im Fall von Jens Teutrine: Frank Bsirske, der ehemalige Verdi-Chef, 70 Jahre alt, fast zwei Jahrzehnte lang Gewerkschaftsboss und nun für die Grünen im Bundestag. «Der hatte viel Macht», sagt Teutrine. «Und jetzt muss er sich mit ehemaligen Juli-Bundesvorsitzenden über Sozialpolitik rumprügeln.» Das sei für beide nicht ganz einfach.

Hinzu kommt, dass die FDP für den Gewerkschafter Bsirske ein rotes Tuch ist. Im Wahlkampf sprach er sich immer wieder für eine rot-rot-grüne Koalition aus. Und Teutrine hat auch nicht vergessen, dass Bsirske die AfD für ihre Sozialpolitik mal als «radikalisierte FDP» beschimpft hat.

Keine guten Voraussetzungen für vertrauensvolle Gespräche. Dementsprechend vertrackt waren die Verhandlungen. Waren sie für zwei Stunden angesetzt, dauerten sie vier. Es wurde geschrien. Es wurde auf den Tisch gehauen. Und es wurde gedroht, den Streit an den Koalitionsausschuss zu verweisen.

* * *

Teutrine muss oft von seiner Kindheit erzählen. Es ist eine Geschichte, die Christian Lindner gut gefällt, weil sie gut zu seiner neuen FDP passt. Diese neue FDP will keine Reichen-Partei mehr sein, sondern eine Start-Up-Partei. Jung und erfolgshungrig statt satt und angekommen. Offen für jene, die noch keine Eigentumswohnung oder Zahnarztpraxis haben, aber dafür große Träume.

Über diese neue FDP sprach Parteichef Lindner auch auf dem traditionellen Dreikönigstreffen im Januar 2022. «Wir Liberale haben großen Respekt vor den Menschen, die es im Leben schon zu etwas gebracht haben», sagte er. «Aber unser Herz gehört jenen, die sich erst noch auf den Weg machen.» Den Einsteigern, den Aufbrechern, Außenseitern, Newcomern.

Das klang sehr nach jenem «mitfühlenden Liberalismus», den Lindner schon zehn Jahre zuvor als Generalsekretär ausgerufen hatte. Eine Formel, die damals zu Hohn und Spott einlud. Denn die FDP war eher als «Mövenpick-Partei» verschrien. Und Lindner sagte so Sätze wie: «Der Staat ist ein teurer Schwächling.»

Lindner kassierte den Begriff wieder ein. «Ich würde dem jüngeren Christian Lindner von Wortschöpfungen abraten», sagte er dazu später mal in einem Interview. 2017 war das.

Doch plötzlich ist der «mitfühlende Liberalismus» wieder da. Der FDP-Chef erinnert selbst an die Wortschöpfung, die ihm gerade noch unangenehm war. Und er verbindet sie sogar, ganz im Sinne des Zeitgeists, mit seiner eigenen Biografie. Das Aufstiegsversprechen der FDP, ließ er die Zᴇɪᴛ nun wissen, sei «ein ganz persönliches, im Grunde biografisches Anliegen von mir». Da hat sich also was getan. Und das hat auch mit Jens Teutrine zu tun.

«Von der Bronx in den Bundestag», hieß es in einem Artikel der
TAZ mal über Jens Teutrine. Das muss ich mir natürlich aus der Nähe
ansehen. Ich kenne Offenbach und das Frankfurter Bahnhofsviertel,
aber die ostwestfälische Bronx?

* * *

Ich denke an bunte Graffiti und graue Betonblocks. Leider sehe ich
nichts dergleichen, als die Regionalbahn ihrem Ziel entgegen schlin-
gert. Nur sattes Grün und freundliche Dörfer. Die Namen hier klingen
wie Saunadüfte: Ennepetal, Holzwickede, Bönen-Nordbögge. Aber
kann ja noch kommen.

«Ziehen Sie sich bequeme Schuhe an», hatte Teutrine noch per
SMS geschrieben. Er wolle mir einiges zeigen. Jetzt steht er am Bahn-
hof, wie immer in T-Shirt und Sneakers. Wie immer so gar nicht das
Klischee eines Jungliberalen.

Verstohlen blicke ich mich um. Kirchen und Cafés, kein Krümel
auf dem Trottoir. Von wegen Bronx. «Alles gut bürgerlich hier», erklärt Teutrine strahlend. Er schreitet voran wie ein Stadtführer, der
keine Zeit verlieren will.

Während ich ihm hinterherhetze, ruft Teutrine: «Hier war ich
Messdiener!» Oder: «Dort hinten ging ich in den Judo-Verein.» Eine
wohlbehütete Kindheit. Und doch unterscheidet sich Teutrines Jugend in einem Punkt fundamental von der seiner Klassenkameraden:
In den anderen Familien war das Geld einfach da. Bei ihm nicht. Er
merkte das zum Beispiel in der Grundschule, wenn die Kinder nach
den Ferien einen Stuhlkreis machten und vom Urlaub erzählten. Es
war nicht so, dass der Jens nichts zu erzählen hatte. «Ich hatte tolle
Urlaube an der Nordsee, das hat meine Mutter immer möglich gemacht.» Aber die anderen flogen nach Ägypten oder Kreta.

Als er fünf Jahre alt war, trennten sich die Eltern. Mutter und Kinder mussten aus dem Haus raus, in dem sie bis dahin gewohnt hat-

ten. Und standen ohne alles da. Ihren Beruf als Frisörin hatte die
Mutter für die Familie aufgegeben, den Meister nie gemacht. Nun
mussten sie erst einmal irgendwo unterkommen.

Teutrine will mir zeigen, wo. Er führt durch ruhige Wohnsiedlun-
gen und bleibt schließlich vor einem der 70er-Jahre-Häuser stehen.
Dunkle Dachziegel, ordentlicher Vorgarten, ein gepflasterter Weg
zur hölzernen Tür. «Hier?», frage ich ungläubig. Sieht edel aus. Teutrine nickt und zeigt mit dem Kinn nach oben: «Ja, aber unterm
Dach.»

Unten residierten Freunde der Mutter. Oben gewährten sie der
kleinen Familie für eine kleine Miete Obdach. Es gab Ratten, es war
den ganzen Sommer lang brütend heiß, und aufrecht gehen konnte
man nur unter dem Giebel. Ein Dachboden eben.

«Schon verrückt, wieder hier zu sein!», ruft Teutrine lachend aus,
während er auf die kleinen Dachluken schaut. Es klingt nicht so, als
habe er ein Trauma davon getragen.

Teutrine war hier «Schlüsselkind», wie er durchaus stolz erklärt.
Das heißt: Keiner erwartete ihn, wenn er nachmittags von der Schule
kam. Er schloss selbst die Türe auf. Morgens stellte er sich den
Wecker, mischte Cornflakes mit Milch. Mittags stand das Essen für
die Mikrowelle bereit. Manchmal war die Mutter schon früh morgens aus dem Haus, um bei anderen Familien zu putzen. Manchmal
kam sie auch spät abends erst heim und schlief am nächsten Tag
aus.

Wir stehen schon zehn Minuten vor dem Haus, als der Mann, der
heute darin wohnt, misstrauisch durch die Tür lugt. Ob er uns helfen
könne? «Ich habe hier mal gewohnt!», erklärt Teutrine leutselig. Und
verwickelt den Mann sofort in ein Gespräch. Ob im Garten hinten
noch der Kirschbaum stehe? Ob er noch die alte Dame kenne mit
den zwei Dackeln? Der Mann winkt ab, doch je länger sie reden,
desto mehr hellt sich seine Miene auf. Jens Teutrine scheint die Leute
mit seinem sonnigen Gemüt anzustecken.

Hier holte Teutrine jeden Morgen ein kleiner Bus ab und brachte ihn nach Gütersloh auf die Förderschule. Teutrine hatte als kleiner Junge Probleme mit dem «s», mit dem «z», mit dem «sch». Die anderen Kinder verstanden ihn nicht.

Er bekam manchmal richtige Wutanfälle, weil ihm nicht gelingen wollte, was für andere einfach war. Die Schuhe binden war auch sowas. Die Mutter schickte den Sohn zu Fachleuten, da hieß es dann: «Sprachförderschwäche und motorische Probleme». Teutrine drückt es so aus: «Die Wahrscheinlichkeit, dass ich mal auf großen politischen Bühnen sprechen würde, war damals sehr gering.»

Wir gehen ein paar Schritte weiter. Da liegt Teutrines alte Schule wie ein schläfriger Koloss in der Samstagssonne. Eine Gesamtschule. Das ließ die Möglichkeit offen, doch noch Abitur zu machen. Und das war der heimliche Wunsch der Mutter, einer Putzfrau, die selbst nur mit einem Hauptschulabschluss ausgestattet war.

Ihr selbst habe das Putzen nichts ausgemacht, sagt Teutrine. Aber er schämte sich in seiner Kindheit dafür. Wenn die Klassenkameraden erzählten, dass der Papa Steuerberater ist, die Mama Ärztin, dann biss Teutrine sich auf die Zunge.

Im Ortsverein der JuLis fragte zum Glück keiner danach. Sie akzeptierten ihn auch ohne Segelschuhe und Anwaltsvater. Bei Liberalen zähle nicht der soziale Hintergrund, «sondern Charakter, Leistung und Fleiß», sagt Teutrine. Deshalb suchte er sich mit 16 Jahren die FDP aus.

Würde er nicht viel besser zur SPD passen?, will ich wissen. Die SPD ist doch *die* Partei, in der Arbeiterkinder Karriere machen! Gerhard Schröder, ebenfalls Sohn einer alleinerziehenden Putzfrau, schaffte es bei den Sozialdemokraten sogar bis zum Kanzler.

Teutrine schüttelt routiniert den Kopf. Er kennt die Frage schon. Und er hat eine einfache Antwort darauf: Wenn man es zu etwas Geld gebracht habe, wolle man es doch auch ausgeben. «Mal in den Urlaub fahren oder ein eigenes Auto kaufen». Bei den Linken ernte man dafür aber keinen Respekt, sondern nur Neid oder Beschwerden über den ökologischen Fußabdruck. Hypermoralische Menschen kann Teutrine nicht ausstehen.

Es sind aber nicht nur kulturelle Unterschiede, die ihn von den Linken trennen. Es sind vor allem programmatische. Sehr grob könnte man das so zusammenfassen: Teutrine findet es nicht schlimm, dass manche Menschen arm sind und andere reich. Er findet es nur schlimm, wenn die Armen nicht die Chance haben, reich zu werden. «Gerechtigkeit bedeutet für mich nicht, dass alle gleich viel haben, sondern dass jeder die Chance bekommt, durch eigene Leistung voranzukommen.»

Er ist sich gar nicht mal sicher, was seine Mutter früher gewählt hat. Politik spielte keine große Rolle zu Hause. Aber worin er sich sicher ist: «Meine Mutter wollte nicht bemitleidet werden. Sie wollte einfach, dass ihre harte Arbeit belohnt wird.»

Vor uns liegt nun die letzte wichtige Station in Teutrines Jugend. In angegrautem Gelb: die Bäckerei, in der er als Jugendlicher sein erstes Geld verdiente. Das Geld brauchte er für «soziale Teilhabe», wie er formuliert. Aus der Politikersprache übersetzt in jene, die der Jugendliche Jens Teutrine damals sprach, heißt das: Er brauchte die Kohle für Sneakers. Marke «Nike», Modell «Air Max».

Die Klassenkameraden kauften sich sowas vom Taschengeld ihrer Eltern – Teutrine erarbeitete es sich für 6,50 Euro die Stunde. Jedes Wochenende um 5 Uhr morgens den Laden aufschließen, die Rohlinge entgegennehmen, die Brötchen aufbacken. Dann, und das erforderte besonderes Geschick, die Brötchen binnen Sekunden von einem Blech aufs andere wenden. Die schlimmste Aufgabe war es, den Backofen zu putzen. Warm und ölig.

Wir betreten den Laden. Großes Hallo. Die Chefin von damals verkauft auch heute noch die Brötchen. Dass Teutrine inzwischen im Bundestag sitzt, hat sie schon gehört. Scheint sie aber nicht sonderlich zu beeindrucken. «Mit dem Putzen hatte er ja seine Probleme!»,

gibt sie der Journalistin zu Protokoll. Teutrine bekommt einen Lach-
anfall. «Wie eh und je», murmelt er in sich hinein.

Unsere Getränke zahlen wir bei der Schülerin, die heute aushilft –
so wie Teutrine damals. Da kann er es sich nicht verkneifen, nach
ihrem Stundenlohn zu fragen. «7,20 Euro», antwortet die Schülerin
leise, und Teutrine klappt die Kinnlade runter. Minderjährige sind
vom Mindestlohn ausgenommen, aber so wenig? «Du musst nach
einem halben Jahr unbedingt nach einer Erhöhung fragen», zischt er
ihr noch zu. Dann sind wir wieder draußen.

Den Tipp mit der Erhöhung musste er ihr unbedingt weitergeben.
Den erhielt er damals selbst von einer Kollegin.

«Ach, das ist sie ja!», ruft Teutrine aus. Direkt um die Ecke der Bäckerei steht die besagte Kollegin von früher und kehrt ihre Einfahrt.
Was Teutrine heute macht, verfolgt sie begeistert auf Instagram. Obwohl sie eigentlich keine FDP-Wählerin ist. «Die FDP war für mich
immer die Reichen-Partei», gesteht sie. Aber jetzt, wo sie sich mit
Teutrines Reden beschäftigt, muss sie sagen: «Das stimmt ja irgendwie nicht mehr!»

Teutrine grinst. Christian Lindner würde das gefallen. Die Geschichte der neuen FDP – sie zieht. Jedenfalls bei denen, die Jens Teutrine
kennen. Das sind bisher natürlich noch nicht sehr viele in Deutschland. Aber mit jeder Rede im Bundestag werden es potenziell mehr.
Wer hätte das schon gedacht? Dass Teutrine einmal auf der größten
politischen Bühne des Landes sprechen würde? Als er am 28. April
seine erste Rede im Bundestag hielt, stellte er ein Foto von sich am
Rednerpult auf Twitter. Dazu schrieb er: «Started from the bottom,
now we're here: Von der Sprachförderschule ans Rednerpult des
Deutschen Bundestages.»

Ein Zitat des Rappers Drake. Er erzählt vom Aufstieg kraft eigener
Leistung, also jene Geschichte, die Rapper und Liberale lieben. Eine
Geschichte, die nie auserzählt ist, egal, wie oft man sie schon gehört
hat. Erst Regale im Supermarkt einräumen, dann Karren, Bitches,

das ganze Programm. So sieht man es im Video. Übertragen auf Teutrines Welt, heißt das: erst kleine Brötchen backen, dann Debatten aufmischen, Gesetze machen, das ganze Programm.

* * *

15. Mai 2022, es ist der Samstag vor der Landtagswahl in Nordrhein-Westfalen, bei der die FDP eine bittere Niederlage einfahren wird. Eine Woche zuvor war die FDP auch in Schleswig-Holstein abgestürzt, im Saarland schaffte sie es im März nicht einmal in den Landtag. Aber am Samstag, als ich Jens Teutrine in seiner Heimat treffe, ist für Nordrhein-Westfalen ja theoretisch noch alles offen. Also gibt Teutrine nochmal Gas. Sechs Wochen Wahlkampf liegen hinter ihm. Er war im ganzen Land unterwegs, von Aachen bis Paderborn und von Greven bis Lüdenscheid. Es geht zwar hier um den Landtag, aber Teutrine ist Ostwestfale. Klar, dass er als Bundestagsabgeordneter die Parteifreunde in der Heimat unterstützt.

Am Morgen also Flyer verteilen auf dem Marktplatz von Herford, am Abend Kneipenwahlkampf mit den Jungen Liberalen in Düsseldorf. Kneipenwahlkampf klingt gut, finde ich. Da bin ich dabei.

Im Zug scheinen sich die Leute nicht sonderlich für das Aufeinandertreffen von CDU-Ministerpräsident Hendrik Wüst und SPD-Herausforderer Thomas Kutschaty zu interessieren. Sondern mehr für das Match zwischen Borussia Dortmund und Hertha BSC. Um mich herum lauter BVB-Fans in schwarz-gelben Trikots. Ob sie am nächsten Tag zu verkatert sind, um wählen zu gehen? Das würde zumindest die magere Wahlbeteiligung erklären.

Ich sinniere, warum es für alle möglichen Koalitionen alberne Namen wie Kiwi, Ampel oder Jamaika gibt, aber keinen für Schwarz-Gelb. Man könnte ja von der BVB-Koalition sprechen oder von der Biene-Maja-Koalition. Jetzt ist es allerdings zu spät. Für Schwarz-Gelb wird es in Nordrhein-Westfalen nicht reichen, so viel ist jetzt schon klar. Mal sehen, wie die Stimmung bei Teutrine und seinen JuLis ist.

Als ich in der Düsseldorfer Altstadt ankomme, ist es sommerlich warm. Junggesellinnen mit Hasenohren und Schnapsgürteln marodieren durch die Gassen. Männer mit Bierhumpen grölen ihnen hinterher. Und mittendrin: zwei Dutzend aufgekratzte JuLis. Teutrine begrüßt sie wie alte Kumpels. Hier ein Handschlag, da eine Faust und noch eine jungsmäßig angedeutete Umarmung.

Alle waren gerade noch auf dem Schadowplatz und schwärmen nun von Christian Lindner. Der habe es den «Kriegstreiber»-Brüllern richtig gezeigt. Strack-Zimmermann fanden sie auch «sehr authentisch, sehr stark». Nur von ihrem Spitzenkandidaten Joachim Stamp sind sie nicht sonderlich begeistert.

Einer, der schon von weitem alle überragt, kommt hinzu. Dunkle Brille, dunkles Polo, klassischer JuLi-Look. Fehlt nur noch die Aktentasche. Schlagartig erhöht sich die Muskelspannkraft um mich herum. «Na, heute schon Trüffelpasta gegessen?», ruft Teutrine ihm zu. Gejohle.

Die Jungs erklären, dass Alexander Steffen, Spitzenkandidat der JuLis im Land, gerade einen veritablen Shitstorm ausgelöst habe. Er hat mit seinem Wahlwerbespot nämlich so ziemlich alle Aggressionen getriggert, die man so gegen die FDP haben kann.

In dem Spot erklärt sich Steffen in grell blinkenden Großbuchstaben zum «Freiheitskämpfer» gegen «die moralische Neidgesellschaft» und für «die sensationelle Kraft der Marktwirtschaft», krempelt die Ärmel hoch, zeigt seine blitzenden Zähne, beschimpft den AStA der Universität Duisburg als Masturbationsverein und den Westdeutschen Rundfunk als «rot-grünes Politbüro». Sodann, Spagetti rollend und Aperol-Spritz schlürfend: «Ich esse gern meine Trüffelpasta oder mein Steak.»

Steffen zuckt betont unschuldig mit den Schultern. «Hauptsache, Reichweite», murmelt er kokett.

Teutrine und Steffen, so viel ist klar, sind zwei sehr verschiedene Gesichter der FDP. Hier der bodenständige Ostwestfale, da der Krawall-JuLi im Segelschüler-Look. Dass sie sich trotzdem gut verstehen, ist unübersehbar. Ein liebevolles Frotzeln.

Steffen revanchiert sich nun mit ein paar Sprüchen auf Teutrines Kosten. Der entfache hier «einen totalen Hype mit seinem Lebenslauf», spiele allen was vor.

Teutrine zeigt warnend auf die Journalistin: «Achtung! Wir waren schon zusammen in Rheda-Wiedenbrück!» Ich bestätige: «Ja, alle Stationen der Kindheit abgeklappert.»

Das hält die JuLis natürlich nicht davon ab, mir jetzt unter großem Zinnober die Wahrheit über Teutrine zu enthüllen. Eigentlich, raunen sie, habe der nämlich «knallharte marktwirtschaftliche Ansichten»! Steffen: «Wenn die Leute, die den Jens gerade so hart feiern, mal beim FDP-Wahlomat seine Positionen abfragen würden, wären die entsetzt!»

Teutrine hat großen Spaß. Erst, als einer behauptet, Teutrine gehöre gar zum rechten Flügel der Partei, hakt er aber ein: «Nee, das passt nicht! Dafür bin ich gesellschaftlich zu progressiv.» Hm. Die Jungs wiegen die Köpfe. Stimmt auch wieder, geben sie zu. Steffen, jetzt versöhnlich: «Jens ist für mich eigentlich die moderne FDP. Da kann man die Leute nicht einfach so in Schubladen stecken.»

Ich folge Teutrine durchs Getümmel. Überall bekannte Gesichter, begeistert, ihn mal wieder zu sehen. «Du hast mich ermutigt mit deiner Geschichte!», sagt ein Junge in grün-weiß gestreiftem Hemd, vielleicht 20 Jahre alt. Und setzt hinzu: «Ich habe eine ganz ähnliche Herkunft.» Ich bin überrascht, denn er sieht eher wie ein reicher Erbe aus, nicht wie ein Arbeiterkind, aber Teutrine nickt nur wissend. Es gebe viele in der Partei mit ganz ähnlichen Biografien.

An den Tischen werden munter Pizzen geteilt. Jedem wird etwas angeboten. Nein danke, winkt einer ab. «Sicher? Komm, nimm doch!», insistiert der Pizzaeigentümer. «Mitfühlender Liberalismus», lästert einer. «Wenn's schon keine Trüffelpasta gibt.»

Wann wird hier eigentlich gearbeitet? Außer Bier und Flachserei ist ja nicht viel los. Pflichtschuldig werden mir die Flyer gezeigt, die auf einem der Tische herumliegen. Verteilen will sie anscheinend keiner. Sieht so aus, als hätte die FDP sich schon mit ihrer historischen Niederlage abgefunden.

Der Wahlkampf lief nicht so, wie Alexander Steffen ihn sich vorgestellt hat. «Der Liberale muss provozieren», sagt er. Kopfnicken in der Runde. Stattdessen sei ein schläfriger CDU-Wahlkampf gemacht worden. Steffen und den NRW-JuLis war das alles viel zu harmonisch. Einer beschwert sich, dass Stamp immer von «unserem Ministerpräsidenten» rede. Ein anderer mimt ihn mit weichgespülter Stimme: «Da mussten wir den Koalitionspartner ja auch erst mal von überzeugen.» Das zähle bei Stamp wohl schon unter «maximale Attacke!». Gejohle.

Es dauert ungefähr eine Stunde, bis ich merke, warum ich mich irgendwie merkwürdig fühle: Ich bin die einzige Frau in der Runde. Es ist nicht unangenehm, alle sind ja sehr nett. Es ist nur irgendwie anders als sonst. Lauter, hitziger, ungestümer. Und weit und breit kein weibliches Korrektiv.

Warum ist das eigentlich so? Wieso gibt es so wenige Frauen in der FDP? Betretene Gesichter. Finden sie auch blöd. «Das ist irgendwie ein sich selbst verstärkender Effekt», meint Teutrine. Viele träten ein wegen Christian Lindner. Und zwar Jungs. Die brächten dann ihre Freunde mit. Ebenfalls Jungs. Und wenn die Freundinnen auch mal mitkommen, machen die auf dem Absatz wieder kehrt. Teutrine zuckt verzweifelt mit den Schultern.

Finden sie die Witze von Christian Lindner denn lustig? Zum Beispiel den, mit dem er seine Generalsekretärin Linda Teuteberg schasste? «Ich denke gern daran, dass wir, Linda, in den vergangenen fünfzehn Monaten ungefähr 300 Mal den Tag zusammen begonnen haben», sagte der FDP-Chef auf großer Bühne, während Teuteberg schon ziemlich gequält schaute. Dann machte er eine Kunstpause, hob gespielt genervt die Brauen und setzte hinzu: «Nein, nicht, was ihr jetzt denkt. Ich spreche über unser tägliches morgendliches Telefonat zur politischen Lage.»

Ja, das sei scheiße gewesen, ist man sich einig. Aber ob es wirklich sexistisch war? Da sind die Meinungen geteilt. Man müsse bedenken, dass Christian Lindners Pointen nie besonders gut zünden. Seit er Finanzminister ist, erzählt einer, verlasse er jeden Termin mit den Worten: «Muss los, muss noch Steuern eintreiben.» Darüber lache er sich dann tot. Betroffenes Schweigen in der Runde.

Zu Teutrines Glück erspäht er zwei Tische weiter Franziska Brandmann, die Bundesvorsitzende der JuLis. Na also. So schlecht kann es um die Jungliberalen nicht stehen, wenn sie eine Frau zur Chefin haben.

«Franzi, wir reden gerade darüber, warum es so wenige Frauen bei uns gibt.» Die junge Frau mit den dunklen langen Haaren lässt sich nicht lang bitten. Brandmann ist Doktorandin, Jahrgang 1994, Typ fröhliche Macherin.

«Da arbeiten wir gerade dran», sagt sie wie aus der Pistole geschossen. Überhaupt, findet Brandmann, gebe es in Sachen Diversität bei der FDP einiges nachzuholen. Deshalb hat sie den «liberalen Feminismus» erfunden und erstritten, dass er auch im FDP-Bundestagswahlprogramm stand.

Also eine Frauenquote? Oh nein, da schüttelt Brandmann energisch den Kopf. Es müsse ohne gehen. Das Problem in der Politik seien nämlich gerade die Quoten, die es überall gebe, etwa der Regionalproporz. Brandmann wünscht sich weniger Quoten und mehr Wettbewerb in Parteien. Dann, ist sie sich sicher, kämen auch mehr Frauen nach vorn.

Hat Lindner sich denn schon mal einen Feministen genannt?

«Muss er jetzt. Ist ja jetzt Beschlusslage!», witzelt Brandmann. Und zückt sofort ihr Handy, um es zu überprüfen. Sie findet gleich den passenden Artikel, Überschrift: «Würden Sie sich selbst als Feminist bezeichnen, Herr Lindner?» Volltreffer. Brandmann scrollt ganz nach unten, bis zur entsprechenden Frage. Antwort Lindner: «Ich wehre mich gegen festgefügte Rollenbilder bei Männern und Frauen.» Brandmann entweicht ein melancholisches: «Ohh …» War ja klar, dass er der Frage ausweicht. Doch ihr Optimismus kehrt schnell zurück: «Das braucht noch zwei Jahre!»

Immerhin haben die JuLis heute Abend ein Neumitglied gewonnen: eine junge Frau von 18 Jahren. Sie habe vorhin das Online-Formular ausgefüllt, erklärt sie stolz. «Einfach weil ich die Leute hier korrekt fand.»

Ob es auch noch andere Gründe für ihren Beitritt gab, bleibt unklar, denn plötzlich recken sich alle Hälse in Richtung eines weißen Schopfes. Marie-Agnes Strack-Zimmermann ist soeben gekommen und wird sofort von allen JuLis umringt. «Strazi», wie man sie hier nennt, ist bei den Jungliberalen ein Star. Junge Männer finden also nicht nur Christian Lindner und Wolfgang Kubicki gut. Sondern auch Frauen wie Strack-Zimmermann.

Sie ist die Frau der Stunde, seit sie den Kanzler in den großen Kriegsfragen vor sich hertreibt. Die JuLis teilten von Anfang an ihre Forderungen nach schweren Waffen und sofortiger Hilfe für die Ukraine. Während die Älteren, etwa Russlandversteher wie Wolfgang Kubicki, noch skeptisch waren, kritisierten die JuLis den Kanzler für seine Zögerlichkeit.

Auch Teutrine ist ein Fan von Strack-Zimmermann. Als die JuLi-Meute kurz von ihr ablässt, begrüßen sie sich herzlich. «Frau Strack-Zimmermann», frage ich, «sind Sie und Jens Teutrine die größten Hoffnungen der FDP?» Strack-Zimmermann grinst. «Er mit Bart, ich ohne.» Dann entschwindet sie in die Düsseldorfer Nacht.

Zwischen Wagenknechten
und Hufeisenschmieden

Als ich Heidi Reichinnek das erste Mal treffe, ahne ich nicht, dass diese junge Frau bald ihre ganze Partei auf die Probe stellt. Sie ahnt es wohl selbst noch nicht. Politik ist schwer vorherzusehen. Die Linke ist erst recht unberechenbar.

Reichinnek ist die einzige unter 35 Jahren in ihrer Fraktion, Jahrgang 1988 und damit zehn Jahre älter als die Jüngsten bei SPD und Grünen. Das ist symptomatisch. Die Linke hat ein Nachwuchsproblem. Seit Jahren verliert die Partei an Zustimmung und Mitgliedern. Schon die Bundestagswahl war ein Desaster, seitdem ging es weiter bergab. Rücktritte, Skandale, Niederlagen, Zank und Streit.

Warum will eine junge, fröhliche Frau wie Heidi Reichinnek ausgerechnet bei der Linken Politik machen?

Es ist ein Montagabend im März, Reichinnek öffnet zwei alkoholfreie Biere in ihrem kleinen Bundestagsbüro. «Weil es die einzige Partei ist, die ganz klar ein anderes Gesellschaftsbild aufzeigt», sagt sie, schiebt die Flasche rüber und entblößt das tätowierte Konterfei von Rosa Luxemburg auf ihrem Arm, dazu deren berühmte letzte Worte: «Ich war, ich bin und ich werde.»

Gemeint ist die Revolution, und an die glaubt Reichinnek. So wie sie auch an die Linke glaubt. Trotz allem.

Es ist nicht so, als sei ihr der Sozialismus in die Wiege gelegt worden. Zu Hause, in Sachsen-Anhalt, war die PDS «ein rotes Tuch», wie sie sagt, von der DDR hielten die evangelischen Eltern überhaupt nichts. Sie waren froh, dass ihre Tochter keine zwei Jahre im real existierenden Sozialismus mehr erleben musste.

Nach der Schule studierte Reichinnek den Nahen Osten, erlebte die Revolution in Kairo und ließ sich den oberen Teil des linken Arms tätowieren: Nofretete mit Gasmaske, ein Tribut an die aufständischen Ägypterinnen auf dem Tahrir-Platz. Später landete sie in Osnabrück, begann als Sozialarbeiterin in der Flüchtlings- und Jugendhilfe.

Sie las Marx, nicht nur mit Vergnügen. «Das Kapital» sei natürlich «schon so ein Brocken», sagt sie. Aber das «Kommunistische Manifest» war für sie eine Offenbarung. Sie fand alte Antworten auf neue Fragen. Ein wachsendes Wirtschaftssystem und schwindende Ressourcen, «auf Kosten der Mehrheit – da läuft doch irgendwas schief.» So sei es damals im 19. Jahrhundert gewesen und so sei es immer noch.

Marx weckte ihr Interesse für die Linke. 2015 trat sie in die Partei ein, und ja, «dann ist das irgendwie eskaliert». Im Kreisverband in Osnabrück waren die älteren Genossen und Genossinnen entzückt über eine junge Frau, die freiwillig den Fuß in ihre olle Mitgliederversammlung setzte, und überhäuften sie gleich mit Aufgaben. Sie zog in den Stadtrat von Osnabrück ein, wurde Landessprecherin der Linksjugend, schließlich mit 30 Jahren Parteivorsitzende in Niedersachsen.

Ich staune ein bisschen, während wir unser Feierabendbier trinken. So ein theoretisches Fundament ist in der Politik einfach selten geworden. Die anderen jungen Politiker:innen erzählten mir von Trump und Orban, von Hartz IV und vom Nordpol als Motive für ihre Politisierung. Keiner erzählte mir von Marx.

Fehlt der heutigen Politik vielleicht manchmal die Theorie?, überlege ich kurz. Sind alle so wahnsinnig pragmatisch geworden, dass man die Unterschiede kaum noch sieht? Je mehr die Parteien davon sprechen, ihr *Profil zu schärfen*, wie es immerzu heißt, desto mehr verschwimmen doch ihre Positionen im allgemeinen Konsens. Der Sozialdemokrat Scholz steckt 100 Milliarden in die Bundeswehr, der Grüne Habeck lässt die Kohlekraftwerke laufen. Die Christdemokratin Merkel ebnete den Weg für die Ehe für alle, der SPD-Mann Schröder liberalisierte den Arbeitsmarkt.

Andererseits kann man nicht behaupten, dass Marx der Linken zu einem klaren Kurs verhelfe. Wofür steht die Partei eigentlich? Für Putinversteherei oder Antiimperialismus? Für Seenotrettung oder Abschottung? Für Gendern oder Arbeitnehmerstreik? Es ist nicht einmal geklärt, wer für die Partei spricht. Sarah Wagenknecht? Janine Wissler? Gregor Gysi? Dietmar Bartsch?

Nein, es ist vielleicht ganz gut, dass die SPD Karl Marx im Jahr 1959 hinter sich gelassen hat. «Glaubt einem Gebrannten!», hatte Herbert Wehner damals seinen Genossen zugerufen. Er hatte die stalinistischen Säuberungen in Moskau selbst erlebt und aus ihnen gelernt. Die SPD, hieß es schließlich im Godesberger Programm, wolle keine «letzten Wahrheiten» verkünden, sondern lieber für Freiheit und Gerechtigkeit im Hier und Jetzt kämpfen. Damit ist sie wohl auch besser gefahren.

Marx auf die heutige Zeit zu übertragen, kommt mir in etwa so kompliziert vor wie eine queerfeministische Koranexegese. Ehrenwert, aber ohne Verrenkungen unmöglich.

Stimmt schon, muss Reichinnek zugeben. Alles hat der alte Marx eben auch nicht bedacht. Zum Beispiel die Frauen. Beim Lesen denkt sie deshalb immer an die Worte Rosa Luxemburgs. Die sagte, der Marxismus müsse «stets nach neuen Erkenntnissen ringen», habe nichts so sehr verabscheut «wie das Erstarren in einmal gültigen Formen». Reichinnek liest deshalb Feministinnen, die Marx kritisieren und ergänzen, auf die Leerstellen in der Theorie hinweisen und fragen: Was ist eigentlich Arbeit?

Die Eltern haben ihr anfängliches Befremden über die Partei der Tochter inzwischen verwunden. Mit ihrem Vater streitet sie sich manchmal: Was ist umsetzbar, was nicht? Reichinnek versteht ja, dass die Vorschläge der Linken vielen Angst machen. «Es wäre eben eine große Veränderung.» Aber man sehe ja, wie das System an seine

Grenzen komme: Verarmung, Verelendung im globalen Süden, Klimakatastrophe. Da genüge es nicht, kleine Veränderungen vorzunehmen in dem Rahmen, der vorgegeben ist.

Reichinnek diskutiert gern mit den Kritiker:innen. Sie erklärt ihnen dann, dass sie die Demokratie gar nicht abschaffen wolle. Nur ein neues Wirtschaftssystem solle her: Verstaatlichung, Vergesellschaftung, Wettbewerbskontrolle, aber demokratisch kontrolliert. Natürlich ganz anders als in der DDR. «Was sich da als Sozialismus verkauft hat, war eine Katastrophe!», ruft Reichinnek empört.

Das sei bis heute das Problem der Linken: «Wenn man hier ‹Sozialismus› sagt, gehen schon alle in Habachtstellung.» Und da hat Reichinnek noch nicht mal «Kommunismus» gesagt. Sie drückt es kapitalistisch aus: «Das Branding ist schlecht.»

Dass die Linken irgendwie immer noch die Schmuddelkinder sind, merkt sie nun im Bundestag. In Osnabrück ging es immer ziemlich entspannt zu zwischen den Parteien. Reichinnek war mit Leuten von der CDU und der FDP sogar befreundet. Sie trafen sich zum Essen, redeten über den Urlaub, stritten über Politik.

Auch ihrem Osnabrücker CDU-Konkurrenten für den Bundestag konnte sie immer die Hand geben. Matthias Middelberg ist ein profilierter Innenpolitiker, «ein harter Hund», wie Reichinnek sagt, aber was sie gut findet: «Er steht dazu.» Der habe in den Diskussionen immer seine Positionen verteidigt, egal, ob es dafür Applaus gab oder nicht. Das nötigte ihr Respekt ab.

Wenn sie ihn jetzt im Bundestag grüßt, hat sie allerdings das Gefühl, es sei ihm peinlich. Reichinnek versucht es mit Humor: «Ist ja auch Mist, wenn dich als innenpolitischer Sprecher die Linksextremisten grüßen.» Aber irgendwie schmerzt es sie auch. Denn sie ist ja neugierig und würde die anderen gern kennenlernen.

Es ist 20 Uhr, auf den Fluren des Jakob-Kaiser-Hauses ist es schon ruhig geworden. Und langsam fährt auch Heidi Reichinnek runter. An den schnellen Takt im Bundestag muss sie sich noch gewöhnen.

Das Schöne an einer kleinen Fraktion: Es gibt viele Ämter zu vergeben. Das Schöne an der Frauenquote: Frauen werden gefördert. Das Problem: Wird manchmal zu viel. «Erst denkt man: Cool, das kann ich auch noch machen. Aber dann hast du fünf Ämter und fragst dich: Wie mache ich das jetzt alles?»

Reichinnek ist frauenpolitische Sprecherin, kinder- und jugendpolitische Sprecherin, seniorenpolitische Sprecherin. Sie sitzt außerdem im Fraktionsvorstand, und dann ist sie auch noch parlamentarische Geschäftsführerin. Das sind die, die ganz vorn sitzen und dafür sorgen, dass die Fraktion auch richtig abstimmt. Reichinnek hält dann das jeweilige Namenskärtchen hoch und verkündet: «Hier, Leute, wir sind übrigens dageeegen!» Denn meistens ist die Linke dagegen.

«Schon eine krasse Aufgabe für einen Neuling», findet Reichinnek. Andere Fraktionen bereiten ihren Nachwuchs systematisch auf den Bundestag vor, mit Seminaren und Tagungen. Dafür fehlen der Linken die Mittel. Reichinnek lernt die Dinge nebenbei. Vor allem ihr Team hilft ihr, erfahrene Mitarbeiterinnen, die schon länger in Abgeordnetenbüros arbeiten. Aber manchmal wächst ihr der Alltag trotzdem über den Kopf. Da hat man fünf Videokonferenzen, die Presse ruft an, ein Genosse aus dem Kreisverband will ganz dringend was wissen, «da fragst du dich: Was machst du jetzt zuerst?»

In Stressmomenten denkt Reichinnek immer an die Wahlnacht zurück, in der sie um ihren Einzug zitterte. Dann erfülle sie Demut und Dankbarkeit, sagt sie, und die Worte klingen ein wenig eigentümlich aus ihrem Mund. «Auch wenn sich das kitschig anhört», fügt sie denn auch hinzu, «aber ich bin einfach so froh, dass ich hier bin und diese Chance habe.»

Was ebenfalls gegen den Stress hilft: sich nicht so wichtig zu nehmen. Es kam auch schon vor, dass sie nicht alles schaffte. Da merkte sie: auch nicht weiter schlimm. Oder wie es Reichinnek ausdrückt: «Leider warten die revolutionären Massen gar nicht darauf, welchen

Kommentar ich zu Antrag XY abgebe.» Sie lacht fröhlich über sich selbst und schüttelt ihren roten Pony dabei. «Schade – aber auch entspannend.»

Ich finde es erfrischend, wie offen und selbstironisch Reichinnek spricht. Andere tun so, als wüssten sie von Tag Eins an, wie der Hase läuft. Reichinnek scheint sich nicht so um ihr Image zu scheren. Eine Neue, die sich erst mal einfinden muss, denke ich. Die noch gar nicht so genau weiß, ob das alles hier überhaupt was für sie ist.

Dass ich es mit der Herausforderin der Parteivorsitzenden zu tun habe, ahne ich da noch nicht.

* * *

Einen Monat später ist bei der Linken einiges passiert. Im Saarland ist die Partei aus dem Landtag geflogen, aber das ist noch ihr geringstes Problem. Das eigentliche Beben löst ein Sexismus-Skandal aus, der das Zeug hat, die Linke zu vernichten. Im Zentrum: die Parteivorsitzende Janine Wissler.

Wie so oft, wenn sich Gefühle, Arbeit, Sex und Gewalt mischen, ist vieles unklar. Die Vorwürfe, die zuerst im Spiegel laut werden, gehen so: Im hessischen Landesverband der Linken hätten Männer ein Netz aus Macht und sexuellen Gefälligkeiten gesponnen. Im Fokus steht ausgerechnet jener Mann, mit dem die Parteivorsitzende Janine Wissler liiert war. Er soll eine mehr als 25 Jahre jüngere, zum damaligen Zeitpunkt minderjährige Frau erst verführt und an sich gebunden, dann immer wieder Grenzen überschritten haben. Die Betroffene berichtet, wie er sie gegen ihren Willen beim Sex gefilmt habe, wie er nachts auf ihren Balkon gestiegen sei. Dafür ließ sich der Mann laut Spiegel als «Hengst» und «Sugardaddy» feiern.

Der Artikel baut alle Vorwürfe, Aussagen und Wissensfetzen so aufeinander auf, dass sie ganz klar auf Janine Wissler zeigen. «Und die Parteivorsitzende tut: nichts?», heißt es mehrdeutig eindeutig im

Text. Logisch, denn nur aus der Tatsache, dass es hier um die amtierende Bundesvorsitzende der Linken geht, zieht der Artikel seine Brisanz. Der «Hengst» bleibt anonym, die anderen übergriffigen Männer auch. Nur die betrogene Frau steht mit Klarnamen am Pranger. Kann das im Sinne des Feminismus sein?

Wissler weist die Vorwürfe empört zurück, erklärt, sie habe die Beziehung mit dem Mann sofort beendet, als sie von der Affäre erfuhr. Von Missbrauch habe sie nichts geahnt. «Ich selber war durch diese Vorgänge zutiefst verletzt und hatte nicht den geringsten Anlass, meinen ehemaligen Partner nach alledem zu schützen», schreibt sie in einer ausführlichen Erklärung.

Wie so oft, wenn Intimes in aller Öffentlichkeit verhandelt und nach Schuldigen gesucht wird, bleiben viele Fragen.

Hat die junge Frau die damalige Fraktionsvorsitzende Wissler tatsächlich um Hilfe gerufen oder wollte sie ihr nur die Affäre unter die Nase reiben, hoffend, dass Wissler sich von dem Mann trennt? Hat Wissler die Hilferufe nicht an sich herangelassen, hat sie die widersprüchlichen Kontaktversuche nicht genügend reflektiert? Konnte die junge Frau die romantisch gefärbte Gewalt im Machtgefälle ihrer missbräuchlichen Beziehung vielleicht selbst erst nach einiger Zeit begreifen und artikulieren? Und hätte Wissler als Fraktionsvorsitzende nicht trotzdem handeln müssen, auch wenn sie als Betrogene beschämt war und verletzt?

Auf Twitter ist für solche Fragen kein Platz. Dort beginnt eine Schlammschlacht. Das Wort von der «Täterschützerin» Wissler macht die Runde. Wer schon immer was gegen die Parteivorsitzende hatte, springt auf den Zug auf. Andere nennen ernst gemeinte Aufklärungsversuche gleich eine Kampagne gegen die Linke. Und jene, die sich gedemütigt und ohnmächtig fühlten, spüren nun Macht und Genugtuung. Ihr Schmerz ist Wut gewichen. Sie keilen gegen alles und jeden, egal, ob sie Solidarität bekunden oder Aufklärung fordern. «Wie heuchlerisch und verlogen kann man sein.»

«Deine Soli braucht kein Mensch.» Und immer wieder: «Janine ist Täterin.»

In den Tagen danach melden sich Genossinnen aus dem ganzen Land zu Wort, berichten ihrerseits von Übergriffen und Diskriminierung. Die Linksjugend zählt bundesweit bald mehr als 60 Fälle. Alle Landesverbände seien betroffen, heißt es. Die Vorwürfe reichten von Schmähungen bis hin zu Vergewaltigung.

Wie kann es sein, das die sich feministisch nennende Linke von einem Sexismus-Skandal diesen Ausmaßes erschüttert wird?

Ich telefoniere etwas herum in der Partei, spreche mit Frauen aus den unterschiedlichsten Ecken der Linken. Sie alle nehmen Janine Wissler in verschiedenen Abstufungen in Schutz, aber sie alle sagen auch ganz klar: Ja, die Linke hat da ein gewaltiges Problem. Erstens fehlten der Partei die Strukturen, um Sexismus zu begegnen. Es gebe weder Handreichungen für Kreisverbände noch externe Beratungsgremien oder speziell geschultes Personal. Und zweitens gebe es nun mal einen bestimmten Typus Mann, den die Linke anziehe wie keine andere Partei: den linken Macker.

Er wird mir als der Typ beschrieben, der bei Demos ganz vorn läuft, immer bereit zu einer Schlägerei mit der Polizei. Der Typ, der in der Gewerkschaft misogyne Sprüche ablässt und sie für Arbeiterfolklore hält. Der Typ, der im Kreisverband Simone de Beauvoir zitiert, aber, wenn es darauf ankommt, meint, Nein heiße Ja.

Es kommt noch schlimmer für Janine Wissler. Am 20. April 2022 tritt ihre Co-Chefin Susanne Hennig-Wellsow zurück. Sie nennt private Gründe, aber sie schreibt auch: Der Umgang mit Sexismus habe «eklatante Defizite unserer Partei offengelegt». Damit erhöht sie den Druck auf Wissler maximal.

Und Heidi Reichinnek twittert: «Wer sexualisierte Gewalt ausübt oder Personen schützt, die dies tun oder taten, kann und darf kein Teil dieser Partei sein.»

Meint sie Janine Wissler?

Das frage ich sie, als wir Ende April an der Spree entlanggehen, auf dem Weg zu einem parlamentarischen Abend. «Nein, das muss ja erst aufgeklärt werden», wischt Reichinnek die Frage gleich beiseite. Sie redet von einem Weckruf, der ernst genommen werden müsse, von Strukturen, die geändert werden müssten.

Ansonsten scheint sie ziemlich ratlos. Aus den widersprüchlichen Infos werde sie nicht schlau. Einerseits wolle sie den Betroffenen glauben, andererseits gelte für Wissler die Unschuldsvermutung. Auch Reichinnek findet: Die betrogene Frau zum Ziel der Angriffe zu machen statt den männlichen Täter, das sei doch «total schräg».

Als wir beim parlamentarischen Abend ankommen, ist das Buffet schon eröffnet. Wir stellen uns zu einem älteren Fraktionskollegen von Reichinnek in die Schlange, Ralph Lenkert aus Thüringen. Es geht natürlich gleich um Hennig-Wellsow und deren Rücktritt vom Parteivorsitz. Wollte sie Wissler damit schaden?, frage ich. Ach nein, winkt Lenkert ab. Hennig-Wellsow sei eben eine impulsive Frau. Einen Anschlag auf Wissler sehen die beiden in der Erklärung nicht.

Der Thüringer bedient sich munter am Geschnetzelten, die Vegetarierin Reichinnek wählt etwas Gemüse und Reis. Um die Stehtische herum sind die Abgeordneten gruppiert. Die Grünen bei den Grünen. Die Unionler bei den Unionlern. Die Sozis bei den Sozis. Nur die Damen vom Landfrauen-Verband schwirren von einem Tisch zum nächsten und platzieren ihre Anliegen: besseres Internet auf dem Land, mehr Busse, lebendige Dörfer, alles, was Landwirtinnen so brauchen und weshalb der Verband den ganzen Wein hier spendiert.

Reichinnek begnügt sich mit einem Glas. Es ist immerhin ein Arbeitsessen. Ich halte mich ebenfalls zurück. Der ältere Kollege dagegen winkt ununterbrochen den nachschenkenden Kellner heran, zwischendurch schaufelt er sich ein drittes und ein viertes Mal den Teller voll. Vielleicht legt man die Zurückhaltung irgendwann ab, wenn man lange genug dabei ist, überlege ich. Und genießt dann ganz unverhohlen die wenigen Freuden eines Abgeordnetenlebens in

Berlin. Was soll man auch einsam in seiner kleinen Zweitwohnung, wo niemand wartet und nicht einmal der Kühlschrank voll ist?

Die beiden Linken, mit denen ich um den Tisch stehe, wissen jedenfalls auch nicht recht, was sie denken sollen. Die Fraktion gleicht einer Schlangengrube. Selbst für den älteren Abgeordneten ist es schwer zu durchblicken, wer eigentlich gerade mit wem und wer gegen wen ist.

Als Neuling will Reichinnek offen auf alle zugehen, aber natürlich stellt sie sich immer die Frage: «Wie viel vertraue ich wem an? Und wie wird das eventuell mal genutzt?» Auch wenn es ihr nicht entspreche, argwöhnisch zu sein. «Ich will eigentlich nicht misstrauisch durch die Welt gehen.» Aber im politischen Berlin muss man seine Worte wägen. Es ist gefährlich, offen zu reden. In der eigenen Fraktion belauern Linke sich gegenseitig, immer bereit, ein pikantes Detail an die Presse durchzustechen und fiese Gerüchte zu streuen.

Die beiden leiden unter dem Bild ihrer Partei in der Öffentlichkeit. «Wir schaffen es immer wieder, uns selbst zu zerlegen», seufzt Reichinnek. Ihr Kollege pflichtet ihr bei. Bei SPD und Grünen rumore es gerade gewaltig, und trotzdem dringe da nichts nach außen. Nur die Linke ficht ihre Rosenkriege über die Medien aus.

Gerade hieß es in einer Studie, dass 18 Prozent der Deutschen sich potenziell vorstellen könnten, die Linke zu wählen. Die steigenden Heizkosten, teure Lebensmittel und Inflation könnten der Partei eigentlich Aufwind bringen. Trotzdem wählten in Nordrhein-Westfalen gerade mal 2 Prozent die Linke.

Als wir gegen Mitternacht zum Bahnhof Friedrichstraße laufen, haben wir die Probleme der Linkspartei immer noch nicht gelöst. Eigentlich könnten Reichinnek und Lenkert die Fahrbereitschaft des Bundestags rufen. Aber die Fahrer, sagen sie, würden schlecht bezahlt. Die Linken fahren lieber mit der S-Bahn. Eine kleine Lösung für ein kleines Problem.

* * *

Einen weiteren Monat später folgt die nächste Überraschung: Heidi Reichinnek kandidiert als Parteivorsitzende. Und was mich endgültig verwirrt: Sie gilt als Kandidatin des Wagenknecht-Lagers, das Wissler nun aus dem Sexismus-Skandal einen Strick drehen will.

Wie passt das zusammen? Mir gegenüber verteidigte sie Wissler doch gegen die Angriffe. Außerdem steht sie inhaltlich quer zu Wagenknecht: Reichinnek war pro Impfpflicht, pro Solidarität mit der Ukraine, pro Aufnahme von Flüchtlingen. Wagenknecht steht für eine Retro-Arbeiterpartei wie aus den 70er Jahren. Zum Teil klingen ihre Forderungen wie die der AfD. Reichinnek dagegen steht, so wie ich sie kennengelernt habe, für die Verbindung alter Klassenfragen mit neuen Großstadtthemen.

Ich merke mal wieder, dass mir diese Partei ein großes Rätsel ist. Und dass ich keine Ahnung von all den Lagern und Bündnissen habe, die es da so gibt. Ich habe Reichinnek natürlich gefragt, wo sie sich verortet, aber da kam nicht viel. Mitglied einer Strömung ist sie nicht, und auch sonst spielte sie die Bedeutung der Lager herunter. Sie sagt, sie wolle nicht über andere lästern, und daran hält sie sich auch.

Vielleicht mal Zeit, ein paar andere lästern zu lassen, um etwas klarer zu sehen.

Ich rufe nach dem Zufallsprinzip verschiedene Leute aus der Partei an. Wie ist das jetzt mit den verschiedenen Lagern, und was bedeutet die Kandidatur von Heidi Reichinnek?

Die Linken am Telefon erklären mir die Dinge gern in ihrem Sinne. Und obwohl sie sich gegenseitig widersprechen, ergibt sich doch sowas wie ein grob übereinstimmendes Bild. Im Grunde genommen sind alle gegen alle, und dabei kommt es nicht einmal auf politische Überzeugungen an. Persönliche Animositäten und Feindschaften sorgen immer wieder für neue Zerwürfnisse und Allianzen, und alle, die frischen Mutes die Gräben überwinden wollen, versinken irgendwann selbst darin. Der mit Aplomb zurückgetretenen Susanne Hennig-Wellsow zum Beispiel ging es so.

Omnipräsent und abwesend zugleich ist Sahra Wagenknecht – für die einen Mythos, für die anderen ein böser Geist. Sie ist zwar noch Teil der Fraktion, aber in einer Art inneren Emigration. Die einen sagen, sie mache ihr Ding und schade den eigenen Leuten, wo immer es ihr möglich sei. Sie verweisen auf ihren Mann Oskar Lafontaine, der kurz vor der saarländischen Landtagswahl aus der Partei austrat und damit erst recht deren Niederlage besiegelte. Und sie warten nur darauf, dass Wagenknecht es ihm endlich gleichtut. Die anderen halten sie für eine Ikone der Linken, die einzige, die Marktplätze füllen könne. Sie halten Wagenknechts Feindinnen für intolerante Lifestyle-Linke und fühlen sich von ihnen an den Rand gedrängt.

Nun ist es aber gar nicht so leicht zu sagen, wer in der Fraktion eigentlich zu diesen sogenannten Wagenknechten gehört. Um sie scharen sich mehrere Kreise. Der engste Kreis ist klein. Wagenknechts radikalen Anti-Impf-Kurs machten nur wenige mit. In Sachen Russland sind es schon mehr, die ihr folgen. Ihren Brief, in dem sie, grob gesagt, der Nato die Schuld für den russischen Überfall gab, unterschrieben sechs weitere Abgeordnete – die sogenannte «Russia-Today-Fraktion». Den Aufruf für eine populäre Linke, den Wagenknecht nun vor dem Parteitag als Gegenentwurf zu den Vorstellungen des Parteivorstands formulierte, unterschrieben immerhin zehn Mitglieder des Bundestags, darunter die Fraktionsvorsitzende Amira Mohamed Ali.

Und an dieser Stelle wird es interessant, denn da treffen die Wagenknecht-Leute auf die Ost-Reformer um Dietmar Bartsch. Zwei völlig verschiedene Gruppen, könnte man meinen, denn die Bartsch-Leute gelten für linke Verhältnisse als rechts. Sie sind pragmatisch, unideologisch und immer bereit zum Regieren – gewissermaßen die alte PDS. Die hat mit den Wagenknechten das sogenannte Hufeisen-Bündnis geschmiedet, in dem die unterschiedlichsten Positionen unter dem Feuer der Macht verschmelzen. Den Beteiligten gefällt der Begriff vom Hufeisen ganz und gar nicht, aber fest steht, dass dieses Eisen die Fraktion dominiert.

Den Parteivorstand dagegen dominieren die Bewegungslinken um Janine Wissler. Sie spalteten sich vor einiger Zeit im Streit um die Flüchtlingspolitik von der Sozialistischen Linken ab und verstehen sich als Gegenentwurf zu Wagenknechts «Aufstehen»-Initiative. Sie wollen die arbeitende Klasse nicht aus den Augen verlieren, aber dabei auch junge Großstädterinnen und Klimademonstranten ansprechen. Sie halten sich für modern und progressiv.

Es gibt noch einige andere Gruppen. Die modernen oder emanzipatorischen Reformkräfte etwa, die Wert darauf legen, nicht zu Bartsch zu gehören. Oder auch Solitäre wie Gesine Lötzsch und Gregor Gysi. In ihrem unaufgeregten Pragmatismus stehen sie Bartsch nahe, sind aber viel zu selbstbewusst, um sich irgendeiner Gruppierung unterzuordnen.

Obwohl Heidi Reichinnek keiner Strömung angehört, sehen die meisten sie als Kandidatin des Hufeisen-Bündnisses. Und damit als Gegenkandidatin zu den Bewegungslinken im Parteivorstand. Und damit indirekt als Teil des Wagenknecht-Lagers. Und damit lässt sich wiederum gut Stimmung machen gegen sie.

Interessierte Twitterer haben jedenfalls gleich einen offenen Brief aus dem Jahr 2018 gefunden, in dem Reichinnek und andere Niedersachsen den krankheitsbedingten Rückzug Wagenknechts bedauern. «Erhole dich», schreiben sie, «aber bitte: lass es nicht dein letztes Wort sein!»

Seitdem hat Wagenknecht an Einfluss verloren. In Talkshows profiliert sie sich weiter auf Kosten ihrer Partei. Ihr Buch «Die Selbstgerechten», eine Abrechnung mit der identitätspolitischen Linken, wurde zum Bestseller. Doch in ihrer Partei ist sie zunehmend isoliert. Ihre Sammlungsbewegung ist gescheitert.

Wittern die Hufeisen-Leute nun ihre große Chance, da Janine

Wissler am Boden liegt? Schicken sie ihre Kandidatin Reichinnek an die Front, um Wissler den Todesstoß zu versetzen? Habe ich mich getäuscht in Reichinnek, als ich sie für eine harmlose junge Frau hielt, eine unbescholtene Anfängerin, weit weg von den schmutzigen Machtkämpfen ihrer Partei?

Zeit, ihr selbst mal all diese Fragen zu stellen. Zeit, herauszufinden, wo Reichinnek nun eigentlich steht.

Etwa zwei Wochen vor dem großen Showdown auf dem Erfurter Parteitag im Juni 2022 besuche ich sie nochmal in ihrem Bundestagsbüro. Reichinnek begrüßt mich herzlich wie immer: gerader Rücken, offener Blick. Aber ein wenig hektischer wirkt sie, ein bisschen ernster als sonst. Sie klickt noch wild an ihrem Computer herum, dann kommt sie hinter dem Schreibtisch hervor, aufs Sofa.

Warum also kandidiert sie?

«Ach», sagt Reichinnek. «Ich hatte das Gefühl: Es läuft schlecht, keiner will – dabei müssen wir was ändern.»

Das klingt angriffslustig und selbstbewusst, aber ihre Augen erzählen eine andere Geschichte. «Es waren keine schönen Reaktionen auf Twitter», gibt sie dann auch zu. Von allen Seiten habe man sie attackiert. Als Wagenknechtin. Als Bartschistin. Als Hufeisen-Marionette. Sie zieht die Luft scharf durch die Nase ein. Da muss sie jetzt durch.

Aber warum muss sie denn da durch? Übernimmt sie sich nicht? Wurde ihr die Idee womöglich übergestülpt?

Nein, nein, versichert Reichinnek. Es sei natürlich ihre eigene Entscheidung gewesen. Aber es sei schon so, dass verschiedene Leute auf sie zugekommen seien, aus den unterschiedlichsten Richtungen. Daraufhin habe sie sich bereit erklärt.

Es klingt schon eher so, als sei diese ganze Idee von außen an sie herangetragen worden, weniger in ihrem Inneren herangereift. Es wurde gesucht, es wurden Namen genannt, es wurden Gerüchte gestreut. Kursiert so ein Name erstmal, dauert es nicht lange, bis die ersten Presseanfragen kommen. Die Sache ist in der Welt. Das setzt sie unter Zugzwang. Nicht anzutreten, hieße, all jene zu enttäuschen, die auf sie setzen. Zeit, sich die Sache genauer zu überlegen, fehlt. Zögert Reichinnek zu lang, ist ihr Name vielleicht schon verbrannt.

Also macht sie Nägel mit Köpfen. Im Landesverband gibt es gleich Unmut, man fühlt sich überrumpelt, wäre gern vorher unterrichtet worden. Die Kritik versteht Reichinnek. «Aber wenn ich das dem Landesvorstand mitgeteilt hätte, wäre meine Kandidatur öffentlich geworden, ohne dass ich den Zeitpunkt hätte festlegen können.» So konnte sie zumindest über das Wann die Hoheit behalten.

Was will sie ändern?

«Neue Gesichter, neue Konzepte, neues gemeinsames Miteinander», sagt Reichinnek. Es klingt vage. Sie will Klimaschutz, aber im Interesse der arbeitenden Bevölkerung. Sie will Feminismus, aber «für die 99 Prozent». Sie will mehrheitsfähige Themen, aber auch Kampf gegen Rassismus und Homophobie. Es ist alles ein großes Sowohl-als-auch. Ich schätze mal, Janine Wissler würde alles davon unterschreiben.

Warum also braucht es sie? Reichinnek legt den Kopf schief. Wissler sei schon lange im Parteivorstand, erklärt sie, aber geändert habe sich nichts. Die Partei stecke in einer Krise, und da sei eben die Frage: «Ist Janine noch die richtige?»

Weiter geht sie dann aber nicht in ihrer Kritik. «Ich kandidiere ja nicht gegen Janine, weil sie Janine ist, sondern ich mache ein eigenes Angebot.» Das sei doch «demokratische Normalität». Sie werde jedenfalls kein schlechtes Wort über Wissler sagen, auch wenn sie dauernd danach gefragt werde.

Ich verstehe immer noch nicht genau, worum es Reichinnek geht. Hält sie Wissler für eine Täterschützerin, wie es ihre Feindinnen verbreiten? Reichinnek windet sich. «Nein, aber ich glaube schon, dass ein paar Sachen in Hessen schlecht gelaufen sind.» Einerseits redet sie von Fehlern, andererseits will sie die auch nicht Wissler anlasten.

Es sei doch so: Viele seien nicht glücklich damit, dass Wissler wieder antreten will. Nach den Wahlen und der Sexismus-Debatte sei die Vorsitzende angeschlagen. Auch wenn Wissler dafür nur bedingt etwas könne, sei das für die Partei ein Problem. Und deshalb biete sie sich als Gesicht der Erneuerung an.

Wer wo wann und wie auf sie zukam, möchte sie nicht so genau sagen. Mit ihrer Mentorin Mohamed Ali sei sie natürlich im Gespräch gewesen. Mit Wagenknecht nicht. Sowieso kenne sie die kaum. Von wegen Wagenknecht-Lager. Und was den Brief angeht: Es müsse ja wohl möglich sein, einer kranken Kollegin gute Besserung zu wünschen. Das würde sie jederzeit wieder tun. Auch wenn sie viele von Wagenknechts Positionen ablehne.

Es ist aber schon so, dass Reichinnek sich einen Umgang mit Wagenknecht wünscht. Die sei zwar sehr stur, aber es müsse eine andere Lösung geben, als sie auszuschließen. Sie ins Gebet nehmen, sie bitten, sich zurückzuhalten – so würde sie das machen, wenn sie das Sagen hätte. Auch mit Bartsch versteht sie sich gut. «Ich bin ja auch Ossi.» Das Pragmatische verbindet sie.

Reichinnek nerven die Lagerzuschreibungen, gleichzeitig ergibt ihre Kandidatur nur vor dem Hintergrund dieser Lager Sinn. Denn inhaltlich greift sie Wissler ja gar nicht an.

Ich weiß nicht so recht, wie wohl ihr bei der ganzen Sache ist. Hat man sie bei ihrem Pflichtbewusstsein gepackt, hat man ihr gesagt: Du musst das jetzt machen? Oder eher bei ihrem Ehrgeiz, nach dem Motto: So eine Chance bietet sich nicht oft? Vielleicht ist das auch nicht zu trennen. Erwartungen wecken Ehrgeiz, Druck setzt ungeahnte Energien frei. Halb zog man sie, halb sank sie hin.

Denkt Reichinnek denn, dass sie Chancen hat? «Fifty-fifty ist drin, würde ich sagen.» Sie wirkt ein wenig nervös. «Mindestens wird es ein Achtungserfolg», versichert sie – mehr sich selbst als mir. Sie werde da nicht mit 10 Prozent rausgehen. Das hat sie vorher sondiert.

Reichinnek seufzt. «Ich habe einen Heidenrespekt davor.» Egal, wie es ausgehe, die Herausforderung sei gewaltig: «Nach dem Parteitag werden viele enttäuscht sein.» Die gelte es mitzunehmen. Denen müsse man sagen: «Ihr dürft wütend sein, aber ihr dürft nicht die Partei zerstören.»

* * *

24. Juni in Erfurt. In der gläsernen Messehalle summt es wie im Bienenstock. Delegierte schwärmen herein und heraus, draußen eine Zigarette, im Entrée ein Kaffee, drinnen Getuschel in der Landesgruppe.

Parteitage sind immer wuselige Veranstaltungen, aber bei der Linken ist alles noch einen Tick chaotischer, greller, schillernder. Nirgendwo ist die Bandbreite an Erscheinungen so groß. Es gibt Frauen, die sehen aus wie auf dem Weg ins Berghain, Glitzertop, knalliger Lidschatten, pinkes Haar. Es gibt Männer, die laufen so rum, wie sie es wahrscheinlich schon in den 80ern taten, Ohrring, Schnauzer, abgerissene Jeans. Es gibt Damen in indigenen Trachten und Herren ohne Schuhe. Es gibt Parteigranden im Anzug und Parlamentarierinnen im Kostüm. Es gibt voluminöse Gewerkschafter, die womöglich nie über ihre multiplen Identitäten nachgedacht haben, und ätherische Wesen, im Zweifel genderfluid.

Der bürgerlichen Presse begegnet man ausgesprochen freundlich. Faz? Na klar! Da hinten sitzt eine Kollegin, viel Spaß. Man nimmt mich hin, wie man auch alle anderen hinnimmt. Mit defätistischer Gelassenheit. Die Partei hat genug mit sich selbst zu tun. Die Faz ist mit Abstand ihr geringstes Problem.

Als die Parteivorsitzende mit ihrer Rede eröffnet, ist der Ton für den Parteitag gesetzt. Es ist eine große Janine-Wissler-Show. Riesige Fotos auf riesigen Leinwänden. Wissler auf Demos, Wissler auf Bühnen, Wissler im Gespräch. Dazu Beats und Blues-Stimmen. Wissler klettert zur Bühne hinauf. Und kann erstmal gar nicht anfangen, so lang und laut wird applaudiert. Nervös tritt sie von einem Bein aufs andere, nicht ganz wissend, wie ihr geschieht. «Wow», sagt sie schließlich überrascht und ergriffen. «Vielen Dank dafür.» Und da weiß man eigentlich schon: Sie bleibt im Amt.

«Es kommt darauf an, sie zu verändern», so lautet das Motto des Parteitags, so steht es groß hinter der Bühne. Es sind die Worte von Karl Marx, und er meinte die Welt. Wissler meint heute auch die Partei. Die sei in einer Krise, so beginnt sie, und dann legt sie dar, wie sie die Linke da wieder herausholen will. Die Ampel lasse viel Platz für eine linke Partei, die Themen lägen doch auf der Hand, ruft sie in den Saal hinein, kämpferisch und metallisch wie immer, aber gleichzeitig fragiler, emotionaler als sonst.

Mit scharfen Worten verurteilt sie Putin, mit eindringlichen spricht sie den Menschen in der Ukraine Solidarität aus. «Ja, wir wissen, dass dieser Konflikt eine Vorgeschichte hat», sagt sie, versöhnlich, denn das war seit jeher das Mantra der Russlandversteher. «Aber es gibt keine Rechtfertigung für diesen Krieg.» Jedem ihrer Sätze folgt Applaus. Der Saal hängt an ihren Lippen.

Dann spricht sie über das, was sich in der Partei ändern müsse. Die Niederlagen, den Streit, das Chaos. Ja, linke Politik müsse polarisieren, müsse provozieren und zuspitzen. Wissler nimmt die Hände hinzu. «Aber niemals von unten nach noch weiter unten!» Applaus, das war eine indirekte Botschaft an Wagenknecht. Das Wissler-Lager wirft ihr vor, die arbeitende Bevölkerung gegen Flüchtlinge ausgespielt zu haben.

Es gelte, mit geeinter Stimme zu sprechen, klare Botschaften zu senden, und – hier bebt Wisslers Stimme, fast flehend sagt sie: «Wir müssen auch an unserer Kultur arbeiten. Wir brauchen einen solidarischen und respektvollen Umgang miteinander.» Auch da klatschen die Leute inbrünstig, so als habe jeder einzelne von ihnen schon am eigenen Leib erlebt, wie schmerzhaft ein Shitstorm der eigenen Leute sein kann.

Erst zum Ende kommt Wissler auf das, was die ganze Zeit über ihr schwebt: die Übergriffe auf Frauen in der Partei. Stellvertretend für die Partei entschuldigt sie sich «bei allen Frauen, denen wir bisher nichts oder wenig anbieten konnten, wenn ihnen Unrecht widerfahren ist». Aber sie will sich gar nicht hinter der Partei verstecken. Auch eine persönliche Schuld gesteht sie indirekt ein. «Ich will nicht sagen, dass ich in den letzten Monaten alles richtig gemacht habe», sagt sie vage. «Aber ich will euch versichern, dass alles, was ich getan hab, in bester Absicht war.» Das geht als Entschuldigung durch, ohne dass Wissler sich in den Staub wirft.

Wissler redet um ihr Leben – und um das ihrer Partei. «Lasst uns bitte um diese Partei kämpfen», beschwört sie die Genoss:innen. «Lasst uns nachsichtiger miteinander sein, lasst uns aufhören, uns in den sozialen Medien Dinge vorzuwerfen.» Streit nach innen, bitte immer gern, aber nach außen gehe es gegen den politischen Gegner. «Wir haben die verdammte Pflicht, diese Partei zusammenzuhalten!», schreit sie nun regelrecht, «lasst uns mit all unserer Kraft dafür kämpfen!»

Da erheben sich die Delegierten, erst links und hinten, dann geht es Reihe um Reihe nach vorn, bis sie fast alle stehen und applaudieren, versonnen, ergriffen, begeistert. Die Barfüßigen wie die Lederbeschuhten. Nur ein paar der Partygirls und genderfluiden Millennials bleiben demonstrativ sitzen.

Wissler steht vorn und wischt sich die Tränen ab. Wer hätte das gedacht. Nach zwei Monaten voller erniedrigender Enthüllungen und schmutziger Details ist dies Wisslers Triumph.

Am nächsten Tag ist Reichinnek dran. Wissler hatte das Heimspiel, Reichinnek ist die Herausforderin. Wissler hatte 40 Minuten, Reichinnek hat acht.

Ich sitze zwei Reihen hinter ihr, sehe, wie sie noch kurz mit ihren Freundinnen von der Linksjugend die Köpfe zusammensteckt. Dann stapft sie auf die Bühne. Reichinnek sieht seriös aus. Rosa Luxemburg ist heute unter einem schwarzen Blazer versteckt. «Viele von euch kennen mich noch nicht so gut», sagt sie und stellt sich erst mal vor.

Dann legt sie los, ratternd und energiegeladen wie immer. In düsteren Farben zeichnet sie die Niederlagen nach, in hellen beschreibt sie ihren Optimismus. Auch Reichinnek schimpft auf die Selbstbeschäftigung, die Querelen, die üble Nachrede. «Menschen auf persönlicher Ebene anzugreifen und zu demütigen, das muss aufhören!»

Sie spricht von Frieden, von bezahlbaren Wohnungen, vom Klimawandel. Sie schimpft auf die Großkonzerne und die «perversen Regeln des Wettbewerbs». Im Grunde referiert sie das Parteiprogramm.

Dann spricht sie an, was alle denken: «Ihr fragt euch gerade zu Recht: Was willst du denn dann ab morgen anders machen?» Große Spannung im Saal. Ihre Antwort darauf sei nicht: «Alles wie immer, nur ein bisschen besser.» Noch größere Spannung im Saal. Was denn dann? Reichinnek holt Luft: «Es muss sich strukturell etwas ändern in dieser Partei!»

Auch wenn das in meinen Ohren wieder sehr vage klingt, gibt es dafür frenetischen Applaus. Es scheint hier vor allem um das Signal zu gehen: Wissler ist Establishment, Reichinnek die Herausforderin. Und wenn die Neue von Veränderung spricht, dann klingt es eben revolutionärer als bei der amtierenden Vorsitzenden.

Doch als sie auf das zentrale Thema ihrer Rede kommt, geht ihr die Zeit aus. «Wir müssen Feminismus in unserer Partei leben», sagt sie – da klingelt die Glocke. «Du musst jetzt zum Schluss kommen bitte», mahnt von hinten der Wächter über den Zeitplan.

Hilflos zuckt Reichinnek mit den Schultern, schaut auf ihren Zettel und wieder zurück. Sie hat wohl noch einige Punkte darauf stehen. Die will sie noch schnell runterrattern. «Bessere Strukturen», hechelt sie – «eine Kultur, die Betroffene anhört» – Klingeln – «klare Konsequenzen» – wieder die mahnende Stimme, schneidend und streng: «Liebe Heidi, die Redezeit ist deutlich abgelaufen.»

Die junge Frau nickt verzweifelt, endet halbgar: «Liebe Genoss:innen, wir haben es in der Hand – denn die Linke, das sind wir!»

Sie sieht unglücklich aus, doch es gibt tosenden Applaus von den Rängen der Linksjugend und der Ost-Verbände, auch stehenden. Wenigstens ihren Namen ruft sie noch in das Klatschen hinein: «Mein Name ist Heidi Reichinnek, das ist mein Angebot!» Dann steigt sie von der Bühne, wird umringt von Getreuen, getätschelt, beglückwünscht.

Emsiges Schweigen breitet sich aus. Überall im Saal bauen die Delegierten ihre kleinen Wahlkabinen auf, rote Pappe, die vor den Blicken der anderen schützt. Die Stunde der Wahrheit.

Die Fernsehleute bringen sich in Stellung. Ein Dutzend Kameras postiert sich vor Wissler, Mikrofonangeln ragen erwartungsvoll an sie heran. Eine Handvoll Kameras baut sich auch vor Heidi Reichinnek auf, die im Licht der Scheinwerfer zwischen ihren Vertrauten sitzt.

«319 Stimmen für Janine Wissler!», verkündet die Frau von der Wahlkommission nun, «das sind 57 Komma-», doch die genaue Prozentzahl geht schon im Applaus unter. Vorn in der Mitte, wo Wissler sitzt, werden Blumensträuße überreicht, Reichinnek klatscht tapfer und ausdauernd mit. Erst nachdem alle Wissler umarmt haben, wird ihr Ergebnis verkündet: 199 Stimmen. Das sind 36 Prozent. Ein Achtungserfolg.

Freunde und Unterstützerinnen erheben sich applaudierend, Reichinnek schaut peinlich berührt zu ihnen herauf. Hatte sie doch mit einem Sieg gerechnet? Ist sie enttäuscht, wütend, bitter? Es ist eine Niederlage, aber trotzdem ein gutes Ergebnis. Wisslers Leute hatten für die Konkurrentin jedenfalls weniger erwartet.

Jetzt noch die letzte Pflichtübung absolvieren: der Gang zur alten und neuen Vorsitzenden. Reichinnek steht auf, geht an ihren Genoss:innen vorbei, vorn um die Ecke, immer an der Bühne entlang, unter den Bildschirmen und durch die Kameras hindurch. Ein langer Weg. Sie gibt Wissler die Hand. Nicken, blinzeln, lächeln.

Dann erst wird sie vom Scheinwerferlicht erlöst. Flankiert und ge-
stützt, wankt Reichinnek hinaus. Jemand drückt ihr einen Mojito in
die Hand, eine Freundin verteilt Schokoriegel, «als Nervennahrung».
Erstmal tief durchatmen.

Ich stelle mich zu ihren Getreuen, während sie abgeschirmt ihre
Schokolade vertilgt. Bei denen ist die Stimmung im Keller. «Ich
glaube, die Partei ist verloren», raunt einer. Eine andere hatte schon
einen Nervenzusammenbruch. Sie könne nicht glauben, «dass die
mit ihrer Scheiße durchkommen». Was auf der Bühne so subtil da-
herkam, wird mir hier erst klar: Reichinnek ist als Rächerin für die
MeToo-Opfer angetreten, zumindest sieht man sie hier so.

Wie geht es ihr denn? «Gut!», ruft Reichinnek zerstreut. «Die
200. Stimme wäre schön gewesen, aber dafür, dass ich so angegriffen
wurde, war es nicht schlecht.» Mehr kann sie jetzt nicht sagen, denn
drinnen spricht gerade Sören Pellmann – «Sorry, da muss ich rein
und klatschen!»

Pellmann ist ihr Gegenpart, der männliche Kandidat gegen das Establishment, und er gilt, noch viel mehr als Reichinnek, als «ein Wagenknecht». Auch er wehrt sich gegen solche Diffamierungen auf der
Bühne. Und während es dafür lagerübergreifend Applaus gibt, wird
in den Nischen des Foyers schon wieder gelästert. Ja, es ist eine lei-
dende Linke, die da tagt, eine Dramaqueen, eine Schmerzenspartei.
Alle hier fühlen sich missverstanden. Alle fühlen sich ausgegrenzt,
verdächtigt, denunziert.

Pellmann verliert ebenfalls. Martin Schirdewan wird der neue
Mann an Wisslers Seite, so wie der Parteivorstand das wollte. Nur
der Bundesgeschäftsführer entspricht nicht Wisslers Vorstellungen.
Hier setzt sich einer durch, der Bartsch nahestehen soll, und sowieso, sagen manche, sei es Bartsch doch egal, «wer unter ihm Parteivorsitzender ist». Dennoch ist der Ausgang des Parteitags ein herber
Rückschlag für das sogenannte Hufeisen-Bündnis. Sahra Wagenknecht ist erst gar nicht zum Parteitag gekommen.

Während das neu gewählte Duo noch Glückwünsche entgegennimmt, stehen schon welche bereit, um ihnen den Triumph zu vermiesen. Zwei junge Frauen haben «persönliche Erklärungen» angemeldet. Und die haben es in sich.

«Ich spreche hier als Betroffene sexualisierter Gewalt in dieser Partei, und ich bin sauer», ruft eine der jungen Genossinnen. «Sauer, dass wir eine Person an die Spitze unserer angeblich feministischen Partei setzen, die ganz klar Täterschutz betreibt!»

Das empfinden einige als schlechten Stil. Buh-Rufe ertönen. «Verpiss dich!», schreit einer. Noch schlechterer Stil. Die Frau am Mikro ist auch nicht zimperlich. Sie antwortet mit dem ausgestreckten Mittelfinger.

Dann ist die nächste dran, eine Getreue von Reichinnek. Den ganzen Parteitag über saß sie neben ihr, nun steht sie schluchzend am Mikro. Sie erzählt von einem Linksjugend-Camp, von der «Hand des Genossen unter meinem Shirt». Den Kreisvorstand habe das damals nicht interessiert. «Die erste, die mir zugehört hat, wurde heute nicht gewählt.» Reichinnek. Sie habe gehofft, dass von diesem Parteitag ein Signal ausgehe. Stattdessen: ein «Fick dich!» an alle Betroffenen. Ob sie in der Partei bleiben könne, bringt sie weinend hervor, wisse sie nicht.

War das nun ein inszenierter Rachefeldzug der Verliererin Reichinnek? Oder eher der spontane Ausbruch einer traumatisierten jungen Frau? Reichinnek ist jedenfalls nicht zu sehen, sie scheint gerade draußen zu sein. Geplant kommt mir hier ohnehin gar nichts vor.

Und während oben auf der Bühne wieder eine neue Kultur beschworen wird, diktiert mir unten das Parteiestablishment seine Verachtung in den Block. «Da war doch kein Gedanke, keine Linie in der Rede», lästert Bernd Riexinger über Reichinnek. Er selbst hat neun Jahre die Partei geführt, ist 66 Jahre alt, und hält es deshalb für einen schlechten Witz, dass jemand, «der ein halbes Jahr im Bundestag scharwenzelt, sich das zutraut».

Riexinger ist ein enger Verbündeter Wisslers, und als solcher spricht er hier. Er triumphiert unverhohlen: «Das Hufeisen-Bündnis hat ausgedient.» Für ihn ist Reichinnek einfach eine Frau, die auf das falsche Bündnis gesetzt hat und nun dafür den Preis zahlen muss. Es klingt erbarmungslos. Als dürfe sie in dieser Partei kein Bein mehr auf die Erde kriegen.

Kann er denn so abschließend über eine junge Frau urteilen, die erst am Anfang ihrer Karriere steht? Die in bester demokratischer Manier eine Gegenkandidatur angemeldet hat und nun als faire Verliererin vom Platz geht? Kann es sich die Linke überhaupt leisten, eine so talentierte Nachwuchspolitikerin zu verdammen? Immerhin hat Reichinnek einen beachtlichen Teil der Partei überzeugt.

Riexinger schaut skeptisch. Er ringt mit sich. «Ich würde ihr wünschen, dass sie sich emanzipieren kann», bringt er schließlich über die Lippen.

Hat Reichinnek sich zu weit hinaus gewagt? Oder kann sie auf ihrem Achtungserfolg aufbauen? Zwei Monate später hat Reichinnek eigentlich schon keine Lust mehr, zurückzuschauen. Sie steckt inzwischen mitten im niedersächsischen Landtagswahlkampf. «Ach», sagt sie lakonisch, «es gibt da jene, die es gut fanden und jene, die es nicht so gut fanden».

Reichinnek ist jedenfalls viel zu jung und engagiert, um vor den Problemen ihrer Partei zu resignieren. «Egal, was kommt, ich brenne für die Linke», sagt sie. «Ich will mit dieser Partei für all die Menschen Politik machen, die sonst nicht gehört werden.»

Dementoren

Alle jungen Frauen im Parlament kennen das Problem: die Zwischenrufe vom rechten Rand. Die Abgeordneten der AfD grätschen immer
gern rein, aber bei jungen Frauen fühlen sie sich offenbar besonders
motiviert. Vor allem wenn es die ersten Reden sind, nutzen sie die
Gelegenheit, um die Rednerinnen zu verunsichern. In den Videos
sind die Rufe fast nicht zu hören. Aber am Rednerpult, berichten alle,
hört man die AfD meist lauter als sich selbst.

So geht es der 25 Jahre alten Merle Spellerberg von den Grünen,
als sie am 13. Mai 2022 im Parlament zum Thema Sicherheitspolitik
spricht. Spellerberg tritt im azurblauen Hosenanzug ans Pult, und
gleich zu Beginn bringen die AfD-Abgeordneten sie aus dem Konzept. «Ja …», sagt sie, als überlegte sie, darauf zu reagieren, besinnt
sich dann aber eines Besseren. Sie spricht davon, dass man Sicherheit nicht nur militärisch schaffen könne, sondern dass es auch Diplomatie brauche, Entwicklungszusammenarbeit und Cybersicherheit.
«Ach, wenn Sie das sagen!», höhnt Hannes Gnauck. «Feminismus!»,
ruft Stephan Brandner. «Feminismus fehlt!»

Ununterbrochen wird von rechts herein gequäkt. Immer wieder
lässt Spellerberg sich irritieren, immer trotziger hält sie sich an ihrem
Manuskript fest, bringt ihre Botschaft Satz für Satz vor. Das kostet
sichtlich Kraft. Als Brandner schon wieder irgendwas herein kräht,
platzt ihr der Kragen: «Können Sie nicht einfach mal den Mund halten?» wehrt sie sich. Und Brandner äfft sie nach: «Können Sie nicht
einfach mal den Mund halten, Frau Spellerberg?»

Die hat allerdings das Wort, und sie denkt nicht daran, den Mund
zu halten. Es ist ihre Redezeit, die bei jedem Zwischenruf draufgeht,

also zieht sie die Luft ein und reißt sich zusammen. «Wir brauchen eine Strategie, die Deutschland fest im Netzwerk unserer internationalen Partner:innen verortet», sagt sie, und Brandner röhrt: «Nur Partner-innen oder auch Partner-außen?»

An dieser Stelle wird es auch dem Bundestagsvizepräsidenten zu bunt. «Herr Kollege Brandner, bei allem Respekt», schnarrt Wolfgang Kubicki, «die Geschäftsordnung möchte gerne intelligente Zwischenrufe.» Damit kein Zweifel aufkommt, betont er das Wort nochmal: *intelligente* Zwischenrufe. Eine Rednerin einfach nur stören zu wollen, sei stillos.

Brandner hat es aber nicht so mit dem Stil. «Was gucken Sie mich denn so an?», blafft er Spellerberg als nächstes an. Da sind schon sechs Minuten rum. Weil die AfD-Abgeordneten dauernd dazwischen quäken und weil Spellerberg nur mit größter Mühe dagegen anreden kann, dauert das alles länger, als sie kalkuliert hat. Ihre Redezeit läuft ab.

Kubicki bittet die Kollegin, zum Schluss zu kommen. Die hat allerdings noch ein paar Punkte auf dem Zettel, die sie unbedingt loswerden will. «Die Stimmen von Frauen zu hören und ihnen Gehör zu verschaffen» – da folgt die zweite Mahnung von Kubicki. Spellerberg hetzt durch ihre letzten Punkte. «Sicherheit ist komplex», sagt sie noch, doch die Komplexität kann sie nicht mehr ausführen. Mit einem Mal kommt ihr kein Ton mehr über die Lippen. Kubicki hat ihr mitten im Satz das Mikrofon abgestellt. «Bedauerlicherweise muss ich Ihnen jetzt das Wort entziehen», erklärt er streng. Da sie 40 Sekunden über der Redezeit sei, müsse er sie nun bitten, «das Pult zu verlassen.»

Die zum Schweigen Gebrachte senkt die Augen. Unwillig, aber erhobenen Hauptes verlässt Spellerberg das Pult. Mit eisernem Blick durchmisst sie den Saal, nimmt möglichst sachlich ihren Platz in der ersten Reihe ein. Doch dort, zwischen den eigenen Leuten, als ihr die Kolleginnen den Arm tätscheln, kullern ihr nun Tränen der Wut aus den Augen. Tief atmet sie ein, versucht, sich zu sammeln. Doch die Tränen kommen einfach, ungefragt.

Das bleibt nicht unbemerkt im Plenum. Eine junge Kollegin, die so übel von der AfD an ihrem Rederecht gehindert wird und der dann auch noch das Wort vom Bundestagspräsidenten entzogen wird – da fühlen viele mit. Der erfahrene Außenpolitiker Roderich Kiesewetter kommt aus der Unionsfraktion herüber, geht neben ihr auf die Knie, und Spellerberg, so fangen es die Kameras ein, lächelt ihn tapfer durch tränenverhangene Augen an. Auch andere richten Worte an sie. Ralf Stegner von der SPD. Thomas Erndl von der CSU. Dazwischen umringen sie die grünen Kolleginnen.

Vorn spricht längst der Nächste. Andrej Hunko von den Linken zieht sein Programm durch, schimpft auf die Regierung und spricht bei der Gelegenheit auch seine Vorrednerin an: «Frau Spellerberg, Sie haben eben für Abrüstung gesprochen», sagt er, doch die ist beschäftigt mit den Zuwendungen der anderen. «Ich spreche zu Ihnen, Frau Spellerberg», sagt Hunko, offensichtlich irritiert, dass die Parlamentarierin nicht hört. Da haut eine Grüne hinter Spellerberg auf den Tisch, dass die Bänke wackeln. «Jetzt reicht's aber!», schreit Agnieszka Brugger, und der arme Redner am Pult weiß gar nicht, wie ihm geschieht. Er hatte das mit den Zwischenrufen und den Tränen nicht mitbekommen.

Die AfD hat es mal wieder geschafft, ein ganzes Parlament in Unordnung zu bringen.

Hinterher telefoniere ich mit Spellerberg. Sie ist wieder ganz aufgeräumt. «Im Sinne eines parlamentarischen Miteinanders war das total schön – das hat es fast wettgemacht, dass die Rede gelitten hat.» Sie fand es toll, dass nicht nur Grüne was sagten, sondern auch andere. Kiesewetter, Stegner, Erndl. Die lobten ihre Rede, bedauerten das abrupte Ende, befanden, dass Kubicki das auch etwas anders hätte machen können. Auch Fraktionschefin Haßelmann rief an, Kathrin Göring-Eckardt erzählte Spellerberg von ihren Erfahrungen mit der AfD. Grüne Frauen triggerten die Rechten eben, erklärte sie der jungen Kollegin. Ostdeutsche Frauen, junge Frauen, ganz egal. Da komme es nicht darauf an, was man sagt.

Hinterher bekam Spellerberg viele nette Mails. Aber es gab auch welche, über die sie sich aufregte. Denn die waren voller Mitleid, das sie nicht wollte. «Dem Namen nach ältere Herren» schrieben ihr da, wie toll sie es fanden, dass der alte Kiesewetter die kleine Spellerberg getröstet hat. Sie weiß ja: «Die meinen das nett.» Aber das Mitleid könnten sie sich sparen. «Ich – muss – nicht – getröstet – werden!», sagt sie und macht nach jedem Wort einen Punkt. Solidarität sei ja schön, aber nur, weil es ein emotionaler Moment war, will sie nicht gleich in der Rolle des weinenden Mädchens verhaftet werden. «Ich brauche keinen Trost, ich brauche Mitkämpfer:innen an meiner Seite!»

Ein bisschen nimmt sie es auch Kubicki übel, dass er ihr die gestohlene Redezeit nicht zurückgegeben habe. Da hätte er ruhig etwas großzügiger sein können, findet sie. Es sei natürlich wichtig, bei den Redezeiten strikt zu bleiben, aber in diesem speziellen Fall sei es doch so gewesen: «Ich wollte nicht länger reden, sondern ich wurde von den Nazis im Parlament an meinem Rederecht gehindert.»

Besonders ärgert es Spellerberg, dass die AfD mit ihren Störaktionen erreicht hat, was sie wohl erreichen wollte: Bei der nächsten Rede war Spellerberg plötzlich aufgeregter als sonst. Nach ein paar Sätzen verflog die Nervosität wieder, aber sie will jetzt trotzdem mal ein Redetraining machen. Sie will üben, wie man mit solchen Störungen umgeht.

Einerseits ist Spellerberg der Meinung: Man lernt nie aus. Es sei doch eine Selbstverständlichkeit, sich weiterentwickeln zu wollen. So wie sie sich auch als Führungskraft coachen lässt – immerhin ist sie mit ihren 25 Jahren plötzlich Chefin von acht Menschen. «Das kann man ja nicht einfach, das muss man lernen.»

Andererseits macht es sie auch wütend, dass sie jetzt wegen der

AfD so ein Training macht. «Wieso soll ich jetzt wegen denen ein Redetraining machen?», ruft sie. «Die sollen mal ein Demokratietraining machen!»

* * *

Mit dem Weinen in der Politik ist es so eine Sache. So wie überhaupt mit dem Zeigen von Schwäche.

Angela Merkel hat einmal im Kabinett geweint. Das war im Jahr 1995. Merkel war Umweltministerin und wollte ganz dringend etwas gegen zu hohe Ozonwerte unternehmen. Ihr Vorschlag, bald 30 Jahre alt und dennoch seltsam aktuell: Fahrverbote und ein Tempolimit.

Kanzler Kohl war dagegen. «Frau Merkel» aber «insistierte», wie es in einem Artikel der WELT aus dem Jahr 1995 heißt. Die männlichen Minister, von denen die Rede ist, gaben Verschiedenes «zu bedenken», ganz kühl, ganz sachlich, ganz männlich. Und ganz im Sinne Kohls. Die Umweltministerin dagegen habe sich den Teilnehmern zufolge «in ihren Standpunkt nach und nach hineingesteigert». Tja, und «da reichte es Kohl».

Der emotionale Ausbruch des Kanzlers ist nicht weiter beschrieben, wohl aber die emotionale Reaktion der Ministerin. Der kamen nämlich gleich die Tränen, «als der Kanzler unwirsch wurde». Und weiter: «Ihre Parteifreunde haben Frau Merkel in der Kabinettssitzung nicht verteidigt. Ein Minister sagte über die Tränen der stellvertretenden CDU-Vorsitzenden: ‹Sie ist eben ziemlich sensibel.›»

Das war das erste und das letzte Mal, dass Angela Merkel in der Öffentlichkeit geweint hat. Sie habe «ganz übel erfahren, dass das nicht geachtet wird», sagte mir Rita Süßmuth einmal viele Jahre später. Merkel habe sich daraufhin geschworen: «Nie wieder werde ich weinen.»

Süßmuth findet es schlimm, eine «urmenschliche Gefühlsäußerung» verweigern zu müssen. Sie findet: Politikerinnen dürfen weinen, Politiker auch. Sie hat Kohl weinen sehen. Sie hat Helmut Schmidt tief verärgert erlebt. Sie hat gesehen, wie es Otto Schily die Sprache verschlagen hat.

Doch merkwürdigerweise wird es vor allem den Frauen angelastet, wenn sie weinen. Ein Mann ist ergriffen oder verärgert, «ruppig» oder «unwirsch», wie es in dem alten Artikel heißt. Eine Frau ist gleich «sensibel», empfindlich, unkontrolliert. Oder auch: eine Heulsuse.

Als solche wurde die Grünen-Politikerin Claudia Roth Zeit ihres Lebens beschimpft – von der CSU, von den eigenen Leuten, von der Presse. Wobei die Presse sich wiederum hinter «den Bürgern» versteckte.

«Viele Bürger nehmen Sie vor allem als aufgekratztes Huhn oder als Heulsuse wahr», heißt es zum Beispiel in einem SPIEGEL-Interview aus dem Jahr 2008. Und dann darf Roth Stellung nehmen zu allen möglichen weiteren Unverschämtheiten, die verschiedene Männer so auf Lager haben. «Eichhörnchen auf Ecstasy»? «Intellektuell befreite Zone»? «Existentiell durchlogene Gebrauchtemotionshökerin»? Die beiden Journalisten, zwei Männer, haben sich das nicht ausgedacht. Sie zitieren nur andere Männer, sind also fein raus.

Roth reagiert durchweg souverän. Manches ist ihr zu blöd, anderes findet sie lustig. Wahrscheinlich war die Stimmung während des Interviews gut. Die Journalisten spitzen eben ihre Fragen an, damit man es liest. Und Roth wirkt dabei cool und kommt groß raus. Also alles okay.

Trotzdem, glaube ich, würden Journalisten heute solche Fragen nicht mehr stellen, und Politikerinnen würden sie sich nicht mehr bieten lassen. Kann sein, dass wir empfindlicher geworden sind. Kann aber auch sein, dass wir heute einfach den gleichen Respekt für alle einfordern, egal ob sie für den Geschmack gewisser Männer zu laut oder bunt sind.

Einem Franz Müntefering, der damals SPD-Chef war, wäre man ziemlich sicher nicht mit solchen Fragen gekommen. Das hätte Müntefering als unanständig empfunden. Das hätten die Journalisten als unanständig empfunden und die Leser wahrscheinlich auch. Was aber die Leserinnen dazu meinen, wenn man eine 53 Jahre alte Parteivorsitzende als «aufgekratztes Huhn» und «Heulsuse» bezeichnet und dazu behauptet, das würden halt «viele Bürger» so sehen, ist eine andere Frage.

Wenn Roth sich beschwert hätte, hätten die Journalisten gleich gefragt: Sind Sie vielleicht etwas empfindlich? Erst heulen und dann auch noch beleidigt sein, sind Sie wirklich gemacht für die Politik? Deshalb musste Roth sich die Fragen gefallen lassen. Und deshalb ist das mit den Gefühlen in der Politik ein schmaler Grat.

«Müssen Sie eigentlich immer gleich weinen?», fragen die Journalisten denn auch. Roth erwidert, sie sei lieber eine Gefühlspolitikerin als eine Technokratin. Andere hielten ihre Emotionen zurück, «aber so bin ich nicht. Wenn ich wütend bin, dann sieht man das – genauso wenn ich fröhlich oder tieftraurig bin.» Für Roth ist das kein Malus. Sie findet: Emotionen gehören zur Politik, wenn man sie leidenschaftlich macht. Die SPIEGEL-Männer sehen das anders: «Wir finden eigentlich, dass ein guter Politiker seine Gefühle im Griff haben und einen nüchternen Blick auf die Dinge bewahren sollte.»

Das würden wahrscheinlich auch heute noch viele so sehen. Aber jene, die es so sehen wie Claudia Roth, sind mehr geworden. Und die feiern sie für ihre Echtheit. Roth ist heute fast sowas wie eine Ikone der Grünen.

Haben die Deutschen sich verändert? Nun, sie haben den nüchternsten aller nüchternen Politiker zum Kanzler gemacht. Aber vielleicht gestehen sie der politischen Klasse heute etwas mehr emotionale Vielfalt zu.

Auch die Politiker:innen selbst trauen sich mittlerweile, emotionaler zu sein. Es ist immer noch gefährlich in der Politik, Schwäche zu zeigen. Für Männer wie für Frauen. Aber es gibt Junge, die das ändern wollen. Sie wollen dieses Tabu endlich brechen. Sie wollen nicht die Ellbogen ausfahren, sondern Menschen bleiben. Menschen, die hadern, Menschen, die leiden, Menschen, die krank sind.

Die Abgeordneten im Bundestag sind ja nicht weniger krank als die sonstige Bevölkerung. Eher ein bisschen mehr. Denn sie sind chronisch überlastet, schlafen wenig, essen schlecht. Der Erfolgsdruck belastet ihre Psyche, Machtkämpfe rauben ihnen die Kraft. In der letzten Legislaturperiode brachen an einem Tag gleich zwei Abgeordnete zusammen. Es gibt Herzinfarkte, Hörstürze, Burnout und Depression. Doch davon schweigen die meisten Abgeordneten.

* * *

Bruno Hönel, 26 Jahre alt und neu im Bundestag für die Grünen, sieht es gar nicht ein, seine Depression zu verstecken. Er lebt schon länger mit ihr, meistens schlummert sie und ihm geht es gut, manchmal aber meldet sie sich. So war es im Februar, nach vier Monaten im Bundestag.

Hönel ist ehrgeizig, er neigt dazu, sich zu verausgaben. Schon im Abitur ging es ihm so. Er ackerte und lernte für einen guten Schnitt, wollte Medizin oder Psychologie studieren. Als er seinen Schnitt erreicht hatte, wusste er nicht mehr weiter. «Ich war gar nicht sicher, was ich überhaupt will und soll.» Er hatte Zukunftsangst.

Die Angst war lähmend. Hönel verlor all seine Freude, Energie und Lebenskraft. Er wollte eigentlich nur noch herumliegen. Diese Phasen wechselten sich ab mit dem anderen Extrem: einem großen Unruhegefühl im Bauch. «Man muss wie ein Bekloppter irgendwas machen, weil man sonst denkt, dass man explodiert.»

Hönel hörte auf zu essen, fühlte sich schwach, weinte ohne Grund. Das schlimmste war die Hoffnungslosigkeit. Er beschreibt sie als überwältigend. All die schönen Dinge im Leben waren plötzlich eine Qual. Kein Buch konnte ihn fesseln, kein Film in den Bann ziehen. «Die Farbe geht verloren», sagt Hönel. «Und es hört nicht auf.»

Drei Monate musste er stationär behandelt werden wegen einer schweren Depression und Suizidgedanken. Dort lernte er, mit seiner Krankheit umzugehen. Er lernte, die Signale zu erkennen und einen Ausweg zu finden. «Wenn man so eine Depression ein paar Mal hatte, dann weiß man, dass sie nicht unendlich ist», sagt Hönel. Und allein dieses Wissen helfe schon ungemein.

Als die ersten Signale sich im Winter bemerkbar machten, handelte Hönel deshalb gleich.

Es war wieder einmal der Ehrgeiz, der ihn an den Rand des Zusammenbruchs brachte. Hönel hatte nach dem Abitur tatsächlich angefangen, Psychologie zu studieren. Und er hatte das Studium so geplant, dass er damit in der Regelstudienzeit fertig würde – neben der ganzen Politik.

Als er im Frühjahr 2021 den Wahlkampf plante, merkte er schon: Das wird wohl nichts mit der Masterarbeit. Die Umfragen für die Grünen waren gut. Hönel wollte in Lübeck das Direktmandat gewinnen. Und alles geben. Die Masterarbeit musste also warten. Sein neuer Plan: Er würde sie in den ersten Monaten im Bundestag schreiben, während die Regierung gebildet wird. In dieser Zeit passiert ja nicht so viel.

Auch das erwies sich allerdings als Illusion. Hönel musste eine Wohnung in Berlin suchen, zwei Büros aufbauen, Mitarbeitende anstellen. Außerdem war er bei den Vorsondierungen dabei. Und danach stand auch schon die nächste wichtige Frage an: In welchen Ausschuss soll es gehen? Er schrieb viele Mails, aber nur wenige akademische Zeilen.

Dann kam Weihnachten, und er war immer noch nicht vorangekommen. Die Zeit wurde knapp. Hönel, so beschreibt er es, fuhr also jeden Morgen um acht ins Büro, arbeitete bis in die Abendstunden im Bundestag, dann fuhr er nach Hause und setzte sich bis drei Uhr morgens an die Masterarbeit. Irgendwann konnte er nicht mehr. Er merkte: «Wenn ich jetzt nicht sofort die Reißleine ziehe, dann schaffe ich weder meine Masterarbeit, noch kann ich danach überhaupt weiterarbeiten, weil ich dann erstmal ins Krankenhaus muss.» Auch sein Freund und seine Familie sagten: «Du wirst krank werden. Du musst jetzt Schlimmeres vermeiden.» Sie kennen das ja.

Hönel ließ sich also für drei Wochen krankschreiben. Er würde jetzt eine Zeitlang nicht im Bundestag sein, keine Termine wahrnehmen. Er fragte sich: Wie erkläre ich das? In der Politik kann sowas nicht unbemerkt bleiben. Die Leute würden sagen: «Irgendwie macht der gerade nix. Wofür haben wir den denn gewählt?»

Hönel entschied sich, ehrlich zu sein. Er ist schon immer offen mit seiner Depression umgegangen. Es ist eine Volkskrankheit, wieso sollte sie nicht in der Politik vorkommen? Hönel hoffte, so vielleicht auch andere bestärken zu können, denen es ähnlich geht. Er dachte, es könnte doch eine gute Gelegenheit sein, für das Thema zu sensibilisieren.

Auf Instagram und Facebook postete er ein nachdenkliches Foto von sich, grauer Pulli, weiße Sneakers, den Blick in die Ferne gerichtet. In den nächsten zwei Wochen werde es auf seinem Kanal ruhig bleiben, kündigte er an. Der Grund sei eine depressive Episode, der Arzt habe ihm eine partielle Auszeit verordnet. Hönel beschreibt in dem Beitrag den Stress der letzten Monate und dass es nicht einfach gewesen sei, sich einzugestehen, dass es so auf Dauer nicht gehen kann. Letztlich habe er aber die Warnsignale erkannt. «Viele haben Angst vor Stigmatisierung oder davor, dass ihre Belastbarkeit in Frage gestellt wird.» Doch Heilungschancen würden besser, je früher man sich helfen lasse. «Dafür müssen wir unsere eigenen Grenzen akzeptieren und achtsam für die Signale von Körper und Psyche sein.»

Dann zog Hönel drei Wochen lang durch, was ihm sein Arzt verordnet hatte: Früh aufstehen, regelmäßig essen, regelmäßig schlafen. «All die Dinge, die man hier in Berlin überhaupt nicht hinkriegt.» Danach ging es ihm besser, er konnte weiterarbeiten und schließlich auch seine Masterarbeit einreichen. Er bekam eine 2,0. «Nicht der Burner», aber Hauptsache weg.

Als er in den Bundestag zurückkam, spürte er die Blicke der Kolleg:innen, hörte die besondere Schwere in der Tonlage, wenn sie fragten: Wie geht es dir?

Die meisten aber bewunderten seine Offenheit, stärkten ihm den Rücken. Auch die Fraktionschefinnen waren voller Verständnis, obwohl Hönel versäumt hatte, sie zu informieren. Er hatte sich krankgemeldet, ohne den Grund zu nennen, und die Depression dann unabgestimmt öffentlich gemacht. «Das war ein Fehler», sagt Hönel. Es wäre besser gewesen, gleich damit zur Fraktionsführung zu gehen. Die nahmen es ihm aber auch nicht weiter übel. «Unsere Fraktionsvorsitzenden sind einfach toll», schwärmt Hönel über die Frauen Haßelmann und Dröge.

Auch aus den anderen Fraktionen bekam der junge Grüne Zuspruch. Viele erzählten von ähnlichen Erfahrungen. Da merkte Hönel erst, wie verbreitet Depression im Bundestag ist. Einmal ging Hönel gerade aus dem Plenum raus, als ihn der SPD-Außenpolitiker Michael Roth ansprach. Die beiden hatten sich schon mal kurz kennengelernt, nun erzählte Roth ihm von seinen mentalen Problemen. Er habe nicht darüber sprechen wollen, aus Angst, für leistungsschwach gehalten zu werden, bekannte er. Nun ging er einen ähnlichen Schritt wie Hönel und sprach mit einem Journalisten darüber.

Hönel und Roth beweisen, wie leistungsfähig man auch mit Depression oder Burnout sein kann: Roth als Vorsitzender des Auswärtigen Ausschusses, Hönel als Obmann für europäische Angelegenheiten im Haushaltsausschuss. Und dennoch stellt man sich unwillkürlich die Frage: Geht das auch ganz oben, in der Spitzenpolitik? Kann man sich, etwa als Minister, noch eine Auszeit leisten aufgrund einer depressiven Episode?

Hönel wiegt den Kopf. «Das ist etwas anderes, das stimmt.» Über die Anforderungen an ein Ministeramt kann er wenig sagen, aber er weiß zumindest eine Frage auf die Antwort, ob sich eine Depression mit dem Bundestag verträgt. Und die lautet Ja. Man müsse seine Wochen eben so organisieren, dass es funktioniert. Dann könne man halt nicht zu jedem Empfang gehen. Denn Empfänge bedeuten: wenig Schlaf, viel Alkohol. Und das ist gefährlich. Hönel ist da sehr diszipliniert. Nur diese Woche machte er eine Ausnahme. Das Essen des Haushaltsausschusses im Kanzleramt konnte er sich nicht entgehen lassen.

Man müsse schon wissen, worauf man sich einlässt, sagt Hönel. Es sei viel Arbeit, viel Druck, viel Stress. Und ja, Verantwortung sei auch eine Bürde, die man psychisch spüre. «Wer das nicht will, sollte der Politik fernbleiben», findet er. Aber es dürfe auch nicht sein, dass man sich in der Politik kaputt mache. «Es muss möglich sein, dass Abgeordnete ein Leben führen und gesund bleiben.» Oder wolle man, dass Kranke die Politik machen?

Als ich das Buch «Höhenrausch» des verstorbenen Journalisten Jürgen Leinemann gelesen habe, bekam ich den Eindruck: So war es eigentlich die meiste Zeit in der Bundesrepublik. Die Deutschen wurden von Kranken regiert.

Von Helmut Schmidt zum Beispiel. Der arbeitswütige Kanzler brach immer wieder bewusstlos zusammen. An die 100 Mal haben seine Mitarbeiter ihn besinnungslos aufgefunden, wie er später selbst bei einer Konferenz der Zeit erzählte – nicht ohne Stolz. Denn das habe ihn natürlich nicht davon abgehalten, «seine politische Pflicht zu tun». 14 bis 16 Stunden hätten seine Arbeitstage in der Regel gedauert, prahlte Schmidt. Er schien seine Herzinfarkte vor allem als Beweis eiserner Willenskraft zu sehen. Die Koketterie eines Leidenden.

Oder Willy Brandt. Die Rede war von einer Grippe, obwohl alle wussten, dass der melancholische Kanzler in Wahrheit seine Depression mit Alkohol kurierte. Aus den Zumutungen des Politikgeschäfts flüchtete er sich in seine Süchte, litt einsam, entzog sich. Leinemann beschreibt, wie Brandt auf einer Veranstaltung oder einem Fest stundenlang inmitten seiner Genossen hocken konnte, ohne wirklich da zu sein. «Keine Emotion ging von ihm aus, keine erreichte ihn. Es sprach ihn in solchen Momenten der Düsternis auch niemand an. Eine unsichtbare Kälteschicht schien ihn vom Leben zu trennen.»

Auch Franz Josef Strauß war ein Kranker. Man braucht sich nur das berühmt gewordene Fernsehinterview von Günter Gaus aus den 60ern anzuschauen, um zu sehen, dass dieser Geist in keinem gesunden Körper lebte. Ununterbrochen zieht er an seiner Zigarre, obwohl er bei jedem Zug husten muss. Ächzend gibt er Antwort, quält seine Lunge mit Rauch, wischt sich mit einem Stofftuch den Schweiß vom Gesicht. So schleppte er sich noch mehr als 20 Jahre durchs Leben. Am 1. Oktober 1988 flog er im Hubschrauber vom Münchner Oktoberfest nach Regensburg. Dort wollte er Hirsche jagen. Als er ausstieg, brach er zusammen und starb.

Nein, die Politiker vom alten Schlage waren nicht robuster als die heutigen. Sie waren auch nicht weniger krank. Sie schwiegen nur über all ihre Probleme, sie versteckten sie vor der Öffentlichkeit – und vor sich selbst.

Da ist es doch erleichternd, dass die Neuen in der Politik auf ihre Gesundheit achten. Da ist es doch eigentlich ein zivilisatorischer Fortschritt, dass sie über ihre mentalen Probleme sprechen, statt sie zu verschleppen bis zum Zusammenbruch.

* * *

Können die Jungen die Rahmenbedingungen in der Politik ändern? Wird es künftig einmal ganz normal sein, als Abgeordneter ein Leben mit Familie und Freundschaften zu führen, mit Auszeiten und Abstand, ohne dass Psyche und Körper darunter leiden? Oder ist es eine Illusion, zu glauben, das harte Geschäft der Politik könne irgendwie weicher werden?

Noch ist Hönel ein Neuling, noch ist er niemandem gefährlich geworden. Da ist es einfach, ihm ein nettes Wort der Anerkennung zu sagen für seinen «mutigen Schritt». Aus allen Parteien gab es rote Herzen und Flammen heißer Bewunderung. «Respekt», sagten sie, und «danke».

Aber wie echt ist die Anteilnahme? Ein Herz-Emoji ist schnell verschickt, aber kommt es auch von Herzen? Wie warm können Worte sein in einem Betrieb, in dem eiskalt um Macht gerungen wird? Ist es nicht naiv von den Jungen, mit Wohlwollen und Verständnis zu rechnen in einer Sphäre, in der jeder gegen jeden kämpft?

Die Neuen scheinen manchmal zu glauben, sie seien immun gegen die Widerwärtigkeiten des politischen Geschäfts. Sie denken, sie könnten ihren Weg gehen, ohne je in den Abgrund zu schauen. Mit dem unschuldigen Optimismus der Jugend strömen sie ins Parlament herein und schauen sich angewidert um. Überall sehen sie abschreckende Beispiele dafür, wie sie ganz gewiss nicht werden wollen: abgehalfterte Politik-Überlebende, gezeichnet von entwürdigenden Machtkämpfen, zerfurcht von Eifersucht, verhärtet von Enttäuschungen.

Lars Klingbeil, inzwischen auch nicht mehr ganz jung und aufgestiegen zum SPD-Chef, wollte dem mal eine «Politik der Nettigkeit» entgegensetzen. Ricarda Lang und Jamila Schäfer setzen auf Freundschaft statt Konkurrenz. Viele junge Abgeordnete wohnen zusammen in WGs, wo sie sich «gegenseitig supporten» und den «Rücken stärken», wie sie berichten. Emilia Fester, Marlene Schönberger und Saskia Weishaupt kuscheln nach langen Tagen auf ihrem gemeinsamen Sofa.

Die Neuen wünschen sich mehr Ehrlichkeit im Bundestag. Sie wünschen sich Menschen in der Politik, keine Maschinen. Durch eine neue, respektvollere Kultur, so hoffen sie, könne man mehr Menschen für Politik begeistern. «Wir kommen ja nicht in Strukturen, um sie für die nächsten 100 Jahre so vorzufinden, wie sie sind», sagt zum Beispiel Ricarda Lang.

Doch zu Menschen gehören Fehler. Und da fangen die Probleme an. In einer Familie oder zwischen Freundinnen verzeiht man sich. Aber wie soll man seinem politischen Gegner Fehler verzeihen, wenn doch der eigene Erfolg von den Fehlern der anderen abhängt?

Als Anne Spiegel als Familienministerin zurücktreten musste, waren viele junge Abgeordnete bei Grünen und SPD empört. Sie sahen nicht so sehr die Fehler, die Spiegel gemacht hatte. Sie sahen ihr nach, dass sie vier Wochen in den Urlaub gefahren war, obwohl die Menschen im Ahrtal vor ihren Schlammruinen standen. Sie habe halt in einer schwierigen Situation zu ihrer Familie gehalten.

Als sie stürzte, litten sie mit ihr. Vor allem fragten sie sich: Kann uns das auch passieren? Werden die anderen ebenfalls so ungnädig mit uns sein? Wollten wir nicht großzügiger sein?

Als junge Mutter nahm die 25 Jahre alte Grünen-Abgeordnete Karo Otte der Fall ganz besonders mit. Und sie zog sofort einen bitteren Schluss für sich persönlich daraus: «Ich kann mir Spitzenpolitik gerade nicht vorstellen mit meiner Familiensituation», sagt sie kurz danach am Telefon. Kinder bräuchten eben Zeit und Aufmerksamkeit und Mütter mit einem fordernden Job auch mal Urlaub.

Otte dachte eigentlich, die Grünen seien angetreten, um von dem Bild des Spitzenpolitikers wegzukommen, der nur vier Stunden schläft, weil er die ganze Nacht verhandelt und ansonsten kein Privatleben hat.

Sie findet es «schlimm, welches Bild von Politik jetzt jungen Frauen vermittelt wird». Die würden doch nun sagen: «Das ist ein toxisches Arbeitsumfeld, da kriegen mich keine zehn Pferde rein.»

Ricarda Lang sieht das naturgemäß etwas differenzierter. Sie trug Spiegels Entscheidung zum Rücktritt ja auch maßgeblich mit. Als Parteivorsitzende beriet sie ein ganzes Wochenende lang mit Habeck, Baerbock, Nouripour, Haßelmann und Dröge. Es müssen quälende Krisensitzungen gewesen sein.

Hinterher sprach Lang von Fehlern und nötigen Konsequenzen. Sie sagte: «Nicht jede Kritik, die es an Frauen gibt, ist frauenfeindlich.» Aber auch sie hat angesichts des tragischen Falls einer Hoffnungsträgerin ein grundsätzlicher Zweifel beschlichen. «Ich denke viel darüber nach, ob wir in der Politik zu ungnädig mit Fehlern umgehen», sagte sie kurz nach dem Rücktritt im Spiegel. Die Verantwortung in einem Ministeramt sei natürlich groß, und das werde und müsse auch so bleiben. «Aber ist da trotzdem Raum für etwas mehr Güte?»

Die Jungen sind noch gar nicht lange dabei, aber leiden jetzt schon an der Politik. Viele klagen über den Stress, den Termindruck. Sie merken, wie sie plötzlich zehn Kilo abnehmen, weil sie nicht mehr zum Essen kommen. Sie merken, wie sie nach Aufmerksamkeit gieren, immer auf 180 sind und freitags nicht mehr können. «Am Ende einer Sitzungswoche ist man wie ausgekotzt», sind sich die Jusofrauen Jessica Rosenthal und Anna Kassautzki in ihrem Podcast einig.

Die Grünen-Abgeordnete Kathrin Henneberger will ehrlich sein: Wenn man nicht aufpasst, kann einen der Bundestag schnell zermürben. Innere Prozesse fräßen so viele Kapazitäten. Die Sitzungen im Ausschuss kommen ihr vor wie Selbstbeschäftigung. Es sei wichtig, sich auszutauschen, aber oft fragt sie sich: Was folgt daraus? Wo können wir ansetzen? Es habe unglaublich viel Überzeugungsarbeit gebraucht, im Bundestag eine Debatte zum neuesten Bericht des Weltklimarats anzumelden, erzählt sie. Wenn es aber schon schwierig ist, gemeinsam über die Klimakrise zu sprechen, wie soll man dann als Parlament erst die nötige Schlagkraft entwickeln, um sie wirksam zu bekämpfen?

Henneberger fühlt sich immer wieder ausgebremst. «Ich merke, wie ich selbst in Arbeitsabläufen gefangen bin, statt mich auf die eigentlich wichtigen Dinge zu konzentrieren», sagt sie. Die Termin-anfragen, die Empfänge, die Einladungen. Da würde man zu gar nichts mehr kommen.

Auch die Jüngste im Bundestag ist unzufrieden. Aufgrund ihres Alters werde sie diskriminiert, klagt die 24-jährige Emilia Fester im SPIEGEL. Außerdem könne sie nicht mehr mit dem Longboard zu Ter-minen fahren, weil der Berliner Verkehr dafür zu gefährlich sei. «Letztendlich opfere ich auch meine eigene Jugend für diesen Job», sagt sie.

Da fragen sich dann manche: Soll uns das jetzt leidtun? Zwingen wir denn Emilia Fester dazu, im Bundestag zu sitzen? Immerhin be-kommt sie dafür jeden Monat 10 000 Euro aufs Konto überwiesen und hat einen Stab von Mitarbeitenden zur Verfügung.

Die meisten Deutschen scheinen es nicht einmal so toll zu finden, von einem Haufen von Jungspunden regiert zu werden. Sie mögen Abgeordnete mit Berufserfahrung, solche, die es auch außerhalb der Politik schon zu etwas gebracht haben. Die Jungen aber kennen nichts anderes als ihre Parteien. Sie haben, wie Fester, oft nicht ein-mal ihr Studium beendet. Und nun haben sie die Ehre, im Bundestag zu sitzen, und klagen?

Einigen Älteren fehlt da das Verständnis. «Augen auf bei der Be-rufswahl!», sagt einer, der schon lange dabei ist – vielleicht zu lange, wie er zugibt. Er findet: «Persönliche Befindlichkeiten haben hier nichts zu suchen.» Der Alte versteht die ständigen Klagen darüber nicht, dass Politik ein hartes Geschäft sei. Was denn sonst? «Das ist doch kein Kuschelzoo.»

* * *

Jens Teutrine ist wirklich kein Fan der Grünen. Aber als er den Satz von Emilia Fester mit der geopferten Jugend las, wusste er, was sie meint. Klar sei es schwierig, das in der Öffentlichkeit zu sagen. «Von

außen sieht man da nur einen nörgelnden Politiker mit Superprivile-
gien.» Aber Politik sei eben schon ein zermürbendes Geschäft. Und
junge Leute wie Fester und er gäben dafür ihre besten Jahre her.

Teutrine sitzt jetzt seit acht Monaten im Deutschen Bundestag.
Richtig angekommen ist er nicht. Er hat zum Beispiel immer noch
keine Wohnung gefunden, die ihm gefällt. Stattdessen zieht er von
Hotel zu Hotel und verbringt nur jene Tage in der Hauptstadt, an
denen es unbedingt notwendig ist. Das Hotelhopping ist nur ein
Symptom für die Fremde, die er in Berlin empfindet. Die Ursachen
liegen tiefer. «Ich merke, das mich irgendwas stört, aber ich weiß
noch nicht ganz genau, was es ist.»

Er hatte sich die Zeit im Bundestag irgendwie anders vorgestellt. Er
hatte gedacht, dass die Erfolge einfacher messbar, die Fortschritte
schneller erreichbar seien. Stattdessen, stellt er nun fest, werde viel
geredet und wenig gemacht. Kürzlich gab es in der Fraktion mal wieder eine Arbeitssitzung. Da fragte Teutrine hinterher: «Was haben
wir denn eigentlich erarbeitet? Das war doch nur Gelaber!»

Teutrine hat ein Wort für die Leute, die ihm Kraft rauben: Dementoren. Das Wort stammt, ganz standesgemäß für einen Millennial,
aus dem Harry-Potter-Wortschatz. Dementoren sind grausame Wesen. In schwarze Lumpen gehüllt, schweben sie mit rasselndem Atem
durch die Lüfte und verbreiten düstere Hoffnungslosigkeit. Gefürchtet sind sie vor allem für ihre «Küsse», mit denen sie arglosen Menschen die Seele aus dem Leib saugen, bis von diesen nur noch eine
leere Hülle zurückbleibt.

Dementoren gibt es im Bundestag überall: Sie lauern im E-Mail-
Postfach oder im Plenarsaal. Sie können auch auf parlamentarischen
Abenden angreifen oder auf den Gängen der Abgeordnetenhäuser:
Verbandsvertreter, Lobbyistinnen, alle möglichen Leute, die einem
die Zeit stehlen.

Natürlich will Teutrine sich als Mandatsträger verschiedene Anliegen und Interessen anhören. Aber es prasselt so viel auf ihn ein, dass

er sich fragt: Wann soll er das alles machen? Und wann soll er denn dann die eigentliche Arbeit verrichten?

Zum Glück kenne seine Büroleiterin den «Patronus-Zauber», sagt Teutrine lachend. Die übelsten Dementoren halte sie ihm so vom Leib. Die Mitarbeiter:innen sind auch jene, mit denen er über seine Zweifel spricht. Denn auf einige Fragen hat Teutrine einfach noch keine Antwort. Einerseits sucht er seine Rolle, fragt sich: «Was will ich für ein Abgeordneter sein?» Andererseits fragt er sich ganz grundsätzlich: «Ist das überhaupt was für mich? Bin ich hier richtig?»

Eine Zeit lang hatte er wieder dieses Gefühl, das er aus dem ersten Semester an der Universität kannte: den Hochstapler-Komplex. Es ist ein Gefühl, das viele kennen, vor allem Arbeiterkinder. Sie bilden sich ein, sie hätten sich ihre Erfolge nur erschlichen, und im nächsten Moment würden sie enttarnt. Teutrine: «Ich habe mich einfach fehl am Platz gefühlt im Bundestag.»

Teutrine denkt viel über das Buch nach, das die FDP-Politikerin Katja Suding kürzlich geschrieben hat. Suding war eines der bekanntesten Gesichter der FDP, stellvertretende Bundesvorsitzende, Hamburger Landeschefin, Abgeordnete im deutschen Parlament – und zog dann mit 45 Jahren überraschend die Reißleine. Sie hätte Ministerin werden können, doch sie entschied sich für einen radikalen Bruch mit der Politik. «Wie ich mich selbst verlor und wiederfand», heißt es im Untertitel ihres Buchs. Sie beschreibt darin schonungslos ihre Entfremdung von sich selbst.

Teutrine weiß, dass sowas passieren kann. Er weiß, dass Politik einen verhärtet, einem viel zumutet und wenig gönnt. Er ist sich der Gefahr bewusst, dass man wie in einer Blase lebt, getrennt von Menschen, die man liebt, und getrennt von den eigenen Gefühlen, ohne es überhaupt zu bemerken.

Ein Bild, das Suding in ihrem Buch immer wieder verwendet, ist Teutrine besonders präsent: der Schutzpanzer. Er ist immer dabei. Auch wenn sie Zeit mit ihren Kindern verbringt, kann sie ihn nicht ablegen, nicht einmal abends im Bett. Er wird schließlich so hart, dass sie irgendwann unter ihm zusammenbricht. «Ich bleibe in einer permanenten Stresssituation, immer auf Angriff oder Flucht vorbereitet», schreibt sie.

Und Teutrine, 28 Jahre alt und seit acht Monaten im Bundestag, fragt sich: «Wie kann ich in diesem Betrieb bestehen, ohne mir so einen Panzer zuzulegen?» Teutrine hat kein Problem damit, dass Politik anstrengend ist. Er weiß, dass Niederlagen, Rückschläge und Enttäuschungen dazugehören. Er macht sich keine Illusionen. Aber er wünscht sich, eine Balance zu finden. Zwischen den Erwartungen der anderen und seinen eigenen Vorstellungen. Zwischen dem nötigen Maß an Anpassung und der inneren Freiheit, sich selbst treu zu bleiben. Er ist sich im Klaren darüber, dass er sich der Kultur des Betriebs anpassen muss, um etwas in ihr zu bewirken, um Erfolg zu haben. Aber wie weit? «Das Gefährliche ist ja, es allen recht machen zu wollen, sich so sehr anzupassen, dass man sich verliert», sagt Teutrine. Das sei der Punkt, an dem man unglücklich werde.

Teutrine muss plötzlich ein bisschen lachen. Es sei lustig: Journalisten sprächen ihn immer auf seine Kleidung an. Und dann schrieben sie über sein T-Shirt und seine Sneakers als Symbol seiner Unangepasstheit. Teutrine seufzt. Wenn es nur so einfach wäre! «Aber es geht ja nicht um Klamotten.» Es gehe um was anderes. «Ganz tiefe Sachen».

Wegen dieser tiefen Sachen weiß Teutrine auch nicht, ob er in drei Jahren noch einmal antreten will für den Bundestag. Er meint das nicht kokett. Kein Politiker würde schließlich offen zugeben, dass er in der nächsten Legislatur wieder in den Bundestag will. Das würde hochmütig wirken. Politiker sagen dann lieber sowas wie: Wenn mein Kreisverband mich darum bitten sollte, stünde ich natürlich bereit. Oder: Dafür ist es jetzt noch zu früh, darüber mache ich mir keine Gedanken. Dabei machen sich alle Abgeordneten permanent Gedanken über die nächste Legislatur und die Frage, wie es für sie weitergeht. «Alle haben natürlich einen inneren Plan», sagt Teutrine.

Er selbst denkt auch strategisch. Was könnte der nächste Karriereschritt sein? Welche Türen könnten sich vielleicht öffnen? «Aber vorgeschaltet vor diese Frage ist etwas viel Grundsätzlicheres.» Nämlich die Frage: Will er das überhaupt weiterhin, Berufspolitik? Oder will er nicht lieber etwas ganz anderes machen?

Kurz nach der Bundestagswahl gab Teutrine Zeit Online ein Interview. «Herr Teutrine, woran sollen wir Sie in vier Jahren messen?», fragten die Kollegen. Teutrine antwortete: «Messen Sie mich daran, ob mich der Politikbetrieb in vier Jahren träge und desillusioniert gemacht hat, oder, ob ich noch mit Feuer dabei bin.»

Sie stellten ihm auch ein Dutzend anderer Fragen, aber diese Frage und diese Antwort kopierte Teutrine aus dem Interview heraus und schickte sie über Twitter in die Welt. Eine Art Schwur.

Revolution verschoben

Lärmend und triumphierend sind die 49 Jusos zu Beginn ins Parlament gezogen. Den Alten zitterten die Knie. Sie hofften natürlich, dass sie die Jungen mit ein paar Posten schnell ruhigstellen könnten. Aber sicher sein konnten sie nicht.

Seit Kanzler Scholz im Februar 100 Milliarden für die Bundeswehr angekündigt hat, schwebte deshalb groß und mächtig eine Frage über der Fraktion: Ist das mit den Jungen zu machen?

Die Juso-Vorsitzende Jessica Rosenthal hat damals gleich ihren Widerstand angekündigt. Nun ist es Ende Mai, und die Abstimmung über das Sondervermögen steht unmittelbar bevor. Hat Rosenthal in der Zeit ihre Truppen gesammelt, will sie einen Aufstand anzetteln? Der 3. Juni 2022 wird zur Stunde der Wahrheit. Da wird sich zeigen, ob der Kanzler seine Fraktion im Griff hat.

Wie nervös die oberen Genossen sind, offenbaren die Verhandlungen mit der Union. Für das Sondervermögen ist eine Änderung des Grundgesetzes nötig, und für die braucht es eine Zweidrittelmehrheit im Bundestag – also auch die Stimmen von CDU und CSU. Merz sieht allerdings überhaupt nicht ein, der Regierung einfach so ihre Mehrheit zu besorgen. Er stellt Bedingungen: Die 100 Milliarden dürften ausschließlich in die Bundeswehr fließen und nicht etwa in Cybersicherheit, wie die Grünen es unbedingt wollen. Außerdem hat die Union den Kanzler so verstanden, dass Deutschland künftig zwei Prozent seines Bruttoinlandsprodukts in die Nato investieren wolle, und zwar zusätzlich zu den 100 Milliarden. Auch das ist Merz wichtig. Ansonsten, droht er, werde er nur so viele Abgeordnete seiner Fraktion zur Wahl schicken, wie die Regierung für eine Mehrheit benötige. Würde dann nur ein einziger Sozi oder Grüner ausscheren, wäre das Vorhaben gescheitert.

Grüne und SPD sind empört über diese Taktiererei, aber es hilft nichts: Sie müssen der Union entgegenkommen. Und vor allem müssen sie ihre Leute dazu bringen, für das Sondervermögen zu stimmen. Sonst könnte es nicht nur peinlich, sondern auch gefährlich werden für die Regierung.

Am Montag vor der Abstimmung treffen sich die SPD-Abgeordneten zur Fraktionssitzung. Es ist Mützenichs letzte Chance, seine Leute auf Geschlossenheit einzustimmen.

Die alten Parteilinken hat der SPD-Fraktionschef schon auf seiner Seite. Es war nicht ganz einfach, sie zu überzeugen, aber am Ende haben sie eingesehen, dass es in dieser Lage eine tüchtige Bundeswehr braucht. Die Schweden und Finnen wollen unbedingt in die Nato, die Dänen wollen Teil der europäischen Sicherheitsarchitektur werden – alles sozialdemokratisch geführte Länder. Das leuchtet auch den Parteilinken ein.

Michael Müller ergreift dann auch gleich das Wort. Man hat ihn in den letzten Monaten als Bedenkenträger kennengelernt, als einen, der bei Waffenlieferungen Bauchweh hat. Nun stellt er sich explizit hinter Olaf Scholz. Ja, man dürfe ein Störgefühl bei den 100 Milliarden haben, sagt er. «Aber jetzt geht es darum, wo die Koalition steht!» Applaus. Auch der skeptische Ralf Stegner spricht im Sinne des Kanzlers. «Wir müssen uns ehrlich machen», sagt er. Man könne nicht einerseits von Unterstützung reden und andererseits die Soldaten im Regen stehen lassen. Auch dafür gibt es Beifall.

Manche Jusos verdrehen die Augen. Die Müllers und Stegners hofften wohl, dass der Kanzler sie für ihre Loyalität belohne, lästern sie. Leute, die mal was darstellten und nun als «honorige Genossen» im Auswärtigen Ausschuss ihr Dasein fristeten.

Aber es soll gar kein stalinistisches Geschlossenheitstribunal werden hier. Der Fraktionschef lädt die Zweifelnden ausdrücklich ein, über ihre Bedenken zu sprechen. «Wir hoffen natürlich, dass wir gemeinsam abstimmen in der Fraktion», sagt er mit sanftem Druck. Aber man wolle niemanden zu einer Entscheidung zwingen, mit der er oder sie sich nicht wohl fühle.

Das macht Eindruck auf die Jüngeren. Vor allem die Kritischen unten ihnen fühlen sich ermutigt. Rosenthal ergreift das Wort. Ihr Ton ist konziliant, ihre Argumente sind bekannt. Sie hat sie schon direkt nach der Erklärung des Kanzlers Ende Februar vorgetragen. Rosenthal stört sich vor allem am Instrument des Sondervermögens. Denn das sei ja nur ein Trick, um die Schuldenbremse zu umgehen. Warum also nicht gleich die Schuldenbremse abschaffen? Dann wäre nicht nur Geld für die Bundeswehr da, sondern auch für alles andere. Auch dafür gibt es Applaus. Es sind vor allem Jusos, die klatschen.

Mützenich nickt. So weit hat er das alles eingepreist. Auch andere Jusos machen ihre Bedenken transparent. Erik von Malottki, Jan Dieren, Carmen Wegge, Annika Klose. Die Stimmung ist ernst, aber gut. Es soll eine offene Aussprache sein, Zweifeln ausdrücklich erlaubt. Für die soldatische SPD ein ungewohnter Stil. Fast schon wie bei den Grünen!

Doch dann geht doch noch alles schief. Gegen 19 Uhr, die Abgeordneten sind noch mitten in der Diskussion, erscheint auf SPIEGEL ONLINE ein Gastbeitrag von Jessica Rosenthal. Überschrift: «Ein Sondervermögen allein für die Bundeswehr greift viel zu kurz.»

Sofort macht der Link in diversen SPD-Chatgruppen die Runde. Getuschel, böse Blicke. Hat die Juso-Vorsitzende aus der laufenden Sitzung berichtet? Führt sie ihre Fraktion in der Öffentlichkeit vor?

Rosenthal schreibt in ihrem Beitrag selbstkritisch, dass sie die Gefahr eines Krieges lange unterschätzt habe. Und sie zieht auch eine Lehre daraus: Demokratien müssten sich verteidigen können, auch militärisch. Doch dann verrenkt sie sich, um auf das Problem mit der Schuldenbremse zu kommen.

Sie vermischt die aktuelle Frage nach der Ausrüstung der Bundeswehr mit einer grundsätzlichen Frage über die Haushaltspolitik. Das ist ein bisschen so, als würde man sagen: Ich bin zwar für den Mindestlohn, aber erst müssen wir den Kapitalismus abschaffen.

Aber um die Argumente geht es jetzt nicht. Während der Fraktionssitzung hat ohnehin keiner Zeit, sich den 1500 Wörter zählenden Gastbeitrag zu Gemüte zu führe. Es geht um den Stil. Die Fraktion sitzt schließlich gerade zusammen, um sich eine Meinung zu bilden. Da kann die Juso-Vorsitzende doch nicht einfach an die Öffentlichkeit gehen!

Es dauert nicht lang, bis auch der Fraktionschef im Bilde ist. Und der verliert plötzlich die Fassung. «Das ist ein Affront!», ruft Mützenich mit rotem Kopf. Sowas könne sie doch nicht unangekündigt und in der laufenden Sitzung machen! Die meisten gucken nun erst recht aufs Handy.

Mützenich redet sich in Rage. Er spricht davon, dass hier ein Vertrauensverhältnis «gebrochen» worden sei. «Das geht nicht!», schimpft der 63 Jahre alte Politiker. Zum Ende seiner Standpauke brandet lauter Applaus auf. Es klingt nach: 200 Abgeordnete gegen eine. Die meisten identifizieren sich mit Mützenich. Vor allem jene, die aus Pflichtgefühl die Linie des Kanzlers mittragen, kommen sich blöd vor. Man könne nicht öffentlich einen Kompromiss schlechtreden. Das sei ein Foulspiel.

«So sauer habe ich Mützenich noch nie erlebt», sagt hinterher ein Jüngerer, der dabei war. Vielen tut der Fraktionschef auch leid, der schwierige Wochen hinter sich hat. Mit dem Überfall auf die Ukraine platzte sein Traum von Abrüstung und einem gedeihlichen Miteinander mit Russland. Und dann wurde er im Plenum auch noch eiskalt vom 100-Milliarden-Plan des Kanzlers überrumpelt. Dennoch schluckte Mützenich seinen Zorn herunter und unterstützt den Kanzler mit all seiner Kraft in der Fraktion. Ein Drahtseilakt: Einerseits muss er Scholz seine Mehrheit beschaffen, andererseits will er bei diesem Thema gerade nicht seine Autorität ausspielen. Als die Juso-

Vorsitzende mit ihrer Erklärung an die Öffentlichkeit geht, ohne ihn ins Bild zu setzen, reißt der Draht. Einer sagt: «Er hatte das Gefühl, hier nutzt jemand seine Toleranz aus.»

Fraktionsvorsitzende, das waren in der SPD immer die mit den Daumenschrauben. Sie brachten die Abweichler mit Zuckerbrot und Peitsche auf Linie. Erst ein freundliches Gespräch, Überzeugungsversuche, dann die härtere Tour: Bei der nächsten Listenaufstellung werde man sich nochmal überlegen, wo man den Abweichler platziere. Vielleicht sei der Haushaltsausschuss der falsche für eine Abgeordnete mit ständigen Gewissensbissen? Franz Müntefering bestellte Querköpfe schon mal in sein Büro und ließ sie dann stehen, während er stundenlang aus dem Fenster schaute. So beschreiben es die Journalisten Peter Dausend und Horand Knaup in ihrem Buch «Alleiner kannst du gar nicht sein».

Mützenich ist anders. Er ist ein Mann der leisen Töne. Er führt die Fraktion nicht wie ein Gefängnisaufseher, sondern eher wie ein netter Ethiklehrer.

Eigentlich passt es nicht zu ihm, jemanden vor versammelter Mannschaft zusammenzustauchen. Doch Rosenthals Aktion trifft ihn. «Sie ist ihm damit in den Rücken gefallen», sagt einer von den Jungen. Und einer von den Alten sagt: «Man kann sowas nicht akzeptieren, sonst würde drei Wochen später jeder machen, was er will!» Manchmal muss eben selbst der nette Ethiklehrer einen Eintrag ins Klassenbuch vornehmen.

Anderen tut wiederum Rosenthal leid. «Da war sehr viel negative Energie auf Jessica», sagt einer, der findet, das hätte Mützenich auch hinterher mit ihr klären können. «In einem cooleren Moment wäre er wahrscheinlich nicht so ausgerastet.»

Rosenthal fühlt sich zu Unrecht an den Pranger gestellt. Was hätte sie denn tun sollen? Hinter ihr Nein zum Sondervermögen konnte sie nicht mehr zurück. Da hielt sie es für besser, ihre Position ausführlich zu erklären, als einfach drei dürre Sätze an die dpa zu geben.

Nur über den Zeitpunkt hatte sie nicht richtig nachgedacht. Rosenthal wusste, dass ihr Beitrag irgendwann am Abend online gehen würde, aber nicht wann genau. «Das war ein blödes Timing.»

Hinterher sucht sie das Gespräch mit Mützenich. Die Verfahrenskritik nimmt sie an, aber dass sie falsch spiele, will sie nun wirklich nicht auf sich sitzen lassen.

Mützenich macht seinerseits klar, dass er sich unfair behandelt fühlt. Vor allem geht ihm die Zeit aus. Bis Freitag muss er seine Fraktion auf Linie bringen.

Im Fraktionsvorstand kursiert in den Tagen vor der Abstimmung eine Liste. Darauf stehen die möglichen Abweichler. In Klammern dahinter ist notiert, wer von den Oberen sie ansprechen soll. Die Namen wurden in vier Kategorien unterteilt. Erstens: Nichts zu machen, da braucht keiner mehr sein Glück versuchen. Zweitens umfasst jene, von denen der Fraktionsvorstand meint, dass sie «wahrscheinlich» dagegen stimmen wollen. Unter drittens sind diejenigen aufgeführt, die als unsicher gelten. Und viertens besteht aus allen, die für den Vorstand schwer einzuschätzen sind.

Die Jusos von der Liste bekommen einen Anruf. «Überleg dir gut, ob du deinen Freischuss ausgerechnet hier abgeben willst», sagen die Älteren. Oder: «Du bist natürlich frei, aber es kann sein, dass du dann deinen Berichterstatter-Posten abgeben musst.» Es werden auch welche angerufen, die gar keinen Zweifel am Sinn der 100 Milliarden hegen. Die sind stinksauer, dass sie fälschlicherweise verdächtigt werden. Große Unruhe überall.

Die Jusos hatten nicht mit solchen Methoden aus grauer Vorzeit gerechnet. Sie sind empört über den Druck, der auf sie ausgeübt wird. Heißt es nicht im Grundgesetz, Artikel 38: Alle Abgeordneten sind nur ihrem Gewissen unterworfen?

«Tja, wenn man neu ist, ist Fraktionsdisziplin immer so ein Thema», seufzt einer, der schon lange dabei ist. Die Jungen hätten wohl nicht verstanden, dass es hier gar nicht um eine Gewissensfrage gehe – anders etwa als bei Auslandseinsätzen, wo man Soldat:innen in den Tod schicke. Das Sondervermögen fällt für ihn unter ganz normale Politik, und da gelte: «Wenn die Fraktion das in der Mehrheit befürwortet, dann stimmt man auch mit.» Ein oder zwei Mal könne man es sich erlauben, auszuscheren, öfter nicht. Sonst ende man wie Marco Bülow, der notorische Außenseiter, der die Fraktion irgendwann verließ. Der Alte brummt: «Die werden dann zwar gefeiert als tolle Individuen, die sich nicht beugen lassen, aber so funktioniert ne parlamentarische Demokratie halt nicht.»

Es ist wohl für alle Neulinge schwer, sich in eine Fraktion einzufügen. Einerseits besteht sie aus lauter sendungsbewussten Individuen, andererseits herrscht dort die Mentalität einer Burschenschaft. Es gibt Rituale, Machtspiele, Hierarchien. Für individuelle Befindlichkeiten ist wenig Platz.

Die Jungen sind verunsichert. Einerseits fragen sie sich: Braucht die Bundeswehr wirklich so viel Geld? Andererseits denken sie: Wenn die Fachpolitikerinnen und Fachpolitiker dafür sind, wird das schon seine Richtigkeit haben. Es ist nun mal eine arbeitsteilige Fraktion, und nicht jeder versteht alles.

Sie haben andere Schwerpunkte. Bürgergeld, Mindestlohn, Ausbildungsplatzgarantie. Die Konstruktion des Sondervermögens sorgt dafür, dass am Ende kein Geld für diese Projekte fehlt. Warum sollten sie sich also verkämpfen?

Rosenthal und ihre Kollegin Anna Kassautzki reden im gemeinsamen Podcast darüber, wie schwer es ist, sich überhaupt eine eigene Meinung jenseits der Fraktionslinie zu bilden. Sie hätten gern mehr Zeit, darüber nachzudenken, «was die Zeitenwende eigentlich moralisch bedeutet». Kassautzki tröstet sich mit dem Verweis auf die Verteidigungsexpertinnen und -experten in der Fraktion. Rosenthal findet, trotzdem dürfe man nicht den Blick fürs große Ganze verlieren. Kassautzki: «Safe, wir hören ja nicht auf, selber zu denken, weil andere sich um gewisse Themen kümmern.»

Doch das mit dem Selberdenken ist so eine Sache. Man sollte sich schon sehr sicher sein, wenn man die Fraktionsdisziplin herausfordert. Viele finden Rosenthals Position aber nicht schlüssig. Sie halten das Argument mit der Schuldenbremse für vorgeschoben. Denn da draußen geht es ja vor allem um das Symbol: Macht die Juso-Vorsitzende, was Scholz will, oder bleibt sie stark? Rosenthal muss vor allem ihre Macht im Jugendverband sichern.

Es ist eine schwierige Situation für Rosenthal. Einerseits will sie mit ihrer Fraktion stehen, andererseits muss sie die Jusos vertreten. Und die sind mehrheitlich gegen das Sondervermögen, einfach aus einem traditionellen Misstrauen gegen die Bundeswehr heraus.

Ein Älterer, der früher auch mal ein wichtiger Juso war, meint: Wenn Rosenthal die Investitionen in die Bundeswehr wirklich für sinnvoll halte – so wie sie es in ihrem Beitrag geschrieben hat –, dann müsse sie ihre Jusos eben davon überzeugen. Da zeige sich, «ob man einen Verband führt oder sich als Klassensprecher versteht».

Doch Rosenthal bleibt bei ihrem Nein, auch wenn der Preis dafür hoch ist. In der Fraktion wird sie geschnitten. Kolleg:innen grüßen nicht mehr.

* * *

Als die Abgeordneten sich am 3. Juni zur Abstimmung im Plenum zusammenfinden, hat Scholz seine Mehrheit.

Die Union trägt die Grundgesetzänderung mit, auch wenn sie jetzt erstmal die SPD attackiert. «Sie haben die Bundeswehr im Stich gelassen, Herr Mützenich!», ruft der Verteidigungspolitiker Johannes Wadephul. «Das ist eine Unverschämtheit!», schreit der und fährt zornig auf seinem Stuhl vor und zurück. Auf der Regierungsbank sitzt der Kanzler und rollt, fast unmerklich, mit den Augen. Dann grinst er ein wenig, als hätte er bemerkt, dass die Kamera ihn beim Augenrollen erwischt hat.

Auch eine Juso-Abgeordnete spricht zum Sondervermögen. «Ich bin als junge, neue Abgeordnete mit großen Zielen und großen Idealen in dieses Mandat gestartet», sagt Rasha Nasr und sucht mit ihren schwarz-weißen Vans auf dem Boden Tritt. Das Geld für die Bundeswehr habe bei ihr «wie bei so vielen im progressiven Spektrum erst mal keine Freudentänze» ausgelöst. Dann stützt sie die tätowierten Arme aufs Pult. Aber die Welt habe sich verändert. «Wir müssen jetzt Verantwortung übernehmen», sagt sie mit fester Stimme und schüttelt sich den Pony aus dem Gesicht. Auf der Regierungsbank lächelt der Kanzler zufrieden in sich hinein.

Am Ende stimmen 42 von 49 Jusos für das Sondervermögen. Der Druck hat gewirkt. Die Jungen sind auf Kurs. Die meisten wollten ihre Karriere nicht für ein Nein riskieren. Um Rosenthal wird es einsam.

Ihr Podcast, den sie in dieser Woche gemeinsam mit den Jusos Anna Kassautzki und Kaweh Mansoori aufnimmt, wird zu einer Art Traumabewältigung. Kassautzki und Mansoori haben für das Sondervermögen gestimmt, Rosenthal dagegen. Mansoori gesteht, ihm sei die Entscheidung schwergefallen. Kassautzki berichtet von «Bauchschmerzen». Rosenthal klingt bewegt, es sei «keine leichte Woche» für sie gewesen. Die anderen beiden trösten sie, reichen der Abweichlerin demonstrativ die Hand. Kassautzki großzügig: «Und selbstverständlich nehm ich trotzdem einen Podcast mit dir auf und freu mich immer, wenn ich dich im Plenum sehe.»

Es klingt ein bisschen so, als sei Rosenthal aus ihrer Familie verstoßen worden und klammere sich nun an diese beiden Cousins, die trotz allem mit ihr Kontakt halten.

Als wir einen Monat später noch einmal telefonieren, merkt man Rosenthal immer noch die Last an. Sie habe viel nachgedacht und wenig geschlafen, erzählt sie, denn sie habe Scholz ja nicht das Leben schwer machen wollen. Trotzdem sei sie im Reinen mit sich. «Ich bin nach wie vor der Überzeugung, dass es die richtige Entscheidung war.»

Die letzten Wochen hat sie dafür genutzt, viele Einzelgespräche zu führen. Sie wollte unbedingt dem Eindruck entgegentreten, da profiliere sich eine auf Kosten der Fraktion. Das half zumindest bei manchen.

* * *

Interessanterweise läuft der gleiche Prozess bei den Grünen völlig schmerzfrei ab.

Als ich Emilia Fester zu Beginn des Jahres gefragt habe, wie sie die Sache mit der Fraktionsdisziplin ihren Followern erklären wolle, schaute die konsterniert. Als frei gewählte Abgeordnete dürfe sie «natürlich» eine eigene Meinung haben. Sie finde es sogar ganz wichtig, das Bild von *der* Politik aufzubrechen und zu zeigen, «dass es viel individueller zugeht.»

Doch seit der Sache mit dem Bundeswehr-Vermögen geht es überhaupt nicht mehr individuell zu. Die Regierung braucht eine Mehrheit, und wenn die grünen Fraktionsvorsitzenden die nicht beschaffen, kriegen sie es mit dem Kanzler zu tun.

So weit, so ähnlich die Ausgangslage bei SPD und Grünen.

Doch die grünen Fraktionssitzungen laufen etwas anders ab. Da erklärt Außenministerin Baerbock den Jungen dann mit liebevollem Nachdruck den Ernst der Lage. Sie beteuert, dass sie die 100 Milliarden gern auch in Cyberabwehr gesteckt hätte. Denn die Grünen finden es anachronistisch, bei Verteidigung nur an Waffen zu denken. Doch leider sei das mit der Union nicht zu machen gewesen. Eindringlich: Jetzt gelte es aber, die Koalition nicht im Regen stehen zu lassen.

Die Jungen nicken. Sie lieben Baerbock. Wenn sie irgendwen nicht im Regen stehen lassen wollen, dann sie. «Ich mache es für Annalena», erklären sie sich hinterher gegenseitig.

Die Fraktionschefinnen Haßelmann und Dröge erledigen den Rest.

Geduldig hören sie sich die Sorgen und Zweifel der jungen Abgeordneten an. Dann unterbreiten sie ihnen einen Vorschlag: Sie könnten das doch aufschreiben und eine persönliche Erklärung abgeben – ganz individuell!

Das gefällt den Jungen. So sind sie nicht einfach nur Stimmvieh, sondern reflektierte Persönlichkeiten. Ihre Namen sind im Plenarprotokoll gesondert aufgeführt. Sie können sich ein paar kluge Worte überlegen und dazu ein noch klügeres Foto von sich schießen lassen. Für Instagram.

Emilia Fester gibt gemeinsam mit ihren Freundinnen Saskia Weishaupt und Denise Loop eine Erklärung ab. Sie listen ihre Bedenken auf und auch die Bedingungen für ihr Ja: eine Debatte über Schulden, eine Reform des Beschaffungswesens, eine Umsetzung der Cyber-Strategie. «Wir möchten hiermit auch zu Protokoll geben, dass dies eine Ausnahme bleiben muss. Die vielen wichtigen Projekte aus dem Koalitionsvertrag der Ampelkoalition müssen vollständig umgesetzt werden», drohen sie, ganz so, als hätten ihre Worte Konsequenzen.

Auch viele andere junge Grüne geben solche Erklärungen ab. Überall auf Instagram ploppen ihre Fotos auf, dazu der Schriftzug «Ja, aber». Merle Spellerberg lehnt sich cool gegen eine Wand, Karoline Otte guckt ernst in die Kamera, Jamila Schäfer schaut sinnierend in die Ferne, Deborah Düring durchdringt in Nahaufnahme die Linse, Johannes Wagner zeigt sich nachdenklich im Profil. Überall ähnliche Formeln, ähnliche Erklärungen, ähnliche Posen. Hyperindividuelle Millennials mit uniformen Individualitätsposen unter Konformitätsdruck.

Alle stimmen für das Vermögen. Kein einziger der jungen Grünen schert aus. Die Jusos zeigen sich entsetzt über so viel Anpassung, vor allem befremdet sie, dass die Grünen «auf der Beziehungsebene» für das Sondervermögen gestimmt haben. Rosenthal: «Das ist doch total unpolitisch!»

Rolf Mützenich, der sich für einen modernen Chef hält, muss bei so viel Disziplin wohl neidisch werden. Wie haben die Grünen das geschafft?

Anders als in der SPD wurde möglichen Abweichlern offenbar nicht mit Konsequenzen gedroht. Die Grünen haben andere Methoden: emotionale Erpressung. Harmonie-Druck.

Und so gibt es bei den Grünen selbst in einer der entscheidendsten Fragen deutscher Politik im 21. Jahrhundert keinen Streit. Nicht mal die Grüne Jugend geht auf die Barrikaden. «Viele Fragen rund um die 100 Milliarden sind immer noch nicht geklärt», konstatiert sie eher pflichtschuldig.

Noch erstaunlicher ist es, dass der Krawall auch ausbleibt, als der grüne Wirtschaftsminister die Kohlekraftwerke wieder in Betrieb nimmt – für die Jungen das eigentliche Tabu. Mit der Friedenspolitik haben sie nicht mehr viel am Hut. Aber sie kamen doch ins Parlament, um das Klima zu retten. Sie wollten endlich ernst machen mit den 1,5 Grad.

Stattdessen wird es immer heißer, immer trockener, immer extremer. Europa verbrennt, Pakistan steht unter Wasser. Und ausgerechnet die Grünen in der Regierung setzen nun auf den Klimakiller Kohle, um russisches Gas zu ersetzen. Der längst beschlossene Kohleausstieg wird rückgängig gemacht. Stillgelegte Kraftwerke werden nun wieder hochgefahren und für den Fall der Fälle bereitgehalten. Wie kann die Klimaaktivistin Kathrin Henneberger das mitmachen?

«Ich mach das ja nicht mit», wehrt sie sich, als wir uns im Juli 2022 zu einem Videogespräch verabreden. «Ich habe Mist vorgesetzt bekommen und mich für Verbesserungen eingesetzt.» Dann erklärt Henneberger, was ohne sie nicht im Gesetz stehen würde.

Sie habe zum Beispiel erwirkt, dass vor der Braunkohle erstmal die Steinkohle verfeuert werde. Das ist in ihren Augen besser, denn Braunkohle ist noch schädlicher fürs Klima. Außerdem gibt es eine Klausel im Gesetz, die sicherstellt, dass nach einem Jahr überprüft wird, ob es das Gesetz wirklich noch braucht. Wichtig ist Henneberger auch der Absatz, den sie den «Mini-Klima-Check» nennt. Damit verpflichtet sich die Regierung, hinterher genau auszurechnen, wie viel mehr CO_2 in die Atmosphäre gepustet wurde, und dafür zu sorgen, das wieder auszugleichen. «Ich bin eigentlich keine Freundin von Ausgleichen, aber das ist das, was ich reinbringen konnte», sagt Henneberger.

Nimmt sie es dem grünen Minister nicht übel, dass sie sich überhaupt mit einem solchen Gesetz herumschlagen muss? «Hmm», macht Henneberger. Und schweigt erstmal. Dann sagt sie: «Ich würde das ein bisschen trennen von Habeck.» Sie verortet das Problem eher beim Ministerium, in dem ja immer noch viele Beamte aus der GroKo-Zeit arbeiten. Und natürlich vor allem bei der Industrie und den Kohlekonzernen. Die Politikerin seufzt: «Ich bin da ehrlich. Es ist ein Weg, der mit dem Blick auf die Klimakrise definitiv ein falscher Weg ist.»

Henneberger macht es vor allem wütend, dass die vorherigen Regierungen sie überhaupt in diese Lage gebracht haben. Sie versteht ja die Not. Keiner wolle, dass Menschen im Winter frieren. Aber sind kalte Wohnungen schlimmer als Flutkatastrophen und Brände?

Es ist das Dilemma von Klimaschützerinnen wie Henneberger. Während kalte Wohnungen sehr konkret sind, ist der Klimawandel für viele immer noch abstrakt. Und solange wird es immer irgendetwas geben, was gerade drängender erscheint. Bis es zu spät ist. Bis die Punkte kippen. Bis das Klima außer Kontrolle ist.

«Viele haben immer noch nicht gecheckt, wie real die Klimakrise ist. Auch nicht im Bundestag», sagt Henneberger. Sie klingt frustriert. «In den Berichterstattergesprächen habe ich oft das Gefühl, dass ich die einzige bin, die über die Klimakrise spricht.»

Als wir Anfang Juli sprechen, steht das Gesetz erst noch zur Abstimmung. Es enthält Hennebergers Änderungen, aber es ist immer noch ein Gesetz, das in fundamentalem Widerspruch zu allem steht, was die junge Grünen-Abgeordnete will. «Ich habe verändert, was ich verändern konnte, und eingefügt, was ich einfügen konnte. Aber es ist nicht cool.»

Wir waren für eine Stunde verabredet. Als ich mich schon verabschieden will, möchte Henneberger allerdings noch was loswerden. «Das Kohle-Gesetz ist nur ein Bruchteil dessen, was ich in diesem Jahr gemacht habe.» Es sei wirklich nicht repräsentativ für ihr Wirken im Bundestag.

Ich nicke etwas ratlos. So läuft das ja immer. Journalistinnen fragen nach dem, was sie interessiert. Und die Energieversorgung ist nun mal ein wichtiges Thema unserer Zeit.

Aber Henneberger ist es ernst. Sie fürchtet vielleicht, als Umfallerin dargestellt zu werden. Als eine Klimaaktivistin, die mit hehren Zielen ins Parlament kam und nun stattdessen einen bitteren Kohle-Kompromiss schließt. Sie stellt mich vor die Wahl: Wenn das Kohlegesetz der einzige Punkt sei, mit dem sie in meinem Buch in Verbindung gebracht werde, dann ziehe sie es vor, gar nicht darin vorzukommen. «Weil mich das nicht widerspiegelt, wie ich bin.»

Nur funktioniert Journalismus so nicht. Ich bin ja nicht die Pressestelle der Grünen. Und wie soll ich eigentlich berichten, worüber wir gar nicht gesprochen haben?

«Im Juli fahre ich nach Nord-Kolumbien, auf Einladung der Akteur:innen vor Ort und gehe in den Steinkohletagebau», sagt Henneberger da gleich.

Ok, und das ist wichtiger?

«Ja, das ist wichtiger! Das ist das Wesentliche. Da arbeiten wir für eine gerechte Transition, dafür, dass keine neuen Steinkohle-Zechen gebaut werden. Dafür, dass Menschenrechte vor Ort geachtet werden. Wir werden die fossilen Konzerne unter Druck setzen. Außerdem arbeite ich sehr hart daran, dass wir die globalen Klimafinanzen erhöhen. Wir haben es geschafft, dass die Kürzungen, die im Haushalt standen, wieder zurückgenommen worden sind.»

Es ist gewissermaßen typisch für unsere Generation, so zu reagieren. Wer sich auf der richtigen Seite wähnt, verbittet sich kritische Nachfragen. Wer ein hehres Ziel verfolgt, erwartet Unterstützung – auch von Journalistinnen, die eigentlich eine andere Aufgabe haben. Im Netz gibt es nur Fans und Trolle. Es gibt keinen Raum für Ambivalenz, für Dialektik, für vorsichtige Kritik. Die Klimawandelleugner und Wissenschaftsfeindinnen haben keine Argumente. Sie werden unflätig und ausfällig. Umgekehrt neigen Politikerinnen und Politiker heute dazu, auch legitime Kritik gleich zur Kampagne zu erklären. Oder sie versuchen, so wie Henneberger, Journalistinnen in die moralische Pflicht zu nehmen.

Die Klimafrage ist auch eine Generationenfrage bei den Grünen. Eigentlich sind sich alle einig: Die Erderwärmung ist das drängendste Problem. Aber Atomkraft ist auch alles andere als nachhaltig, man denke nur an den Müll. Deshalb wollen alle, Junge wie Alte, erneuerbare Energien: Wind und Sonne. Die Notlage durch das fehlende Gas zwingt die Grünen nun aber zu einer unangenehmen Debatte: Was ist eigentlich schlimmer, Kohle oder Atom?

Die Jungen finden Kohle eigentlich schlimmer. Denn die verpestet das Klima und heizt den Planeten auf. Die Alten vom Schlage Trittin aber denken gar nicht daran, an ihrem hart erkämpften Atomausstieg zu rütteln. Sie haben sich damals vor die Castortransporte gelegt und sich von der Polizei niederknüppeln lassen. Vom $CO2$ war damals noch nicht so viel die Rede. Als größte Gefahr galten Atomwaffen und Atomkraftwerke – der GAU in Tschernobyl schien alle Prophezeiungen zu bestätigen.

Während die Alten auch heute stur bleiben, lassen die Jungen mit sich reden. Bitter, aber nötig, sagen sie staatstragend. Das Kohlekraft-Gesetz geht geschmeidig durch den Bundestag. Auch Henneberger stimmt dafür.

Ganz anders läuft es in Sachen Atomkraft. Habeck will mit einem Stresstest klären, ob es für den Winter helfen würde, Atommeiler wieder ans Netz zu nehmen. Doch am Ende erringt er nur einen lauen Kompromiss. Die Fraktionsvorsitzenden haben sich gemeinsam mit den alten Gorleben-Veteranen quer gestellt.

Die Alten kämpfen, die Jungen reden über Gefühle. Vor allem bei den neuen Grünen ist die gewaltfreie Kommunikation en vogue. Im Privaten lehrt sie, auf Schuldzuweisungen wie «du räumst nie auf, du schlampiger Chaot» zu verzichten und stattdessen zu formulieren: «Ich fühle mich irgendwie unwohl mit dem Zustand unserer Wohnung». Passiv-aggressive Zivilisation.

Ist einem da nicht doch die soldatische SPD lieber? Ist es nicht ehrlicher, die Verhältnisse klar zu benennen? Politik ist nun mal hierarchisch. Es geht um Macht, nicht um individuelle Entfaltung. «Wir sind ja nicht gewählt, weil wir Tim Klüssendorf oder sonst wie heißen», sagt der Juso Tim Klüssendorf. «Sondern weil wir auf dem SPD-Ticket sind.» Ohne Partei hätte er keinen Wahlkampf finanzieren können. Ohne Partei säße er nicht im Bundestag, so wie keiner der 49 Jusos.

Das findet der grüne Individualist Bruno Hönel so eine typische SPD-Aussage. Klüssendorf und er kommen beide aus Lübeck. Klüssendorf hat den Wahlkreis gewonnen, obwohl es zwischendurch mal eher so aussah, als könnten die Grünen vorn liegen. Die beiden Konkurrenten frotzeln gern miteinander. Und sie wissen ganz genau, warum sie nicht in der jeweils anderen Partei sind. «Die SPD pflegt dieses Parteisoldatentum, bei denen ist der Parteipatriotismus viel größer», mokiert sich Hönel. Ohne Ochsentour komme da keiner nach oben. «Bei uns ist es nicht so schlimm, aus der Reihe zu scheren.» Klüssendorf wiederum hält die Grünen für ziemlich brav. «Da gibt's schon einige, die sich plötzlich sehr wohl fühlen in einem bürgerlichen Wertekanon», lästert er. «Fällt manchmal schwer, den jungen Grünen vom JuLi zu unterscheiden!»

Die Juso-Vorsitzende Rosenthal ist hin und her gerissen, ob sie die Grünen nun beneiden oder belächeln soll. «Ich finde es schon gut, dass es da eine andere Kultur gibt», sagt sie vorsichtig. Sie würde sich das auch manchmal für ihre Fraktion wünschen, dass es ein wenig weicher zugehen würde, ein wenig verständnisvoller. In Rosenthals Podcast pflegen die Jusos schon eine neue SPD-Kultur. «Das machst du mega cool», sagen sie. «Voll verdient» und «ganz viel Juso-Liebe für dich!».

Aber «für Annalena» fürs Sondervermögen zu stimmen, das findet Rosenthal dann doch etwas peinlich. Wenn es hart auf hart kommt, sagt sie, hätten die Jusos eben doch mehr Durchschlagskraft als die jungen Grünen. «Wir sind als Jusos einen weiten Weg gekommen.» Das sei ein großer Unterschied zur Grünen Jugend. Die sei einfach gewachsen, habe aufgrund der Klimabewegung neue Mitglieder verzeichnet und so an Macht gewonnen. Die Jusos dagegen haben sich ihre Macht gegen die Mutterpartei erkämpft. «Wir hatten superharte Auseinandersetzungen.»

Natürlich ist sie enttäuscht, dass die 49 Jusos nicht gemeinsame Sache machen. Es hätte ihr gut gefallen, für die Jungen in der Fraktion zu sprechen und ordentlich Krawall zu machen. Aber Rosenthal sagt auch: «Wir repräsentieren halt nicht nur die Jusos, sondern die gesamte Bevölkerung» Und das heiße, das Beste für das Land zu tun im Angesicht der grausamen Realität. Was das Beste ist, müsse dann jede und jeder einzelne für sich abwägen. «Manchmal bedeutet es eben, dafür zu stimmen. Und manchmal auch dagegen.»

Sie klingt nachdenklich.

Zu wie viel Dank ist man der Partei verpflichtet? Wie loyal muss der einzelne gegenüber der Gemeinschaft sein? Und wo fängt die persönliche Verantwortung an?

Es ist eine Frage, die sich durch das Leben zieht – längst nicht nur in der Politik. Auch Journalist:innen stellen sie sich.

«Privater Account» schreiben manche zum Beispiel hinter ihren Twitter-Namen und meinen, den Loyalitätskonflikt so gelöst zu haben. Sie wollen damit sagen, dass sie hier nicht für ihre Zeitung oder ihren Fernsehsender sprechen, sondern nur für sich selbst. Paradoxerweise schmücken sie sich in der gleichen Zeile aber dennoch mit ihrer Funktion in eben jenem Medienhaus. Und überhaupt: Folgen ihnen die Leute nicht vor allem wegen ihres Jobs?

Früher gab es weniger Meinungs- und Profilierungsdruck. Die Leserinnen und Leser der Faz kannten die Schreibenden eigentlich nur unter ihren Kürzeln. Es ging um die Zeitung, nicht die Autor:innen. Viele eng bedruckte Ein- und Zweispalter, die Zeitung glich einer Bleiwüste. Dann kamen irgendwann ein paar Bilder hinzu, und mit den Bildern kamen auch die Autorennamen. Heute haben die Redakteurinnen und Redakteure sogar Gesichter, rund ausgeschnitten im Web.

Die Zeiten, in denen die Tageszeitung im Briefkasten die zweifelsfreie Wahrheit verkündet hat, sind ohnehin vorbei. Da will man lieber gar nicht verhehlen, dass eine Zeitung von Menschen gemacht wird. Und Menschen sind nun mal nie ganz objektiv.

Ein «ich» findet man in der Faz trotzdem selten. Da ist dann doch lieber vom «Autor dieser Zeilen», dem «Reporter» oder einem anonymen «man» die Rede. Der Autor dieser Zeilen möchte sich eben nicht aufdrängen. Er ist bescheiden. Er ist kein Millennial.

Millennials sagen gerne «ich». Sie spucken auch gern große Töne. Aber eine Revolution ist mit ihnen eher nicht zu machen. Als ich mit der Recherche für dieses Buch begann, hätte ich das eigentlich schon wissen können.

Wir sind anpassungs- und lernfähig. Was bei Pazifistinnen und Putin-Verstehern der alten Garde Monate dauerte, ging bei uns Jungen ganz schnell. Was vor dem Krieg galt, gilt jetzt nicht mehr. Und obwohl die Bundeswehr Jusos und jungen Grünen vor kurzem noch wie ein fragwürdiger Außerirdischen-Verein vorkam, sehen die meisten von ihnen nun ein, dass Deutschland sie braucht.

Es gibt allerdings einen großen Unterschied zwischen den jungen Leuten im Parlament und dem Rest ihrer Generation: Millennials sind hyperindividualistische Wesen. Parteipolitiker:innen aber sind Herdentiere. Und so ist dieses erste Jahr im Bundestag auch ein schmerzhafter Charaktertest. Die jungen Abgeordneten lernen, ihren Willen zu beugen.

In der ersten Folge ihres gemeinsamen Podcasts sprachen Rosenthal und Kassautzki noch davon, «die Welt zu verändern». Rosenthal formulierte die Hoffnung, dass die 49 Jusos auch gemeinsam auftreten würden, um «das ein oder andere in Frage zu stellen, um mal richtig zu streiten». Und Kassautzki sagte: «Girl, volle Zustimmung!»

Als die beiden kurz vor der parlamentarischen Sommerpause Bilanz ziehen, befragen sie sich selbst, was sie jetzt eigentlich verändert haben. So richtig viel finden sie nicht, außer, dass sie halt jetzt da sind, im Parlament. Gerade hatten sie ihr Fraktionsfest, und da sagte jemand zu Rosenthal: «Früher hätte man gedacht, das ist das Praktikantinnen-Programm.» Tja, heute seien die jungen Frauen MdBs. Rosenthal: «Das ist, glaube ich, richtig cool.»

Sie reden auch über die Boomer mit ihren Fax-Geräten und loben sich für ihre papierlosen Büros. Da müssen sie dann allerdings über sich selber lachen. «Tschüsch, das sind diese jungen Abgeordneten!», witzelt Kassautzki. (Çüş kommt aus dem Türkischen und heißt so viel wie krass oder wow.) «Mega modern!», bestätigt Rosenthal lachend. «Wir sind hier für die großen Revolutionen gekommen, oder?» Dann entsteht plötzlich eine unangenehme Pause. Die Politikerinnen wechseln das Thema.

Die Entdeckung der Selbstwirksamkeit

Nach einem Jahr sind die Neuen langsam angekommen. Sie haben ein paar Dinge verändert im Parlament. Vor allem aber hat das Parlament sie verändert. Sie kamen mit stolz geschwellter Brust nach Berlin. Dann merkten sie, dass es noch 735 andere von ihnen gibt.

Sie wollten es anders machen als die Generationen vor ihnen, sich nicht hinten anstellen, sondern gleich einen Platz am Tisch. Den Platz haben sie bekommen, den Respekt der Tischnachbarn aber gibt es nicht geschenkt. Den müssen sie sich jeden Tag neu erkämpfen.

Nach ihrer Feuerprobe sind sie nicht mehr die Gleichen. Manche sind gewachsen, andere zermürbt. Manche wurden eingesogen vom Betrieb und weichgespült. Andere wehren sich und tragen Blessuren davon. Manche sammeln Shitstorms wie Ehrennadeln. Andere wollen bloß nichts falsch machen und werden ganz leise.

Viele hatten ihre Themen auf dem Schirm: Klima, Soziales, Diskriminierung, Flucht. Dann wurden sie mit neuen Problemen konfrontiert und merkten, wie klein ihr Politikausschnitt bis dahin war. Sie lernten die Vorzüge eines arbeitsteiligen Parlaments zu schätzen. Man kann ja nicht über alles Bescheid wissen. Aber sie hadern auch mit den Nachteilen.

Wenn sie im Wahlkreis die Parteilinie erklären müssen, merken sie manchmal, wie sie ins Schwimmen geraten. Sie sagen dann die Sätze, die sie in Berlin hören, aber was sie bedeuten, wissen sie nur ungefähr. Manchmal verstehen sie die Kritik besser als ihre eigenen Erklärungen. Dann wissen sie eigentlich gar nicht mehr, was das alles soll.

Manchmal schauen sie auch sehnsüchtig zurück. Sie sehen ihresgleichen da draußen, die Jungen auf den Demos und in den Jugendorganisationen, und beneiden sie. Was für eine klare Wut! Von außen meint man alles deutlich zu erkennen, aber wenn man näher herantritt, verschwimmt das Bild.

Die jungen Politiker:innen außerhalb des Parlaments sind wie nörgelnde Fußballfans. Sie wollen, dass die eigene Mannschaft gewinnt, aber sie wissen alles besser. Sie schauen von der Tribüne aufs Spielfeld und zählen die verpassten Torchancen. Sie stöhnen, weil die Spielenden nicht vom Fleck kommen, weil die Räume eng werden und die Zeit knapp.

Die auf dem Feld sehen nur die eigenen Füße. Manchmal verlieren sie den Ball aus den Augen. Aber manchmal erzielen sie auch einen Treffer. Dann jubeln die Fans. Die Reporterinnen schreiben anerkennende Sätze. Das macht alles wieder wett. Die Fouls und Blutgrätschen, die Gegentore und Niederlagen. Die am Spielfeldrand reden ja nur. Sie, die Spielerinnen und Spieler, aber entscheiden das Spiel. Ihr Tun hat Konsequenzen. Ihr Einsatz macht einen Unterschied. Und dieses Gefühl, sagen die jungen Abgeordneten, sei unbeschreiblich.

Für Annika Klose war es der Mindestlohn, für Ria Schröder die Bafög-Reform, und für Nyke Slawik war es ein ganz besonderer, persönlicher Erfolg.

Als ich sie im Juni in ihrem Büro besuche, ist das Eckpunktepapier zum Selbstbestimmungsgesetz schon fast fertig. 15 Punkte skizzieren das neue Gesetz. Damit reicht künftig eine Erklärung vor dem Standesamt aus, um sein Geschlecht im Pass ändern zu lassen.

Als Slawik vor zehn Jahren diesen Weg ging, war das noch ein sehr langwieriger, teurer und, wie sie sagt, auch entwürdigender Prozess. Es war schwer genug, von ihren Freundinnen, Mitschülern und Lehrerinnen endlich als die anerkannt zu werden, als die sie sich schon immer fühlte. Doch auch als sie endlich für alle «Nyke» war und ihre körperliche Transition längst hinter sich hatte, gab es immer noch das Problem mit dem Personalausweis. Wenn sie ein Bier im Kiosk kaufte und der Verkäufer nach ihrem Ausweis fragte, wollte sie im Boden versinken. Das sei doch ihr Bruder, schimpfte er. Und dann musste sie ihm das vor allen Leuten in der Schlange erklären.

Um den Namen und den Geschlechtseintrag im Ausweis zu ändern, musste Slawik einen Antrag beim Amtsgericht einreichen und darauf warten, bis das Gericht zwei Gutachter:innen beauftragte. Von denen musste sie sich dann zum Beispiel zu ihren sexuellen Fantasien befragen lassen. Das war erniedrigend. Und teuer. Das Geld, das eigentlich für den Führerschein gedacht war, ging komplett für die Gutachten drauf.

Als das Eckpunktpapier von den Ministerien für Justiz und Familie dann am 30. Juni 2022 offiziell vorgestellt wird, ziehen Slawik und andere jubelnd vor das Reichstagsgebäude. «Transrechte sind Menschenrechte» steht auf ihrem Transparent in rosa und blau. Slawik hat ihre Sonnenbrille ins Haar geschoben und strahlt. Nur ein kleiner Schritt für die Verwaltung sei das neue Gesetz, aber ein großer Sprung in eine freie Gesellschaft. «Und deshalb ist heute ein wahnsinnig toller Tag!»

Überhaupt sind es vor allem die gesellschaftspolitischen Vorhaben, die diese Koalition nach einem Jahr ihre Erfolge nennt. Sie kosten nichts. Und haben gleichzeitig hohe Symbolkraft. Die Abschaffung des Paragrafen 219a etwa.

Der verbot es Ärztinnen und Ärzten bisher, für Abtreibungen zu «werben», also Frauen über Möglichkeiten und Methoden zum Schwangerschaftsabbruch zu informieren. «Das passt nicht in unsere Zeit», befand Justizminister Marco Buschmann von der FDP. Ein feministischer Meilenstein.

Als der Paragraf dann tatsächlich weg war, dachte sich die SPD-Fraktion etwas ganz Besonderes aus. Sie stellte eine Wand aus schwarzen Schaumstoffwürfeln im Bundestag auf, darauf groß in weiß die Ziffer 219a. Die Fraktion kennt inzwischen ihren Nachwuchs und dessen Heißhunger nach verwertbarem Bildmaterial. Der nahm das Angebot dankbar an. Ein Juso nach dem anderen ließ sich beim symbolischen Einreißen der Mauer filmen.

Tina Rudolph zum Beispiel bringt die Wand von hinten zum Einsturz, spannt den Frauenpower-Bizeps an, im Hintergrund singt Lizzo «It's about damn time». Lena Werner schubst die Würfel in die andere Richtung, High Five, Sia: «I'm unstoppable today». Takis Mehmet läuft wie zufällig an der Mauer vorbei, stößt einen Würfel nach dem andern in den Abgrund, Shirin David: «Ich darf das.» Und auch die Jungen von Grünen und FDP feiern mit.

Nicht ganz so einig waren sich die Ampel-Parteien beim Bürgergeld. Aber dennoch sind nun alle irgendwie mit dem Kompromiss zufrieden. Wenn auch aus unterschiedlichen Gründen.

Die junge Annika Klose von der SPD verkündet zum Beispiel stolz: «Fast alle Sanktionen werden für ein Jahr ausgesetzt.» Und auch die Grünen feiern das als Erfolg.

Der Liberale Jens Teutrine schreibt sich dagegen auf die Fahnen, das Schlimmste verhindert zu haben: Die Sanktionen sind schließlich nur vorübergehend abgeschafft. Und wenn das Bürgergeld kommt, soll sowieso alles besser sein, moderner und einfacher. Dann kann es auch wieder mehr Plichten geben. Für Außenstehende mag es nicht nach dem großen Durchbruch klingen, aber für Teutrine ist es trotzdem ein kleiner, feiner Sieg. Seine Arbeit im Bundestag hat zum ersten Mal sichtbare Früchte getragen.

Nachdem der Kompromiss von den parlamentarischen Geschäftsführern abgenickt wurde, ist der ehemalige Gewerkschaftsboss Bsirske noch mal zu Teutrine gekommen. Er habe ihm die Hand geschüttelt und gesagt: Sei doch jetzt ganz gut gelaufen. Ein Dementor weniger.

Teutrine hat einen Kompromiss auf einem Feld errungen, auf dem es für die Liberalen eigentlich nicht viel zu holen gibt. Und die Klimaaktivistin Henneberger hat einen Kompromiss auf einem Feld errungen, auf dem sie am liebsten nie gespielt hätte. Die Kohlekraft hatten sie und die anderen jungen Grünen schließlich längst für tot erklärt.

So ähnlich wie Teutrine schreibt Henneberger sich zu, Schlimmeres verhindert zu haben. Vor allem aber ist sie stolz auf den Entschließungsantrag, der dem Kohle-Gesetz vorangestellt wurde. Darin heißt es nämlich jetzt, dass der Bundestag das Dorf Lützerath erhalten wolle, also jenes Dorf, das eigentlich den rheinischen Kohlebaggern zum Opfer fallen sollte und für das Henneberger seit Jahren kämpft. Jedes Wochenende ist sie vor Ort. Ständig hat sie ihre eigene Fraktion, die Ampelpartner und das Klimaministerium mit dem Dorf genervt. Nun hat die Ampelregierung Lützerath offiziell auf ihre Agenda geschrieben: «Der Deutsche Bundestag befürwortet den Erhalt des Dorfes Lützerath am Tagebau Garzweiler und den Verzicht auf die Nutzung der Braunkohle unter dem Dorf.» So steht es im Entschließungsantrag, so zitiert es Kathrin Henneberger am 7. Juli 2022 im Deutschen Bundestag. Sie lächelt. Sie nennt es «einen großen Erfolg, den wir heute für Klimagerechtigkeit errungen haben». Applaus bei den Grünen.

Es ist ein kleiner Erfolg angesichts des großen Ziels von 1,5 Grad. Er ist nicht einmal verbindlich. Die Kohlekraftwerke werden als Reserve bereitgehalten. Und so geht es an diesem Tag einen Schritt vor und zwei zurück. Aber Henneberger will sich davon nicht entmutigen lassen. Sie hat getan, was sie konnte. Und etwas erreicht.

Deshalb bereut Henneberger es auch nicht, die Straße gegen das Parlament eingetauscht zu haben. Wie hätte sie sonst Lützerath retten können? «Ich hätte als Klimaaktivistin im Tagebau brüllen können, so viel ich will – mich hätte niemand in der Verhandlungsrunde gehört.» Aber in Berlin saß sie mit am Tisch, und da musste sie nicht mal schreien, um gehört zu werden.

«Das macht Politik aus», resümiert sie kurz vor der Sommerpause: «Auch wenn man sehr viele Misserfolge hat, auch wenn man krass unter Druck gesetzt wird, auch wenn es unangenehm ist, man muss dem Druck standhalten. Dann kann man etwas hinbekommen, und das ist dann ein silberner Streif am Horizont.»

* * *

Für die Neuen war es erst einmal eine Überraschung, dass sich im Bundestag alles ums Geld dreht. Wer große Pläne hat, aber kein Geld, kann sie nicht umsetzen. Deshalb sind jene Abgeordnete, die im Haushaltsausschuss sitzen, so wichtig. Und jene Neulinge, die dort mehr oder weniger unverhofft gelandet sind, spüren plötzlich ungekannte Macht.

Jamila Schäfer interessierte sich eigentlich für Innen- und Außenpolitik. Als ihr ein älterer Kollege zum Haushaltsausschuss riet, winkte die Grünenpolitikerin zunächst ab. Zahlen und Tabellen fand sie eigentlich zum Gähnen. Zum Glück überzeugte der Kollege sie dann aber davon, dass mit den Zahlen und Tabellen die eigentliche Politik gemacht wird. Nun gibt Schäfer gemeinsam mit den anderen Haushältern und Haushälterinnen, wie sie sich nennen, die großen Linien vor: Was ist wichtig, was kann warten? Und sie erlebt, wie sogar Minister:innen im Haushaltsausschuss ganz kleinlaut werden. Denn auch sie brauchen das Geld.

Es ist eigentlich ein ungeschriebenes Gesetz, dass keine Neulinge dieses Privileg erhalten. Die Grünen haben aber gleich vier Junge in den Ausschuss geschickt.

«Ich glaube, die Grünen haben nicht richtig gecheckt, wie mächtig der ist», lästert ein Juso, nicht ganz ohne Neid. Bei der SPD wäre es undenkbar, dass ein Älterer seinen Platz für einen Neuen hergäbe.

«Neu heißt ja nicht unerfahren», erwidert Schäfer darauf stolz, und dann zählt sie auf, was sie und die anderen alle so an Erfahrung aufzubieten haben: aus dem Bund, aus dem Land, aus der Kommune.

Doch das beeindruckt die Älteren im Ausschuss wenig. Da gilt das

Senioritätsprinzip. Die Abgeordneten halten etwas auf ihre Tradition, und sie sehen es ganz und gar nicht ein, irgendetwas an ihren Ritualen zu ändern – schon gar nicht, wenn ein grüner Neuling das vorschlägt.

Schäfer findet einige dieser Rituale befremdlich. Ihr gefällt zwar die sehr demokratische Idee, dass der Bundestag die Regierung kontrolliert. Und ihr gefällt auch das enorme Selbstbewusstsein der Abgeordneten im Haushaltsausschuss, das aus dieser Kontrollmacht erwächst. Aber manchmal, findet sie, kippe das in einen Corpsgeist. Warum soll man siebzehn Stunden in einer Sitzung zusammen hocken und sich dann noch betrinken? Das sei doch eine ziemlich männliche Kultur. Und überhaupt: Vieles davon sei doch eher Koketterie als Notwendigkeit. Vielleicht kann Schäfer in den nächsten Jahren noch auf diese Kultur Einfluss nehmen.

Doch schon jetzt weiß sie, was sie in ihrem ersten Jahr im Bundestag erreicht hat: Sie hat zum Beispiel für das Patenschaftsnetzwerk Afghanistan Geld locker gemacht. Und da spürt sie dann, wie ihre Arbeit im Bundestag ganz konkret einen Unterschied macht. Wenn sie an die afghanischen Ortskräfte der Bundeswehr denkt und sagen kann: «Wegen mir ist jemand nicht gestorben.»

Ihrem Kollegen Bruno Hönel geht es ähnlich, auch er ist stolz, im Haushaltsausschuss mitmischen zu dürfen. So habe er immer einen Wissensvorsprung. Denn die Minister:innen kommen mit jedem Projekt erst einmal zu den Haushältern.

Kürzlich hat er den Finanzminister begleitet auf eine Delegationsreise nach Griechenland und Bulgarien. Das war spannend. Eine kleine Gruppe mit Christian Lindner in der Regierungsmaschine, ein großes Programm – und Hönel immer der Jüngste.

Beim großen Essen der Haushälter im Kanzleramt traf er Lindner gleich wieder. Später ergab sich ein Plausch, und weil zufällig auch Scholz daneben saß, plauderten sie gleich zu dritt. Hönel fröhlich: «Ich wusste gar nicht, dass der so viel reden kann!» Man duzt sich, auch den Kanzler. Als selbstbewusster Haushälter ist Hönel nicht übermäßig ehrfürchtig. «Ist schon krass, was die leisten», sagt der Grüne. «Aber ich halte die jetzt nicht für Götter oder so.» Auch Kanzler und Finanzminister sind schließlich auf ein gutes Verhältnis zum Haushaltsausschuss angewiesen.

Vor allem im Winter, wenn Ungemach droht. Denn ab dem Jahr 2023 will Lindner eigentlich wieder die Schuldenbremse einhalten. Das heißt: Sparen und kürzen, bis es richtig weh tut. Hönel weitet die Augen. Das werde brutale Verteilungskämpfe geben.

Die Jungen in den Ampelfraktionen eint, dass sie grundsätzliche Fragen stellen wollen. Sie haben keine Lust, im GroKo-Modus vor sich hinzuwurschteln und sich immer nur mit dem kleinsten gemeinsamen Nenner zu begnügen. Nur kommen sie eben auch zu grundsätzlich unterschiedlichen Antworten.

Die jungen Grünen und Jusos wollen die Schuldenbremse abschaffen. Für sie ist Sparsamkeit in Krisenzeiten ein Verbrechen an der jungen Generation. Die dürfe nicht dafür büßen, dass die Alten jahrzehntelang geprasst haben. Denn was jetzt nicht in sozialen Ausgleich, in Bildung und vor allem in den Kampf gegen den Klimawandel investiert werde, sei niemals wieder gutzumachen. Die jungen Liberalen sehen es genau umgekehrt. Für sie sind Schulden das Verbrechen. Denn die muss die junge Generation abbezahlen.

Die Jungen sind nicht nur uneinig darüber, wie viel Geld ausgegeben werden soll. Auch auf die Frage, wie viel der Staat einnehmen soll, geben sie unterschiedliche Antworten. Die Liberalen sind gegen Steuererhöhungen. Für den Finanzpolitiker Max Mordhorst ist es eine einfache Rechnung: «Wer wenig einnimmt, kann auch wenig ausgeben.»

Der Juso Tim Klüssendorf, der gemeinsam mit Mordhorst im Finanzausschuss sitzt, sieht das im Prinzip ähnlich. Nur folgert er daraus, dass der Staat eben die Bilanz durch Einnahmen verbessern müsse. Also Steuern.

«Wenn Lindner uns dazu zwingt, Sozialausgaben zu kürzen, und selber nicht bereit ist, über Steuererhöhungen nachzudenken, dann wird's richtig krachen», droht Klüssendorf. Die Parlamentarische Linke beauftragte ihn schon mal vorsorglich mit einem Diskussionspapier. Darin schlägt er eine einmalige Vermögensabgabe für die Allerreichsten vor. Und auch eine neue Erbschafts- und Vermögenssteuer spielt er in dem Konzept durch.

Keine Generation erbt so viel wie unsere – allerdings ist das Erbe sehr ungleich verteilt. Während die einen also ohne eigenes Zutun mit Vermögen überschüttet werden, rackern andere sich ab, ohne dass ihnen je etwas davon bleibt.

Das würde Klüssendorf gern ändern. Es geht ihm dabei nicht um das Häuschen der Omi, in dem der Enkel wohnt. Aber wer Immobilien als Anlageprojekte halte, vielleicht gleich vier oder fünf Wohnungen habe, der könne wohl kaum mit emotionalem Wert argumentieren. «Das ist dann genauso ein Vermögensgegenstand wie Geld auf dem Konto – und das wird knallhart besteuert.»

Viele Junge von SPD und Grünen hat die Sache mit dem Sondervermögen auch trotzig gemacht. Sie sagen: Da hat man ja gesehen, dass plötzlich Geld da sein kann. Und das wollen sie künftig auch einfordern. Fürs Klima. Für Soziales. Für ihre Vorstellung von Generationengerechtigkeit.

Die Juso-Vorsitzende ist überzeugt, dass die Zeit der 49 noch kommt. Das mit dem Sondervermögen war kein Triumph für die Jusos, aber da hat Rosenthal ja auch gar nicht erst versucht, zu mobilisieren. «Wir haben die Kampagnen-Stärke der Jusos an der Stelle bewusst nicht eingesetzt.» Wenn es aber ums Bürgergeld, um eine Erbschaftsteuer oder ganz konkret um die Schuldenbremse gehe, «dann ist mit uns zu rechnen», sagt Rosenthal. Die Alten sollen sich bloß nicht zu sicher sein.

Auch der Grüne Kassem Taher Saleh glaubt, dass der Nachwuchs sich noch deutlicher bemerkbar machen wird. «Wir Jungen könnten uns vielleicht zusammenschließen und ein Gesetz verhindern. Aber was bringt das?», fragt er. «Viel besser ist es doch, wenn wir mit der Fraktion stimmen und beim nächsten Mal sagen: Jetzt stimmt ihr mit uns.»

Und der Juso Hakan Demir sagt: «Ja, wir sind noch brav.» Die Jungen hätten sich das Ganze jetzt ein Jahr angeschaut, wüssten jetzt so ungefähr, wie es läuft. Die Alten dürften sich darauf gefasst machen: «Wir werden nicht so brav bleiben.»

* * *

Nach einem Jahr Auf und Ab im Bundestag ist eben vieles relativ. Alles eine Sache der Perspektive, alles eine Sache von Mut und Zuversicht.

Ein Erfolg kann es schon sein, eine winzige Änderung im Protokoll zu erwirken. Die Jusos etwa finden ihre Fraktionssitzungen ermüdend, das nicht enden wollende Gerede der Führungsmannschaft. Tim Klüssendorf wandte sich deswegen irgendwann an den Fraktionsvorstand, fragte, ob es nicht möglich sei, dass wenigstens nur einer der beiden Parteivorsitzenden rede. Der Vize gab die Beschwerde gleich hoch zum Chef. Und siehe da: Dem Einwand wurde stattgegeben. Jetzt ist die Einführung eine Viertelstunde kürzer. Klüssendorf zuckt lachend die Schultern. «Immerhin!»

Ein Erfolg kann es auch sein, eine Sprache für sich zu finden, einen Modus, der passt. Max Mordhorst steht das Schreckensbild eines Abgeordneten jedenfalls klar vor Augen: einer, der jede Woche aufs Neue in einen Abnutzungskampf gehe und sich dann abends bei den Mitarbeitern ausheule. Der sich wegducke und Kontroversen fürchte. So will Mordhorst niemals werden. Er grinst sein breites Grinsen. «Ich will lieber ins Risiko gehen, will mich lieber angreifbar machen und wirklich was verändern.» Ja, er überzieht auch mal und kriegt einen auf den Deckel. Und es ist auch nicht so, als ließe ihn das alles unbeeindruckt. Aber er will ja auch provozieren. Johannes Vogel, parlamentarischer Geschäftsführer der FDP und fünfzehn Jahre älter als Mordhorst, stand ihm kürzlich gegenüber und machte so einen Spruch. «Du testest gerade die Grenzen des Möglichen aus, hm?» So in der Art. Dazu lächelte er, und da wusste Mordhorst: Auf dem ganz falschen Weg könne er ja nicht sein.

Ein Erfolg kann es auch sein, zu merken, wenn sich in das genervte Stöhnen der anderen plötzlich Anerkennung mischt. Weil da eine einfach nicht lockerlässt, weil da eine einfach die Gepflogenheiten der Etablierten hinterfragt. Kathrin Henneberger lässt ihre ausgelatschten Turnschuhe und ihre Leggings an und spricht so, wie sie auch schon im Baumhaus zwischen den anderen Kohleaktivist:innen gesprochen hat: die Augen groß und voller Ideale, die Stimme sanft, immer ein bisschen wie nicht von dieser Welt. Sie passt sich nicht an. Auch wenn es viel Anstrengung kostet. «Man wird so schnell eingesogen», sagt sie, mit Sorge in der Stimme: «Aber man darf sich nicht ablenken lassen von dem, wofür man ins Parlament gewählt wurde.»

Viele haben Angst, sich zu verändern. Aber ist es nicht auch gut, zu wachsen?

Bruno Hönel findet es ganz normal, die eigene Haltung zu überdenken. Hier im Bundestag wird man ständig mit neuen Argumenten konfrontiert. Man ist von hochpolitischen Menschen umgeben, tauscht sich aus, liest sich ein – und entwickle entlang dieses ständig wachsenden Wissensstandes dann seine Positionen. «Das geht hier natürlich viel schneller als anderswo.» Hönel war zum Beispiel früher mal für das bedingungslose Grundeinkommen. Heute denkt er: Das setzt den Sozialstaat aufs Spiel. Auch ein Sondervermögen Bundeswehr hätte er früher für vollkommen verrückt gehalten. «Von außen sieht das dann vielleicht aus wie eine Kehrtwende», sagt Hönel, «tatsächlich ist es ein Prozess.»

Ein Erfolg kann es auch sein, nach der Sitzungswoche nach Hause zu fahren und einfach mal ein richtig gutes Gefühl dabei zu haben. Eine Anhörung, die gut lief, ein Tweet, der durch die Decke ging, ein Zitat, das es in sämtliche News-Verteiler schaffte. Weil sich Jens Teutrine weder der markt- noch der sozialliberalen Strömung eindeutig zuordnen konnte, fühlte er sich in seiner Fraktion etwas verloren. Vielleicht, denkt Teutrine inzwischen, sei es gar nicht so schlecht, zwischen den Lagern zu schwimmen. Das mache einen frei und unabhängig. Teutrine trifft sich gern mit Mitarbeiterinnen und Mitarbeitern aus dem Bundestag, ehemaligen JuLis, die auch alle irgendwie in Berlin gelandet sind. «Man unterschätzt, wie viel Wissen die haben», sagt Teutrine. «Das sind auch gute Verbündete.» Ende Mai, nach acht Monaten im Bundestag, zieht Teutrine eine positive Bilanz. Es sei endlich mal wieder eine Woche im Bundestag gewesen, «in der die Zufriedenheit größer ist als die Unzufriedenheit». Das klingt nicht nach Jubel, aber nach einem vorsichtigen Einverstandensein.

Ok Boomer

Rund um den Bundestag ist Berlin wie glatt poliert. Makellose Fassaden, kalter Beton. Die Menschen hier sind nur Gäste, wehende Kamelhaarmäntel auf Scootern, eilige Anzugträger mit Stöpseln im Ohr, Touristinnen auf der Suche nach dem Brandenburger Tor. Hier lebt kein Grashalm und kein Mensch. Sie kommen alle nur zum Arbeiten und hinterlassen keinerlei Spuren.

In der Neuköllner Karl-Marx-Straße sieht Berlin anders aus. Es dampft aus den Imbissen, Jungs lehnen an den Schaufenstern, Frauen bugsieren ihre Kinderwagen zwischen Gemüsekisten hindurch. Hier klappt keiner abends die Bürgersteige hoch, hier beschwert sich keiner über den Lärm der Nachbarn. Was nicht heißt, dass es nichts zu klagen gäbe. Aber die Polizei ruft man eher selten, und schon gar nicht würde man auf die Idee kommen, irgendwo eine Petition einzureichen.

Der junge SPD-Abgeordnete Hakan Demir hat hier seinen Wahlkreis, und wer was von ihm will, schreibt keine Email, sondern kommt zum Stammtisch in die Villa Rixdorf. Im Biergarten sitzt er gerade mit einer Mutter und ihrem Sohn zusammen. Die Mutter redet viel, der Sohn weniger, und Demir nickt. Sie sprechen Türkisch.

Neukölln ist der türkischste Stadtteil Berlins, und nun wird er im Bundestag zum ersten Mal von einem Politiker vertreten, der selbst türkische Wurzeln hat. Demirs Großvater kam als Gastarbeiter nach Deutschland, baute Straßen und Häuser. Und als Kind dachte der Enkel immer, so sei halt die Arbeitsteilung: Die mit den türkischen Namen bauen die Häuser und die mit den deutschen wohnen darin. Er selbst wuchs in einer winzigen Wohnung im Ruhrgebiet auf, zusammen mit den Großeltern, Eltern, Tante und Onkel. Es gab drei Zimmer, fünf Bücher, und als er in der Schule sitzen blieb, gab es niemanden, der ihm helfen konnte.

Heute schaut die Mutter sich die Plenarreden im Bundestag an, und als der Kanzler gerade eine ungewöhnlich leidenschaftliche Rede hielt, fragte sie: «Olafa noldu?» – Was ist mit Olaf passiert?

«Er ist halt manchmal so», erklärte Demir. Und so erklärt er nicht nur seiner Mutter, sondern auch den Neuköllnerinnen und Neuköllnern die deutsche Politik. Denn obwohl der Bundestag nur acht Kilometer entfernt ist, liegt er doch in einer anderen Welt.

Die Frau, die hier eben mit ihrem Sohn saß, hatte folgendes Problem: Der Sohn ist gerade achtzehn geworden und will ein Praktikum machen. Doch keiner nimmt ihn, weil er keinen richtigen Aufenthaltstitel hat. Dabei ist er hier geboren.

Und dass Demir ihm helfen kann, auf Türkisch, auf Augenhöhe, auch das gehört zur Bilanz der Neuen im Bundestag. Sie erreichen plötzlich ganz andere Menschen: Die Jungs zum Beispiel, die Muhanad Al-Halak auf Tiktok sehen und es krass finden, dass einer wie er im Bundestag sitzt. Einer, der «die Seiten auf null» hat, so wie sie. Oder die Mädchen, die Emilia Fester auf Instagram folgen und sich plötzlich für Politik interessieren. Wo sie doch immer dachten, Politik sei nichts für sie.

Ein Jahr lang sitzen die neuen Abgeordneten nun zwischen den Alten. Sanae, Muhanad, Ye-One, Armand, Reem, Hakan, Kaweh, Melis, Takis, Misbah, Derya und Schahina sitzen zwischen Michael, Stephan und Thomas.

Wolfgang Schäuble hatte anfangs ein wenig besorgt geklungen angesichts dieser Neuen. Er schien zu befürchten, dass sie vielleicht ihre eigene Agenda verfolgen würden, sich nur als Vertreterinnen ihrer eigenen gesellschaftlichen Gruppe verstünden statt als Vertreter des Deutschen Volks. «Und verwechseln wir nicht Repräsentation mit Repräsentativität», hatte er damals in der konstituierenden Sitzung gemahnt. Das sollte heißen: Nicht auf die Person, sondern auf die Politik kommt es an.

Und was denkt er jetzt, ein knappes Jahr später?

* * *

Naja, sagt Schäuble erstmal, «es ist ja die Aufgabe des Alterspräsidenten, zu mahnen!»

Ich sitze ihm an einem großen Tisch gegenüber, in seinem Bundestagsbüro mit Blick auf den blauen Himmel und die Gemäuer des Reichstags. Viele Jahre lang war Schäuble Minister und Bundestagspräsident, nun sitzt er wieder zwischen den anderen Abgeordneten, «mit der spezifischen Rolle, die ich nun habe: ein einfacher Abgeordneter, aber kein normaler».

Eine Rolle, an die er sich erst noch gewöhnen müsse, wie er sagt. Aber eine Rolle, die ihm Spaß zu machen scheint, so gut gelaunt, wie er Journalistinnen empfängt. Die graue Eminenz des Bundestags. Stiller Beobachter, wissender Teilnehmer. Bei ihm suchen junge Abgeordnete Rat. Und sie kriegen ihn.

«Ich sage meinen jüngeren Kollegen immer» – Schäuble unterbricht sich: «und den Kolleginnen», setzt er hinzu, aber das sei ihm zu umständlich, das jedes Mal genderkorrekt zu machen –, jedenfalls: «Jeder Abgeordnete muss sich als Vertreter des ganzen Volkes verstehen.»

Schäuble erinnert sich noch lebhaft an die Debatten damals über den Umzug aus Bonn nach Berlin. Als Otto Graf Lambsdorff sich gegen Berlin aussprach, weil Bonn sein Wahlkreis war, fand Schäuble das «unglaublich». Er habe ihn doch für einen Mann «mit Prinzipien» gehalten – und geschätzt. Aber da dachte er: «Otto, was redest du für einen Quatsch.» Sie waren doch keine Provinzheinis, sondern frei gewählte Abgeordnete.

Und so ähnlich sagt er das auch heute den Jungen: Ihr vertretet nicht nur euren Wahlkreis, nicht nur eure Partei, nicht nur Fridays for Future, nicht nur die Leute unter 30, sondern das ganze Volk. Deshalb habe er es zum Beispiel auch immer abgelehnt, zu den Angelegenheiten von Behinderten zu sprechen. «Ich bin ja nicht als Behindertenpolitiker gewählt, sondern als Mensch, der behindert ist.» Die Identitätspolitik nennt Schäuble aus diesem Grund «zu kurz gedacht», denn sie impliziere ja auch: «Frauen dürfen nur über Frauen entscheiden.»

Moment mal, hake ich ein. Darum gehe es doch gar nicht! Frauen sollten über alles entscheiden können – so wie Männer. Und zwar zu gleichen Teilen und nicht nur zu 35 Prozent, wie im Deutschen Bundestag.

Gleichberechtigung sei nicht Gleichheit, erwidert Schäuble. Es gäbe immer Menschen, die im Plenum aufgrund irgendwelcher Merkmale unterrepräsentiert seien. Manche seien klein, andere hätten eine leise Stimme. Es gehe um gleiche Chancen, nicht um Prozentrechnungen, von welcher Gruppe nun wie viele Menschen im Parlament vertreten seien. Beispiel: «Ich hoffe, es gibt weniger Analphabeten im Bundestag, als es Analphabeten in der Bevölkerung gibt.»

Okay. Punktsieg Schäuble. Aber so kann man natürlich auch jedes Argument ad absurdum führen. Es geht ja nicht um *irgendwelche* Merkmale, wie rote Haare oder große Füße. Es geht um gesellschaftliche Gruppen, die Jahrzehnte und Jahrhunderte und Jahrtausende lang strukturell benachteiligt wurden. Es geht um das Patriarchat. Um die Herrschaft des weißen Mannes. Spiegelt die Zusammensetzung des Parlaments nicht immer noch diese alten Herrschaftsverhältnisse wieder? Zeigt sie nicht, wie ungleich die Chancen im Land immer noch verteilt sind? Wie kann es denn sein, dass es mehr Abgeordnete mit Vornamen Michael im Bundestag gibt als Frauen unter 30?

Ach, naja, winkt Schäuble ab. «Es gibt auch nicht mehr so viele Wolfgangs im Bundestag.» Früher sei das der häufigste männliche Vorname gewesen. Jetzt sei er eher die Ausnahme. Und das sei ja auch ganz in Ordnung so. «Aber muss es jetzt unbedingt genauso viele Wolfgangs geben wie Jessicas oder Cems?» Das seien doch merkwürdige Rechnungen.

Wenn Schäuble mit seinen Enkelkindern Rad fährt, dann suchen sie gemeinsam einen Bestimmer aus, der sagt: «Heute geht es links oder rechts rum.» Und so, sagt Schäuble, sei es auch in der repräsentativen Demokratie. Man vertraue Menschen Führungsfunktionen an. Und dann brauche man auch nicht ständig nach Transparenz und Sichtbarkeit brüllen.

Aber entsteht Vertrauen nicht erst durch Sichtbarkeit? Ist es nicht wichtig, zu sehen, dass auch Frauen, dass auch Kinder von Einwanderern, dass auch Queere und Transpersonen mit am Tisch sitzen und nicht mehr nur die immergleichen alten, weißen Männer?

Schäuble lehnt sich zurück. Die Gesellschaft bestehe nun mal aus Individuen. Und es brauche Vertrauen, damit diese sich als Gemeinschaft verstünden und Mehrheitsentscheidungen akzeptierten. «Deswegen muss man als guter Demokrat auch Wahlen verlieren können.» Der CDU-Politiker gluckst. «Darin waren wir im letzten Jahr die Allerbesten!»

Er sei übrigens dafür, dass die CDU die Frauenquote einführe, sagt er dann noch. Ach, ja? Ich bin überrascht. «Ja», sagt Schäuble und setzt ein triumphierendes Lächeln auf. Denn die Partei brauche mehr Frauen, um erfolgreich zu sein.

Schäuble hält die Jungen für übersensibel. Und daran seien wiederum die Alten schuld, die sie erzogen hätten. «Weil wir nun schon über ihr Wahlrecht reden, sobald sie nicht mehr gewindelt werden!» Man dürfe ihnen ja auch keine Ansagen machen. Schäuble seufzt: «Aber Junge brauchen eigentlich Widerstand, um sich zu reiben.»

Er bietet ihnen gern etwas Widerstand. Denn immer nur mit den Alten wird es ihm auch fad. Gerade hatte er sein Klassentreffen und dachte: «Oh Gott, die sind alle so alt.»

* * *

Was unsere Vorstellungen von Repräsentation und Vielfalt angeht, hatte Schäuble in seiner Rede im Oktober gefragt: «Bei wem wollen wir dann anfangen und wo endet das?»

Es endet natürlich nie, da sind wir uns einig. Aber die Neuen sind angetreten, um das Bild endlich zu komplettieren. Das, was Schäuble als Repräsentation beschreibt, ist ein Prinzip. Ein Ideal. Die Neuen füllen es mit Leben. Sie treten den Beweis an, dass nicht nur der 61 Jahre alte Südhesse Michael Meister eine 25 Jahre alte Neuköllnerin namens Ayse vertreten kann, sondern dass auch umgekehrt gilt: Die 30 Jahre alte Sächsin Rasha Nasr kann einen 70-jährigen Ostwestfalen namens Helmut vertreten.

Wenn Menschen mit unterschiedlichen Lebenswegen, Biografien und Hintergründen zusammen Politik machen, werden auch mehr Menschen da draußen mit dem Ergebnis zufrieden sein. Allein schon, weil sie sehen, dass auch jemand dabei war, der ihre Perspektive teilt. Deswegen muss man nicht fragen: Wo endet das? Man kann auch fragen: Wer fehlt und warum?

Es ist ja nicht so, als wäre dieser 20. Bundestag wie Deutschland. Ganz und gar nicht. In unserem Land gibt es Verkäuferinnen, Handwerker, Reinigungskräfte, Busfahrerinnen, Kellner, Pflegekräfte und Erzieher. Im Parlament aber sitzen vor allem Rechtsanwältinnen und Politikwissenschaftler. Und nur sehr, sehr wenige Quereinsteigerinnen und Quereinsteiger.

Das Heer der Parteisoldatinnen und -soldaten wächst. Besonders soldatisch: die Jungen. Denn sie sind nur deshalb in ihrem jungen Alter im Bundestag, weil sie schon früh begonnen haben, systematisch darauf hin zu arbeiten. Sie haben kaum Berufserfahrung, viele von ihnen haben nicht mal ein Studium oder eine Ausbildung absolviert. Sie sind praktisch nicht überlebensfähig außerhalb der Politik.

Müsste eine repräsentative Demokratie nicht auch durchlässig sein für Außenseiter, müsste sie nicht auch solchen offen stehen, die schon viele Jahre in ihrem Beruf gearbeitet haben, bevor sie die Politik entdecken? Eine Landwirtin, die im Bundestag gegen den Klimawandel kämpfen will, ein pensionierter Lehrer, der sich für eine Steuerreform starkmachen möchte?

Ja!, würden alle Neuen sofort rufen. Und doch sind es sie selbst, die ihnen mit aller Macht den Weg versperren. Denn sie haben viel in ihre Karriere investiert. Sie haben viel durchlitten. Und vor allem: Sie haben keine Alternative. Mandate und Ämter sind rar, sie werden sie nicht hergeben, und sie werden sich immer zusammenschließen, um Eindringlinge abzuwehren.

Der junge SPD-Abgeordnete Armand Zorn hat das erlebt. Der gebürtige Kameruner hatte schon einige Jahre als Unternehmensberater in Frankfurt gearbeitet, als der Wille in ihm reifte, sich der Politik zu widmen – nicht mehr nur nebenher und im Ehrenamt, sondern richtig. Nur: Wie sollte er es in ein Parlament schaffen? Er war zwar schon einige Jahre bei den Jusos und sogar mal stellvertretender Bezirksvorsitzender, aber er hatte sich mehr auf seine Arbeit konzentriert als auf das Knüpfen von Netzwerken.

Sein Glück war Brand New Bundestag, jene Initiative, die nach amerikanischem Vorbild für mehr Vielfalt im Parlament sorgen will und dafür Kandidat:innen unterstützt, die nie von ihren Parteien aufgestellt worden wären.

Als Zorn im Sommer 2020 mit der Unterstützung von Brand New Bundestag in Frankfurt am Main seine Nominierung erklärte, bekam er den versammelten Unmut der strukturkonservativen südhessischen SPD zu spüren. Die Alten waren sauer, weil sie den Amtsinhaber unterstützten. Die Jusos waren sauer, weil sie den linken Juso-Herausforderer unterstützten. Für einen dritten war kein Platz.

Für die Jusos war Zorns Kandidatur ein Dilemma. Sie verstehen sich schließlich als progressiv und wünschen sich eigentlich auch mehr Vielfalt, mehr Menschen mit Migrationsgeschichte, wie sie bei jeder Gelegenheit beteuern. Aber sie müssen auch ihren Leuten gegenüber loyal sein. Und vor allem wollen sie sich nicht von außen reinreden lassen.

Die drei Bewerber lieferten sich über Monate einen innerparteilichen Kampf. Sie zogen von Ortsverein zu Ortsverein, stellten sich vor, warben für sich. Zorn, den alle für chancenlos gehalten hatten, gewann überraschend die Nominierung. Und dann auch noch das Direktmandat. Da staunte die SPD nicht schlecht.

* * *

In der Frankfurter Goethe-Universität sitzen ein Juso und eine Jungunionlerin und sind sich einig: «Die Jugendorganisationen sind Teil des Problems.»

Die Hertie-Stiftung hat zum Demokratiekongress geladen, Karl Lauterbach ist da, Peter Altmeier und Ricarda Lang. Der Gründer von Brand New Bundestag zieht zusammen mit den jungen MdBs Armand Zorn und Kassem Taher Saleh Bilanz. Kommunalpolitiker diskutieren mit Wissenschaftlerinnen, und überall geht es um die Fragen, die ich auch mit Schäuble besprochen habe, um Repräsentation und Vertrauen.

Alle finden kluge, umsichtige Worte, alle räumen gewisse Unzulänglichkeiten ein und berichten dann von den Fortschritten. Sie verteidigen ihr System, ihre Parteien, ihre Posten.

Ganz anders auf dem Podium mit dem Partei-Nachwuchs. Der Juso und die Jungunionlerin, die hier diskutieren, haben noch keine hohen Ämter. Sie sind noch lange nicht da, wo sie einmal hinwollen, und das merkt man ihnen an. Sie reden ganz anders als alle anderen hier.

Simon Witsch, der Juso, sagt einfach, wie es ist: «Jeder hasst die Ochsentour. Dann macht man sie halt trotzdem. Und wenn dann Neue kommen, sagt man: Ich hab diese Scheiße auch durchgemacht,

319 · Ok Boomer

wieso sollte es euch besser gehen?» Er schaut anklagend durch seine runde Hornbrille hindurch, er klagt sich selbst an.

Und die Jungunionlerin, weißer Jumpsuit, rote Lippen, nickt. Maike Malzahn säße selbst gern im Bundestag, sie kandidierte auch, allerdings auf einem aussichtslosen Listenplatz. Sie hatte es auch schon im Landtag probiert. Sie hat schon alles Mögliche probiert. Aber immer war schon irgendein älterer Herr da und dachte nicht daran, Platz zu machen. 16 Landesverbände hat die CDU, alle werden von Männern geführt. Malzahn bitter: «Das ist doch der Knaller!»

Die beiden sitzen in einem kleinen Seminarraum vor einer Tafel, ein Dutzend junger Leute im Raum, und während Malzahn schonungslos über ihre Partei redet, hört der Juso gleichermaßen mitfühlend wie beeindruckt zu.

Malzahn ist schon lange für die Frauenquote, sie will, dass Frauen in der Union endlich eine echte Chance haben. Malzahn sagt das auch bei jeder Gelegenheit in ihrem Kreisverband, und dann stöhnen die Männer entnervt auf, erklären ihr: «Maike, wir vertreten doch alle. Ein 60-jähriger Mann aus der Eifel kann auch eine 30-jährige Rheinhessin vertreten.»

Malzahn ist eine 30-jährige Rheinhessin, und sie schloss daraus, dass es auch umgekehrt gelten müsse. Doch da sagten die Männer entrüstet: «Die Eifel muss doch vertreten werden!» Das gibt Lacher im Publikum, aber Malzahn ist nicht zum Lachen zumute. Sie versteht nicht, wieso sich die CDU so gegen die Frauenquote wehrt, wo doch die ganze Partei voller Quoten ist: der Regionalproporz, «die Platzhirsch-Quote». Die Entscheidung auf dem CDU-Parteitag steht da erst noch bevor.

Witsch weiß, was seine Kollegin meint. Bei der SPD sei es genauso, sagt er. Der sogenannte Hessenschnitt zum Beispiel regelt, dass immer ein Nordhesse auf zwei Südhessen folgt, ganz starr, und noch nie sagte einer: Ich will doch kein Quotenhesse sein. «Generell braucht man ganz schön viel Sitzfleisch.»

Beide sind sich einig: Ganz ohne Zwang und Quoten, ohne Druck von außen geht es nicht. Denn Parteien sind eben strukturkonservativ. Diejenigen, die dort die Macht haben, wollen sie ungern teilen. Mit Frauen, mit Neuen, mit den Leuten draußen vor der Tür.

Zeit für Fragen aus dem Publikum. Eine junge Frau meldet sich. Sie trägt ein Kopftuch. «Ich würde auch gern in die Politik gehen. Aber ich darf ja mit meinem Kopftuch keine Abgeordnete sein. Wie kann ich mich denn für die Gesellschaft einsetzen?»

Betretenes Schweigen im Raum. Eben noch hatten hier die Volksvertreter Armand Zorn und Kassem Taher Saleh zusammen mit dem Gründer von Brand New Bundestag diskutiert und die neue Vielfalt im Parlament gefeiert. An Frauen mit Kopftuch hatte aber irgendwie noch keiner gedacht.

Vorn versuchen die Jungen, den richtigen Ton zu treffen. Sie fühlen sich zwar selber wie die Außenseiter, die verzweifelt am Tor zum Parlament rütteln, aber diese junge Frau scheint sich auf eine irgendwie existenziellere Art ausgeschlossen zu fühlen. Sie bestärken die Muslimin, dranzubleiben, weiterzumachen, ihre Hand zu heben. Aber die Frage hängt dennoch merkwürdig in der Luft.

Später rede ich mit der jungen Frau, sie ist siebzehn Jahre alt und gerade Mitglied bei den Grünen geworden. Als Kind kam sie aus der Türkei nach Deutschland, in ihrer Heimat Nagold ist sie im Jugendgemeinderat aktiv. Als ich ihren Namen notiere, fragt sie ein bisschen erschreckt: «Werde ich in Ihrem Buch vorkommen?» Ich beruhige sie. Natürlich nicht, wenn sie nicht will. Senyigit schaut mich mit ernsten Augen an, dann sagt sie: «Es wäre mir eine große Ehre.»

Später bin ich noch mit dem grünen Abgeordneten Kassem Taher Saleh verabredet. Ich erzähle ihm kurz von dem Gespräch. Darf man im Bundestag gar kein Kopftuch tragen?, will ich wissen. Saleh schaut überrascht: «Darf man nicht?» Er weiß es auch nicht genau.

In der Hausordnung des Bundestags ist dazu nichts zu finden. Den Streit um die Kopftücher von Richterinnen und Lehrerinnen kennt man, aber eine Bundestagskandidatin mit Hijab scheint es bisher nicht gegeben zu haben. Zur Sicherheit frage ich in der Pressestelle des Bundestagspräsidiums nach.

Die Antwort fällt erst einmal vage aus: «Im Deutschen Bundestag gibt es keine ausdrückliche Kleiderordnung, aber die Hausordnung, die zu Beginn jeder Wahlperiode von den Abgeordneten verabschiedet wird, legt einen Verhaltenskodex fest. Das Ziel dieser Bestimmungen ist die Wahrung der Würde des Parlaments.» Meinungsbekundungen durch Spruchbänder, Flugblätter oder Teile der Bekleidung seien zum Beispiel untersagt. Religiöse Symbole eigentlich nicht. Aber ganz sicher ist man sich nicht, was das Kopftuch angeht. Der Pressesprecher will noch einmal nachsehen, ob sich die Gremien des Bundestags schon mal mit dieser konkreten Frage befasst hätten.

Einen Tag später hat er die Antwort: Es ist erlaubt. Oder jedenfalls: nicht verboten. Der Ältestenrat sah sich bisher noch nicht veranlasst, darüber nachzudenken.

Diese Information will ich der jungen Muslimin eigentlich nicht vorenthalten. Immerhin scheint sie noch einiges vorzuhaben. Und macht nicht schon allein das Wissen um die Möglichkeit einen großen Unterschied?

Im Netz finde ich eine Emailadresse. Die Antwort kommt postwendend. «Es kann sein, dass es dann meinerseits ein Missverständnis gab», schreibt Tuba Sida Senyigit höflich. Die Information bedeute ihr «sehr viel».

* * *

Zwei Monate später hat auch Maike Malzahn, die junge Frau von der CDU, die schon fast aufgeben wollte, neuen Mut geschöpft. Vielleicht hat sie doch eine Zukunft in ihrer Partei. Denn da gibt es jetzt eine Frauenquote.

Schon seit den 80er Jahren diskutiert die CDU darüber. Die Argumente sind die gleichen geblieben. Die Zahl der Frauen blieb ebenfalls konstant. Konstant niedrig. Insgesamt machen heute viel mehr Frauen Politik als früher, aber sie tun es eher nicht bei der CDU. Die meisten in der Partei empfinden das inzwischen als Problem. Aber eine Frauenquote wollen viele trotzdem nicht. Auch nach 30 Jahren nicht.

Malzahn hatte im Juli bitter gesagt: Wenn man eine Partei mit 75 Prozent Männern frage, ob sie eine Quote für 50 Prozent Frauen wolle, sei die Antwort doch klar: «Natürlich nicht.» Doch nun ist es Friedrich Merz, der sie fordert, und das bringt einige zum Nachdenken. Immerhin steht er nicht im Verdacht, die CDU nach links rücken zu wollen. Andere nehmen ihm die Sache mit der Quote gerade deshalb übel, weil sie ihn für den vordersten Frontkämpfer gegen den Zeitgeist hielten. Vor allem in der Jungen Union und im Wirtschaftsflügel regt sich Unmut.

Der Parteitag in Hannover wird zum Stresstest für Merz. Braut sich da was gegen den Parteivorsitzenden zusammen? Und was heißt das für Christina Stumpp? Sie will im September endlich ganz offiziell zur stellvertretenden Generalsekretärin gewählt werden. Da es den Posten bisher nicht gab, ist eine Satzungsänderung nötig. Eigentlich eine Formalie. Aber was, wenn die Delegierten ihren Zorn auf Merz an Stumpp auslassen?

Stumpp hat sich eigentlich mal als Quotengegnerin positioniert. Gerade in ihrem Landesverband hält man Quoten schließlich für linksidentitäres Teufelszeug. Aber gemeinsam mit ihrem Parteivorsitzenden hat sie ihre Meinung in den letzten Monaten etwas geändert. Irgendwas müsse ja passieren, denkt sie inzwischen. Die Frauenunion verteilt schon mal pinke Muffins. «Don't panic! It's just equality», steht darauf.

Als sparsame Schwäbin werde sie immer gefragt, wieso es das Amt der stellvertretenden Generalsekretärin eigentlich brauche, sagt

Christina Stumpp gleich zu Beginn ihrer Bewerbungsrede. Ihre Antwort: «Wir meinen es ernst mit der Erneuerung.» Deshalb habe sie es sich zur Aufgabe gemacht, junge Talente und «insbesondere Frauen» für die Partei zu begeistern. Zur Quote sagt sie nichts, die Diskussion darüber steht ja noch bevor.

Dafür keilt sie gleich Generalsekretärinnen-mäßig gegen die Regierung. Den Klimaminister nennt sie einen «Totalausfall», die Politik der Ampelregierung «Chaos mit Ansage». Und dann redet sie noch von ihrem kleinen Sohn. Der sei gerade zwei Jahre alt geworden, erzählt sie. «Er und mein Mann schauen heute von zu Hause aus zu und drücken mir die Daumen.» Müssen sie aber gar nicht. Stumpp erhält 89,6 Prozent der Stimmen. Soweit läuft alles nach Plan.

Doch mit der Quotendebatte wird die Stimmung hitzig im Saal. Die männlichen Quotengegner – und von denen gibt es viele im Saal – treten nicht selbst vor das Pult. Das würde blöd aussehen. Sie machen lieber aus dem Saal heraus Stimmung.

Dafür sprechen viele junge Quotengegnerinnen. Sie sind die Vertreterinnen jener weiblichen Minderheit auf dem Parteitag, die zur Debatte steht, und sie drohen, Merz einen Strich durch die Rechnung zu machen. «Ich bin froh, keine Quotenfrau zu sein und ich möchte auch keine sein!», ruft die 25 Jahre alte Wiebke Winter. Andere schimpfen auf den Zeitgeist. Sie wollen eben nicht so werden wie SPD und Grüne. Und immer wieder betonen sie, dass es doch auf die Leistung ankommen müsse, nicht auf das Geschlecht. Die skeptischen Männer im Saal klatschen begeistert.

Julia Klöckner, die ehemalige Landwirtschaftsministerin im Bund, stört diese Rollenaufteilung. Sie spricht die johlenden Männer im Publikum an. «Ist euch was aufgefallen?», fragt sie. «Bisher hat erst ein Mann geredet, und das größte Johlen ist dann, wenn Frauen gegen Frauen in Stellung gebracht werden!» Da verschränken einige Männer die Arme, aber Klöckner ist das ganz egal: «Ja ich weiß, es gibt

jetzt ein paar Jungs, die hier die Arme verschränken.» Sie ist richtig
genervt. «Dieses Schenkelklopfen, weil man denkt, jetzt hat's endlich
mal ne Frau gesagt!» Fassungslos: «Was ist das denn hier? Ist das
unsere Botschaft?»

Dann erzählt sie davon, wie sie zur Politik kam, wie um sie gewor-
ben wurde, wegen des Quorums, wie sie schließlich den Mut zu
einem Amt fasste und erfolgreich war. «Liebe Jungs», schließt sie, «es
geht hier nicht um die Frauen, es geht auch um euch. Es gibt auch
Männer, die ihren Wahlkreis nicht direkt gewinnen, und die sind
froh, wenn's ein gutes Wahlergebnis gibt und sie auch reinrutschen.»
Tosender Applaus von der anderen Seite.

Einer der wenigen Männer, die zur Quote sprechen, ist Joy Alemazung. Der stellt sich erst einmal vor. Er komme ursprünglich aus Kamerun und sei kürzlich im schwäbischen Heubach zum Bürgermeister gewählt worden, gegen sieben Kandidaten, im ersten Wahlgang.
Da gibt es schon mal Applaus.

Alemazung ist der erste deutsche Bürgermeister mit afrikanischer
Herkunft. Und er ist für die Frauenquote in seiner CDU. Denn es sei
doch einfach nicht wahr, «dass wir nicht genügend leistungsfähige
Frauen haben!» Nur weil manche es ohne Quote geschafft haben,
könne man sich doch damit nicht begnügen, findet er. So, wie man
sich auch nicht damit begnügen könne, dass er der einzige Schwarze
Bürgermeister in Deutschland sei.

Dann erzählt er von seinen Kindern. Der Sohn dränge in der Kirche immer nach vorn, um Fürbitten zu halten, die Tochter dagegen
sei schüchtern. Deshalb habe er ihr gesagt: «Schau mal, dein Bruder
hat das schon so oft gemacht. Geh doch auch mal vor.» Naja, und
jetzt stehe sie immer vorn, und alle seien ganz begeistert. Alemazung
macht eine Drehbewegung mit seiner Hand: «Quote», sagt er lächelnd, seine persönliche Familienquote.

Friedrich Merz wirkt bewegt, als er zum Schluss noch einmal für
seinen Vorschlag wirbt, der ja ein Kompromiss ist und alles andere

als eine radikale Quote vorsieht. Nur schrittweise soll sie eingeführt werden und nur unter Vorbehalt, für fünf Jahre.

«Trauen wir uns einen so kleinen Sprung nach vorn heute schon nicht mehr zu?», fragt Merz ungläubig in den Saal hinein. «50 Prozent der Wähler sind Frauen.» Aber keine einzige Fraktion der CDU, weder in den Ländern noch im Bund, habe auch nur annähernd 50 Prozent weibliche Abgeordnete. «Ist das unser Ernst, dass wir dieses Problem praktisch ausblenden?» Es gebe noch viel, viel mehr zu tun als das, «aber diesen kleinen Schritt zu tun, den Mut sollten wir doch wohl haben!»

Am Ende reicht es. 559 Delegierte stimmen für die Quote, 409 dagegen. Und Maike Malzahn, die den Parteitag gebannt im Netz verfolgt, ist glücklich. Sie hält das für eine große Chance. Für die Partei und natürlich auch irgendwie für sich selbst. Sie hofft, dass gute Frauen jetzt nicht mehr ausgebremst werden, weil es heißt: «Jetzt ist erstmal der dran, weil er sich seit 25 Jahren hochgedient hat und aus dieser oder jener Ecke des Wahlkreises kommt.»

Als Vorstand in der rheinland-pfälzischen Frauenunion wird sie ein genaues Auge darauf haben.

* * *

Thomas Gottschalk sagte kürzlich in der SÜDDEUTSCHEN: «Die junge Generation ist heute so weichgekocht und so ängstlich auf Erfolg bedacht. Die steht so unter Druck. Das tut mir leid.» Gottschalk erklärte weiter, dass ihn unsere «merkwürdige Ernsthaftigkeit» störe. Stolz: «Ich bin mein Leben lang vor Ernsthaftigkeit davongelaufen.»

Ok Boomer. Deswegen steht der Planet auch kurz vor dem Kollaps. Dachtet ihr wirklich, es könne ewig so weitergehen?

Gottschalk erzählt in dem Interview noch lustige Anekdoten aus Los Angeles, wo «die Ferres» sich immer nackt auf der Terrasse gesonnt habe. Und der Gärtner dann immer besonders lang auf dem

Rasenmäher im Kreis gefahren sei. Boomer-Humor. Gottschalk kann's bringen. Gibt ja genug Boomer, die ihn lieben. Wie sonst könnte man erklären, dass «Wetten, dass...?», diese nach Persil und Maggi riechende Samstag-Abend-Show aus den 90er Jahren, immer noch im linearen Fernsehen läuft? 14 Millionen Zuschauer hatte die letzte Sendung. Eine Quote, auf die es Millennials nie bringen werden. «Wetten, dass...?» stirbt einfach nicht aus. Immer wieder gibt es irgendwo eine letzte Sendung, wird wehmütig Abschied genommen – und dann sitzt Gottschalk doch wieder im goldenen Brokat zwischen Helene Fischer und Michelle Hunziker.

So ähnlich stelle ich mir den Abschied der Boomer auch auf der politischen Bühne vor. Tränen und Drama – und dann kandidieren sie doch wieder, die politischen Dinosaurier der Boomer-Generation, schlachterprobt und zäh werden sie ihre Dienste noch einmal anbieten, notgedrungen natürlich, weil es halt keiner so gut kann wie sie. Olaf Scholz und Friedrich Merz sind jedenfalls schon mehrmals zurückgekommen, jeder auf seine Art.

Und selbst wenn sie doch irgendwann die Posten räumen – schweigen werden sie noch lange nicht. Als muntere Rentnerinnen und Rentner werden sie weiterhin den Ton angeben. Sie werden SUVs kaufen, weil man so gut in sie einsteigen kann, sie werden zum Grillen einladen und es sich gut gehen lassen. Und so lange sie das tun, wird die Autoindustrie SUVs fertigen, und die Fleischindustrie wird Grillgut verwursten. Denn die Boomer haben die Marktmacht. Jeder Werbespot buhlt um sie, jedes Produkt wurde für sie erfunden. Sie sind das Maß aller Dinge, die dominanteste Zielgruppe der Welt.

Die Boomer entscheiden die Wahlen. Sie bestimmen über unsere Zukunft. Sogar mein Job hängt an ihnen. Denn sie sind es, die Zeitungen lesen und kaufen. Die Boomer sind Deutschland. Und wir sind ihnen ausgeliefert.

Die Boomer wissen das leider. Sie halten sich für unbesiegbar. Als

sie jung waren, haben sie die Alten überrollt, die geistig und moralisch versehrte Nazi-Generation. Und jetzt, wo andere jung sind, wollen sie einfach nicht loslassen.

In all den Jahrzehnten ging es für sie immer nur bergauf. Baby-
boom, Wirtschaftsboom, Wohlstandsboom. Schon als Kinder fielen
sie wie eine Horde über das Land her. Sie waren immer zu viele. Die
Schulen waren zum Bersten gefüllt, die Unis ließen sie erst gar nicht
alle herein. So lernten sie, die Ellbogen auszufahren und sich durchzusetzen. Aber sie hievten sich auch gegenseitig nach oben. Sie
mehrten ihr Vermögen. Sie bauten Häuser, sie flogen durch die Welt.
Sie ließen es richtig krachen. Kein Gedanke an den Kater am nächsten Morgen.

Jetzt ist morgen. Und die Boomer schauen sich um. Sie werden das
Chaos nicht mehr aufräumen können, zumindest nicht mehr allein.
Ohne uns läuft nichts.

Wir müssen die Lücken füllen, wenn sie zu Millionen den Ruhestand antreten. Wir müssen den Planeten retten, den sie uns hinterlassen haben. Wir müssen ihre Schulden abbezahlen, und dabei sollen wir auch noch ihre Renten finanzieren.

Manche von ihnen haben deshalb ein schlechtes Gewissen. «Wir
Boomer haben viel falsch gemacht», schreibt die Journalistin Susanne Beyer im Spiegel. Und dann erklärt sie, wie es dazu kam. Sie
erzählt von der Arbeitswut der Boomer und ihrer Sehnsucht nach Erfolg. Wie sie sich abrackerten, wie sie sich belohnten und wie sie dabei die Grenzen übersahen – die ihres Wirtschaftens und ihres Le-
bensstils. Sie hätten eben fest an das große Versprechen geglaubt,
schreibt Beyer, dass es jede Generation immer besser haben würde
als die vorherige. «Kaum einer von uns konnte sich vorstellen, dass
das irgendwann nicht mehr stimmen könnte.»

Das solle keine Entschuldigung sein, stellt Beyer klar. Aber ein Angebot. Das Angebot, die Dinge gemeinsam anzugehen. «Das Gute
ist: Wir haben die Jüngeren zu selbstbewussten Menschen erzogen.

Noch nie in der Geschichte dürfte eine ältere Generation die nachwachsende so ernst genommen haben.»

Stimmt ja: Die Boomer waren meistens nett zu uns. Sie haben uns frei und liebevoll erzogen. Sie haben uns immer die Wahl gelassen. Sie wollten lieber mit uns befreundet sein, als uns zu bevormunden.

Aber jetzt, wo wir erwachsen sind und mitreden wollen, packt manche von ihnen die Wut. «Ihr seid solche Lappen», schreibt ein Boomer, ebenfalls im SPIEGEL. Und dann beschimpft er uns als spießig, woke und jämmerlich. Er rühmt die harte Schule des Lebens, durch die seine Generation angeblich gegangen sei. Und findet die Vorstellung zum Lachen, dass wir Millennials irgendwas reißen wollen.

Der Boomer, der sich sich für einen harten Hund hält, ist namenlos. Er schreibt, ziemlich Lappen-mäßig, unter Pseudonym.

Auch der Journalist Thomas E. Schmidt kämpft um das Erbe seiner Generation. Er besteht darauf – bei allenfalls vorsichtiger Selbstkritik –, «dass die Boomer das Land nicht verrottet übergeben». Die größenwahnsinnige Unterzeile seines Artikels in der ZEIT: «Meine Generation ist übermächtig, nicht frei von Schuld – aber der Anker dieses Landes.» Schmidt, Jahrgang 1959, nennt uns nicht «Lappen», aber er hält uns eindeutig für nicht überlebensfähig ohne ihn und seinesgleichen. «Unser schreckliches Beharrungsvermögen», schreibt Schmidt drohend, «hängt natürlich daran, dass aus unserer Sicht unser Bildungsroman kein Ende haben darf.»

Ok Boomer. Dann schreibt ihn halt zu Ende, euren unendlichen Bildungsroman. Was bleibt uns schon anderes übrig, als euch zu nehmen, wie ihr seid? Abtreten wollt ihr ja nicht.

Ihr gelobt Besserung. Wir nehmen euch beim Wort. Noch habt ihr die Macht. Noch stellt ihr den Kanzler, noch sitzt ihr überall in den Chefsesseln. Das Ende eures Romans ist offen. Also lasst uns darüber diskutieren. Und vor allem: Lasst uns auch unseren eigenen Bildungsroman schreiben.

Vielleicht können wir das ein oder andere von euch lernen, das mag schon sein. Aber wir werden ganz gewiss nicht alles machen wie ihr. Und schon gar nicht wollen wir so sein wie ihr.

Also verschont uns bitte mit euren Anekdoten von nackten Frauen. Verschont uns mit euren Ferndiagnosen und euren 100. und 1000. Jubiläumssendungen. Ihr könnt uns humorlos nennen, verweichlicht und sensibel. Wir können das ab. So sensibel sind wir nämlich auch wieder nicht. Aber schimpft lieber nicht zu sehr auf uns Schneeflöckchen, denn das ist wirklich Schnee von gestern.

Der Schnee von heute schmilzt. Das Eis taut. Die Wälder brennen. In Europa ist Krieg. Die Demokratie ist unter Beschuss. Also lasst uns endlich was tun, bevor es zu spät ist.

Ok, Boomer?

Personenregister